KB200385

복음의 발견

# 복음의 발견

지은이 | 윤철호
초판 발행 | 2020. 3. 18

등록번호 | 제1988-000080호
등록된 곳 | 서울특별시 용산구 서빙고로 65길 38
발행처 | 사단법인 두란노서원
영업부 | 2078-3352    FAX | 080-749-3705
출판부 | 2078-3331

책값은 뒤표지에 있습니다.
ISBN 978-89-531-3724-0 03230    Printed in Korea

독자의 의견을 기다립니다.
tpress@duranno.com    www.duranno.com

두란노서원은 바울 사도가 3차 전도여행 때 에베소에서 성령 받은 제자들을 따로 세워 하나님의
말씀으로 양육하던 장소입니다. 사도행전 19장 8-20절의 정신에 따라 첫째 목회자를 돕는 사역과
평신도를 훈련시키는 사역, 둘째 세계선교(TIM)와 문서선교 (단행본·잡지) 사역, 셋째 예수문화 및 경배
와 찬양 사역, 그리고 가정·상담 사역 등을 감당하고 있습니다. 1980년 12월 22일에 창립된 두란
노서원은 주님 오실 때까지 이 사역들을 계속할 것입니다.

# 복음의
# 발견

윤철호 지음

하나님
나라의
복음은
/
어떻게
삶의 무기가
되는가

40th
두란노

    하나님 나라의 복음은 예수님이 말씀으로 선포하고 행동으로 실천하신 복음이다. 예수님은 "때가 찼고 하나님의 나라가 가까이 왔으니 회개하고 복음을 믿으라"(막 1:15)고 선포하셨다. 예수님을 주님으로 믿고 고백한다는 것은 그분이 우리를 위해 십자가에서 돌아가심으로써 우리를 구원하신 구원자(savior)이심을 믿는 것일 뿐만 아니라, 부활하시고 하나님 나라의 왕으로 높이 들리신 그분의 통치에 순복하겠다는 결단을 전제한다.

    하나님 나라의 복음은 예수님의 십자가를 통해 우리의 죄가 용서받고 의롭게 된다는 구속(대속)의 복음을 포함하며, 궁극적으로 인간의 역사와 창조 세계 전 영역에서 하나님의 통치가 이루어지는 종말론적 하나님 나라의 완성을 약속한다. 하나님의 말씀으로 선포되는 설교의 본유적 과제는 이 하나님 나라의 복음을 전하는 데 있다. 필자는 이 책을 통해 이 하나님 나라의 복음이 널리 전해질 수 있기를 소망한다.

　이 책에 실린 글들은 필자가 대략 지난 10년 동안 장로회신학대학교 채플, 경기고 신우회, 교회 등에서 한 설교들 가운데서 발췌한 글들이다. 즉 사전에 기획된 어느 특정한 주제에 따라 쓰인 것이 아니라 다양한 상황에서의 다양한 관심을 반영한 것들이기 때문에, 처음부터 끝까지 하나의 일관된 주제를 명확하게 보여주고 있다고 말하기는 어렵다. 그럼에도 불구하고 필자가 이 책의 제목을 "복음의 발견"이라고 명명한 것은, "복음의 발견" 안에 다른 모든 주제들이 포괄될 수 있기 때문이다.

　다시 말하면, "하나님의 사랑과 섭리", "하나님의 은총과 믿음", "인간의 이중적 실존과 하나님의 은혜", "하나님의 이끄심을 따라 사는 삶"은 모두 "복음의 발견" 안에 포괄되는 주제들이다.

　나 자신의 힘으로는 도저히 헤어 나올 수 없는 '기가 막힌 웅덩이'에 빠져 눈물로 드린 기도를 들으시고 불쌍히 여겨 긍휼과 자비로 그 웅덩이에서 건져주셨던 하나님께, 또 지난 30년 동안 선지동산에서 미래의 한국 교회 지도자들에게 하나님 나라 복음을 가르치고 전할 수 있는 너무나 영광스런 직무를 허락하신 하나님께, 말로 다 표현할 수 없는 무한한 감사와 찬송과 영광을 돌려드린다.

"나의 힘이신 여호와여 내가 주를 사랑하나이다"(시 18:1).

2020년 2월

아차산 기슭 광나루 선지동산에서

윤철호

1부

/

# 사랑과 섭리가 시작이다

起
(기)

●

문제를 제기함

# 1

## 끊을 수 없는
## 하나님의 사랑

●
롬 8:31-39

기독교의 믿음은 세상의 그 어떤 대상을 믿는 것이 아니라 하늘에 계
신 하나님을 믿는 것이다. 하나님만이 우리 믿음의 유일한 대상이다. 우
리가 하나님을 믿지 않고 세상의 그 어떤 것을 믿는다면, 또 우리가 하나
님을 믿는다고 하면서 동시에 하나님이 아닌 세상의 그 무엇을 믿는다면
우리는 우상을 숭배하는 것이다. 하나님을 믿는다는 것은 무엇을 의미
하는가? 히브리서는 이렇게 말씀한다. "믿음이 없이는 하나님을 기쁘시
게 하지 못하나니 하나님께 나아가는 자는 반드시 그가 계신 것과 또한
그가 자기를 찾는 자들에게 상 주시는 이심을 믿어야 할지니라"(히 11:6).

하나님을 믿는다는 것은 무엇보다 하나님이 계시다는 것, 하나님의 존재를 믿는 것이다. 믿음이란 우리의 눈에는 보이지 않지만 온 우주를 창조하시고 인류의 역사를 주관하시고 모든 인간의 생사화복을 주관하시는 하나님이 계심을 믿는 것이다. 이러한 하나님의 존재를 믿지 않으면, 우리는 스티븐 호킹이나 리처드 도킨스와 같은 무신론자가 되거나 불교 신자와 같은 종교인이 된다.

둘째로 하나님을 믿는다는 것은 하나님이 우리를 사랑하신다는 것을 믿는 것이다. 기독교의 믿음의 내용은, 하나님이 계신 것을 믿는 것이며 또한 하나님이 우리를 사랑하셔서 우리에게 가장 좋은 것을 주기 원하신다는 것을 믿는 것이다. 그런데 하나님이 계시다는 것을 믿는 것과 하나님이 우리를 사랑하신다는 것을 믿는 것은 같다. 왜냐하면 하나님의 존재와 본질이 바로 사랑이시기 때문이다. 사랑의 하나님은 언제나 우리에게 가장 좋은 것을 주고자 하신다.

그럼 하나님의 사랑은 어떤 사랑인가? 하나님의 사랑은 우리를 용서하시는 사랑이다. 베드로가 예수님께 형제의 잘못을 일곱 번까지 용서하면 되겠냐고 물었을 때 예수님은 일곱 번을 일흔 번까지도 용서하라고 말씀하셨다. 일곱 번을 일흔 번 용서하라는 말은 490번 용서하라는 뜻이 아니라 무한히 용서하라는 뜻이다. 이 무한히 용서하는 사랑이 바로 하나님의 사랑이다.

누가복음 15장 11-15절에는 우리가 너무 잘 알고 있는 예수님의 비유, 잃어버린 아들을 되찾은 아버지 이야기가 나온다. 이 이야기에서 아버지는 집을 나가 방탕하게 살다가 재산을 탕진하고 돌아온 아들을 전혀 책망하거나 벌하지 않았다. 아들은 죄책감에 사로잡혀 이렇게 말했다. "아버지, 내가 하늘과 아버지께 죄를 지었사오니 지금부터는 아버지의 아들이라 일컬음을 감당하지 못하겠나이다." 그러나 아버지는 이 말을 들은 척도 하지 않았다. 오히려 아버지는 이 아들에게 제일 좋은 옷을 입히고, 손에 가락지를 끼우고, 발에 신을 신기고, 살진 송아지를 잡아 온 동네 사람들을 불러 잔치를 베풀었다. 왜 그랬는가? 잃어버렸던 아들을 다시 찾은 것이 너무 기뻤기 때문이다. 아버지에게는 죽은 줄 알았던 아들이 다시 살아 돌아왔다는 사실 자체가 그 무엇과도 비교할 수 없는 큰 기쁨이었다. 죽은 줄 알았던 아들을 다시 찾은 기쁨은 아들이 방탕하게 살면서 재산을 탕진한 것으로 인한 속상함과 비길 바가 아니었다. 이것이 바로 우리를 향한 하나님 아버지의 사랑이다.


### 믿음, 돌아서고 받아들여지는 것

물론 하나님의 사랑을 받기 위해서는 우리의 회개가 요청된다. 회개란 무엇인가? 그것은 다름 아니라 이 탕자처럼 아버지 하나님께 돌아오는 것이다. '돌아오는 것'(coming back)이 회개이다. 돌아온다는 것은 무엇을 말하는가? 그것은 하나님을 향해 마음의 문을 열고 나를 향한 하나님의 사랑을 받아들이는 것을 의미한다. 태양을 등지고 서면 어두움이고 태양을 바라보고 서면 광명인 것과 마찬가지로, 하나님을 등지고 돌아서 있는 것이 죄 짓는 것이고 하나님을 향해 다시 돌아서는 것이 회개다. 회개란 하나님으로부터 돌아섰던 내가 다시 하나님을 향해

'돌아서는 것'(turn around)을 말한다. 그리고 탕자처럼 다시 아버지의 집으로 돌아가는 것이다.

물론 회개에는 이 탕자처럼 자신의 과거의 죄와 잘못을 뉘우치고 자복하는 것이 포함된다. 그러나 회개에서 더욱 중요한 것은, 과연 하나님의 사랑을 믿는 믿음이 다시 회복되는가 하는 것이다. 하나님의 사랑은, 우리가 어떠한 죄악 가운데 있을지라도 회개하고 돌아오기만 하면 언제까지나 용서하시는 사랑이다. 이 사랑을 믿고 받아들이는 것이 우리의 믿음의 본질이다. 이런 의미에서 폴 틸리히(Paul Tillich, 1886-1965)는 믿음이란 "하나님이 우리를 용납하시는 것을 우리 자신이 받아들이는 것"(accepting acceptance)이라고 말했다.

하나님의 무한하신 사랑은 값없이 선물로 주어진다. 이 사랑은 값없이(priceless) 주어지지만 값싸게(cheap) 주어지는 사랑은 아니다. 하나님의 사랑은 자기희생적인 사랑이다. 우리에 대한 하나님의 무조건적인 용서는 하나님의 자기희생에 의해 주어진다. 로마서에서 바울은 하나님이 '자기 아들을 아끼지 아니하시고 우리 모든 사람을 위하여 내어주시기까지'(롬 8:32 참조) 우리를 사랑하신다고 말씀한다. 하나님의 사랑은 자기 아들까지도 우리를 위해 희생시키시는 사랑이다. 우리에 대한 하나님의 용서와 용납은 바로 예수 그리스도 안에 나타난 하나님의 자기희생적 사랑으로부터 오는 것이다.

이 세상의 어떤 부모가 다른 사람을 구하기 위해 자신들의 아들을 죽게 할 수 있겠는가? 그것도 잔혹한 십자가의 형틀에서 비참하게 죽음 당하게 할 수 있겠는가? 어떤 부모가 그것을 허용할 수 있겠는가?

바울은 하나님의 사랑이 바로 자기 아들까지도 내어주시는 그런 사랑이라고 말씀한다. 자기 아들까지도 우리를 위하여 내어주시는 하나님의 무한한 사랑, 이것이 예수 그리스도의 십자가에 나타난 하나님의 사랑이다.

누가 우리를 하나님의 이 무한하신 사랑에서 끊을 수 있겠는가? 바울은 수많은 수사적 표현을 동원하여 그 무엇도 우리를 이 하나님의 사랑으로부터 끊을 수 없다고 거듭 강조한다. "누가 우리를 그리스도의 사랑에서 끊으리요 환난이나 곤고나 박해나 기근이나 적신이나 위험이나 칼이랴"(롬 8:35). "사망이나 생명이나 천사들이나 권세자들이나 현재 일이나 장래 일이나 능력이나 높음이나 깊음이나 다른 어떤 피조물이라도 우리를 우리 주 그리스도 예수 안에 있는 하나님의 사랑에서 끊을 수 없으리라"(롬 8:38-39). 여기서 바울은 무려 17개의 용어와 개념들을 동원해서 그 무엇도 우리를 하나님의 사랑에서 끊을 수 없음을 강조하고 있다.

하나님의 사랑을 믿는 것이 믿음의 본질이다. 그러나 우리의 믿음은 힘들고 어려운 고난을 당할 때 종종 약해진다. 믿음이 약해진다는 것은 하나님의 사랑을 믿지 못하거나 의심하게 된다는 것이다. '하나님이 정말 나를 사랑하신다면 어떻게 이런 고난이 내게 닥칠 수 있는가? 하나님이 정말 나를 사랑하신다면 어떻게 이런 억울한 일이, 이런 역경이 내게 닥칠 수 있는가?' 이럴 때 우리는 더 이상 하나님의 사랑을 믿지 못하고 의심하게 된다.

그러나 다시 한 번 바울의 말씀을 기억하자. 우리가 당하는 어떠한 고난도 결코 우리를 하나님의 사랑에서 끊을 수 없다. 고난 속에서 우리가 하나님의 사랑을 의심할지라도, 그 의심이 우리를 향한 하나님의 사랑을 약화시키거나 무효화할 수는 없다. 우리의 의심으로 인해 하나님을 향한 우리의 믿음이 흔들려도, 우리를 향한 하나님의 사랑은 전혀 흔들림이 없다. 바울은 이 말씀을 안락한 삶의 자리에서 이론적으로만 한 것이 아니다. 바울은 그 자신이 말할 수 없는 고난을 당한 후, 그리고 여전히 당하는 중에 이 말씀을 했다. 바울은 고린도후서 11장 23-27절에서 자신이 여러 번 옥에 갇히고, 수 없이 매를 맞고, 수많은 위험을 당하고, 여러 번 굶주리고 목마르고 죽을 뻔 했다고 말씀하고 있다.

평안하고 만사가 형통할 때 믿음을 갖는 것은 어렵지 않다. 모든 일이 잘 되어갈 때에는 "하나님이 나를 정말 사랑하시는구나" 하는 믿음이 더욱 커진다. 그러나 감당하기 어려운 역경이 닥쳐올 때 우리의 믿음은 쉽게 흔들리고 하나님의 사랑을 의심하게 된다. 우리가 지금 감당하기 어려운 역경을 당하여 믿음이 흔들리고 있다면, 바울의 말씀을 기억해야 한다. 바울은 바로 자신이 그러한 상황 가운데 있으면서, 그러한 상황에 있는 사람들을 향해 말씀한다. "누가 우리를 그리스도의 사랑에서 끊으리요…그 무엇도 우리를 우리 주 그리스도 예수 안에 있는 하나님의 사랑에서 끊을 수 없으리라."

예수 그리스도의 십자가는 우리를 향한 하나님의 자기희생적인 사랑의 확증이다. 예수 그리스도는 단지 유대 종교 지도자들의 음모와 로마 당국의 형법에 의해 강제로 처형당한 것만이 아니다. 십자가 사건은 궁극적으로 하나님이 우리 인간을 구원하시기 위하여 자기 아들을 내어주신 사건이다. 기독교의 복음이란 무엇인가? 복음은 예수 그리스도의 십자가를 통해서 하나님이 우리의 모든 죄를 용서하시고 구원하셨다는 것이다. 십자가에 나타난 하나님의 자기희생적인 사랑이 우리를 구원하시는 하나님의 능력이다. 십자가란 무엇인가? 십자가는 하나님의 사랑이다. 십자가는 그 무엇으로도 끊을 수 없는 하나님 사랑의 역사적 상징이다. 그러므로 고난 속에서 우리의 믿음이 흔들릴 때 우리는 다시금 이 십자가를 바라보아야 한다. 십자가를 바라봄으로써, 자기 아들까지도 우리를 위해 내어주신 하나님의 사랑이 얼마나 큰 것인지 새롭게 깨달아야 한다. 우리가 이 무한하신 하나님의 사랑에 대한 믿음을 잃지 않을 수만 있다면, 우리는 바울처럼 어떠한 고난 속에서도 절망하지 않고 믿음으로 승리할 수 있다.

## 고난, 하나님의 사랑의 증거

그러나 하나님이 우리를 사랑하신다는 것이, 우리가 어려움과 고난 속에서도 하나님을 믿고 기도하면 반드시 우리에게 형통하고 평안한 길을 열어주신다는 것을 의미하지는 않는다. 우리는 형통과 평안함만이 하나님의 사랑의 증거라고 생각해서는 안 된다. 이렇게 말할 수는 있다. "어려운 고난 가운데에서 믿음을 잃지 않고 이 고난으로부터 벗어날 수 있게 해달라고 하나님께 간절히 기도했더니, 내 기도에 응답하셔서 형통하고 평안한 길을 열어주셨다. 하나님은 정말 살아계신다.

정말 하나님이 나를 사랑하신다." 이 말은 좋은 간증이 될 수도 있지만 그렇지 않을 수도 있다. 하나님이 우리를 사랑하셔서 고난 가운데에서 우리를 구원해주기 원하시며 실제로 그렇게 하신다는 점에 있어서 이 말은 옳다. 그러나 우리의 기도에도 불구하고 우리가 고난으로부터 못 벗어나고 있다면, 즉 하나님이 우리를 더 이상 사랑하시지 않기 때문 이라는 생각을 함축하고 있다면, 이 말은 잘못된 것이다.

바울은 예수를 만난 이후에 고난으로부터 벗어난 것이 아니라 오히 려 예수를 만났기 때문에 평생 고난을 당했던 사람이다. 그는 복음을 전하다가 수많은 고난을 당했으며, 말년에는 죄수가 되어 로마의 감옥 에 갇히고 끝내 순교했다. 네로 박해 때에 원형 경기장에서 사자에 의 해 찢겨 죽는 순교는 얼마나 끔찍하고 비참한 죽음인가? 그는 그러한 고난 속에서도 결코 하나님의 사랑을 의심하지 않았다. 바울에게 있어 서 하나님의 사랑의 증거는, 형통함과 평안함에 있지 않고 오히려 그 가 당하는 고난 속에 있었다. 왜냐하면 하나님은 바울의 고난을 통해 서 모든 사람들에게 복음이 전파되도록 하셨기 때문이다. 하나님은 누 구보다도 바울을 사랑하셨기 때문에 그에게 특별한 사명을 맡기시고 그로 하여금 복음을 위한 고난의 길을 가게 하신 것이다. 죄 없는 예수 님이 십자가를 지셔야 했던 까닭은 무엇인가? 그것은 바로 하나님이 가장 사랑하시는 아들이었기 때문이다. 하나님은 가장 사랑하는 아들 예수의 고난과 십자가의 죽음을 통해서 모든 인간을 구원하시는 구속 사역을 이루고자 하셨다.

물론 지금 우리가 당하는 고난 가운데 예수님이나 바울처럼 하나님의 뜻을 위해 당하는 고난은 사실상 별로 없다고 할 수 있다. 우리는 대부분 세상의 일로 인해 고난당하거나, 우리 자신의 잘못으로 인해 고난당하거나, 때로는 우리 자신이 이해할 수 없는 고난을 당하기도 한다. 그러나 그 어떠한 경우라도 여전히 변함없는 사실은 "그 무엇도 우리를 하나님의 사랑으로부터 끊을 수 없다"는 것이다.

우리가 잘 아는 강영우 박사는 열네 살 때 축구공에 눈을 맞아 시력을 잃고 맹인이 되었다. 그 무렵에 아버지, 어머니도 모두 돌아가시고 소녀 가장으로 공장 일을 했던 누나도 과로로 사망하고 만다. 남은 삼 남매는 뿔뿔이 흩어져야 하는 절망적인 상황에서 그는 삶을 포기하고 싶었다고 한다. 그러나 어릴 적 어머니께 배운 신앙 안에서 소망을 잃지 않았다. 결국 피츠버그대학에서 철학 박사 학위를 받았고, 미국의 국가장애위원회 정책 차관보와 백악관 종교·사회봉사 부문 자문위원을 지낼 정도로 성공한 인생을 살았다.

나는 강영우 박사의 이야기를 불굴의 의지와 초인적인 노력을 통한 인간 승리의 사례로 이해하지 않는다. 나는 그의 이야기를 어떠한 역경과 고난 속에서도 하나님의 사랑을 의심하지 않은 믿음이 이루어 낸 기적 이야기로 이해한다. 맹인이 되고 부모와 누나가 죽고 가족이 뿔뿔이 흩어지는 절망적인 상황, 그 상황 속에서 어쩌면 하나님은 그와 가장 가까이 계셨고 그를 더욱더 사랑하셨을 것이다. 왜냐하면 하나님은 그러한 어려움에 처한 그를 더욱 불쌍히 여기셨을 것이기 때문이다. 그러므로 역설적으로 그가 가장 견디기 어려웠던 그 시간에 하나님의 은혜는 가장 크게 넘쳤을 것이다. 그는 역경 속에서 이 하나님의 사랑과 은혜를 믿음으로 받아들인 사람이었다. 이것이 그의 축복된 인생의 비결이었다. 그는 맹인으로서의 자신의 인생이 맹인이 아닌 자신이 살았을 인생보다 더욱 축복된 인생이었기 때문에 다시 눈을 뜨고 싶은 마음이 없다고 말했다.

우리는 우리가 당하는 고난이 하나님의 뜻을 이루는 기회가 될 수 있다는 사실을 깨달아야 한다. 언제나 형통하고 평안한 것만이 하나님의 사랑의 증거는 결코 아니다. 하나님은 사랑하는 자에게, 사랑하시기 때문에 고난을 주실 수 있다. 그러므로 우리가 이해할 수 없는 고난을 받고 있다면, 이 고난으로부터 구해달라고 기도하기에 앞서 하나님께 겸손히 물어야 한다. "이 고난 가운데 저를 향하신 하나님의 뜻이 무엇입니까?" "제가 이 상황 속에서 어떻게 해야 하나님의 그 뜻을 이루어 드릴 수 있습니까?"

이와 같이 우리가 고난 속에서 우리를 향한 하나님의 사랑을 의심치 않고 하나님의 뜻을 묻고 기도드릴 때, 하나님은 그 고난을 넉넉히 이길 수 있는 힘을 주실 것이다. 바울은 말씀한다. "기록된 바 우리가 종일 주를 위하여 죽음을 당하게 되며 도살당할 양같이 여김을 받았나이다 함과 같으니라 그러나 이 모든 일에 우리를 사랑하시는 이로 말미암아 우리가 넉넉히 이기느니라"(롬 8:36-37). 넉넉히 이긴다는 것은, 고난의 한가운데에서 자신을 향한 하나님의 사랑을 의심치 않는 믿음으로 승리한다는 것을 의미한다. 이 믿음이 우리를 영광된 부활의 승리로 인도한다. 세상에서 승리하고 영광된 예수 그리스도의 부활에 참여하는, 축복된 우리 모두의 인생이 되기를 축원한다.

# 2

# 하나님의
# 섭리

●
시 42; 막 15:33-34

    얼마 전 한국연구재단에서 주최하는 석학 인문학 강좌에 토론자로
참여한 일이 있다. 한 강연자는, 기독교에서 말하는 '하나님의 섭리'라
는 개념을 강하게 비판하였다. 그는 이런 질문들을 던졌다. "과연 하나
님의 섭리라는 것이 존재하며 작용했을까? 정말 신앙인들이 말하는 것
과 같은 놀라운 사건들이 발생했고, 하나님의 특별한 섭리의 손길이
닿았을까? 혹시 단순한 우연이나 행운은 아닐까?…반면에 그런 행운
을 경험하지도 못하고 절망 속에 무너져버린 인생이 세상에는 얼마나
많은가? 삶과 역사에서 경험하는 수많은 고통과 악을 도외시하는 역사

의 하나님 이야기나 신앙은, 맹목적 삶의 의지나 희망이 만들어낸 것이 아닐까? 자기만 경험한 이야기, 자기 집단만 경험한 어떤 특별한 사건을 하나님의 은총으로 여기는 신앙은 종종 지극히 자기중심적인 이야기, 그야말로 아전인수식 논리처럼 들린다."

그리고 그는 맺는말에서 이렇게 말했다. "무엇보다도 무수한 인간이 겪는 고통과 절망의 소리는, 현대인들로 하여금 세상만사와 인간의 역사를 관장한다는 하나님과 그의 섭리를 더 이상 믿기 어렵게 만들고 있다. 무고한 인간이 외치는 고통의 소리를 외면하는 하나님, 무소불위의 힘을 지닌 전지전능한 하나님이기에 세상의 모든 고통과 악에 대해 책임을 면하기 어려운 하나님을 현대인들은 더 이상 믿기 어렵게 되었다.…솔직히 말해, 나는 전통적으로 전지전능하고 초자연적인 하나님, 가부장적이고 하늘의 독재 군주와 같은 하나님은 이제 떠나보낼 때가 되었다고 생각한다. 한국 그리스도인들이 상식을 무시하고 하나님의 '뜻'을 빙자하며 온갖 비리의 온상이 된 까닭은, 이러한 조잡한 형태의 인격신관이라고 나는 믿기 때문이다."

이러한 그의 비판은, 그동안 '하나님의 뜻'이라는 단어를 너무 손쉽게 습관적으로 사용해온 우리 기독교인들에게 커다란 도전이 된다. 우리가 '하나님의 뜻과 섭리'라는 말을 너무 자의적이고 아전인수식으로 사용해온 것은 아닌지 반성하게 된다. 그러나 기독교인에게 있어서 하나님의 섭리라는 개념은 결코 포기될 수 없는 개념이다. 유감스럽게도 그 강연자는 섭리 개념은 단지 포기되어야 하는 개념이 아니라, 독재 군주와 같은 하나님 개념을 떠나보내고 새롭게 수립될 수 있는 개념이라는 사실을 미처 몰랐던 것 같다. 또한 오늘날의 신학에서 그러한 독재 군주적인 하나님 개념은 이미 떠나보내졌다는 사실을 잘 모르고 있는 것 같다.


## 칼빈의 섭리론, 우연은 없다

2014년 세월호 침몰 사건 이후, 하나님의 뜻과 섭리에 대한 논의가 한동안 교회 안팎에서 적지 않게 일어났다. 어느 목사가 설교에서 세월호 침몰 사건은 우리 백성의 죄에 대한 징벌로 하나님이 허락하신 일이라고 말한 것이 교회 밖에 알려져, 사회적으로 논란을 불러일으키기도 했었다. 모 일간 신문에는 진보적인 학자와 보수적인 목사가 서로 다른 관점에서 하나님의 뜻에 대해 토론한 내용이 실리기도 하였다.

진보적인 학자는 세월호 사건으로 무고하게 죽음을 당하고 고통을 당하는 사람들이 있는데, 이것을 하나님이 허락한 사건이라거나 이 일에 하나님의 뜻이 있다고 함부로 말해서는 안 된다고 주장하였다. 반면, 보수적인 목사는 하나님의 섭리를 믿는 것은 성서적인 기독교 신앙의 근본이며, 우리 인간이 다 이해할 수 없다고 해도 세상에서 일어나는 모든 사건들은 하나님의 주권과 섭리 안에 있다고 주장하였다. 이렇게 서로 다른 두 견해는 서로 조화되기 어려워 보인다. 여기에 신학의 난제가 있다.

우리 기독교인은 모두 하나님의 섭리를 믿는다. 그리고 우리가 경험하는 모든 일에는, 우리가 다 이해할 수 없을지라도, 하나님의 뜻이 있다고 믿는다. 하나님의 섭리에 대한 믿음 없이 기독교 신앙은 존재할 수 없다. 많은 이들이 즐겨 암송하는 시편 23편은 하나님의 섭리 신앙을 보여주는 대표적인 본문이다. "여호와는 나의 목자시니 내게 부족함이 없으리로다 그가 나를 푸른 풀밭에 누이시며 쉴 만한 물가로 인도하시는도다 내 영혼을 소생시키시고 자기 이름을 위하여 의의 길로 인도하시는도다 내가 사망의 음침한 골짜기로 다닐지라도 해를 두려워하지 않을 것은 주께서 나와 함께 하심이라"(시 23:1-4). 여기서 다윗은 자신이 지금 음침한 골짜기와도 같은 역경에 처해 있지만 하나님이 자기를 보호하시고 복된 길로 인도해주실 것이라고 노래하고 있다. 구약성서에서 하나님은 아브라함과 이삭과 야곱에게 찾아오셔서 그들에게 복을 약속하시고 그들의 인생 여정을 인도하시며 마침내 그 약속하신 바를 이루신다. 특히 요셉의 생애 속에 나타난 하나님의 섭리는 그 어떤 드라마나 영화보다도 더 극적(劇的)이다.

예수님은 자연세계와 인간에 대한 하나님의 섭리가 매우 세세한 부분까지 미친다고 말씀하셨다. 예수님은, 하나님이 공중의 새를 먹이시고 들판의 백합을 입히시며(마 6:26-30) 우리의 머리카락까지도 세신다고 말씀하셨다. "참새 두 마리가 한 앗사리온에 팔리지 않느냐 그러나 너희 아버지께서 허락하지 아니하시면 그 하나도 땅에 떨어지지 아니하리라 너희에게는 머리털까지 다 세신 바 되었나니"(마 10:29-30). 바울은 모진 역경 가운데 있을 때에도, 예수 그리스도의 십자가 안에 나타난 그 무한하신 사랑으로 하나님이 당신의 자녀들을 돌보시고 구원하심을 확신하였다(롬 8:38-39).

이러한 성서의 섭리관에 기초하여 교회는 전통적인 섭리론을 발전시켜왔다. 전통적인 기독교의 섭리론을 가장 잘 보여주는 대표적인 신학자는 존 칼빈이다. 하나님의 절대주권을 강조했던 칼빈에 따르면 어떤 사건도 행운, 우연, 변덕에 의하여 일어나지 않으며 모든 사건은 하나님의 은밀한 계획 안에서 일어난다. 그에 따르면, '우연'이란 불신자의 언어이다. "하나님이 아셔서 의지적으로 결정하신 것을 제외한 그 어떤 사건도 일어나지 않는다." 하나님은 미래에 일어날 일을 미리 아실 뿐만 아니라 자연과 역사의 모든 세세한 과정까지도 다스리신다. 칼빈은 하나님이 "측량할 수 없는 지혜로 모든 것의 방향을 인도하시고 자신의 목적을 향해 모든 사건을 이끌어가신다"고 말했다.

그러나 칼빈은, 섭리론의 본래적 의미가 단지 하나님의 통치 방식의 비밀을 아는 데 있는 것이 아니라고 했다. 우리가 당하는 고난과 악까지도 결단코 하나님의 주권적 통치를 벗어날 수 없다는 확신을 말하는 데 있다고 보았다. 그는 섭리론의 실천적 의미를 세 가지로 요약했다. 첫째, 섭리론은 우리가 비록 그 이유를 다 이해하지 못할지라도 역경을 하나님으로부터 오는 것으로 알고 겸손히 받아들일 것을 가르친다. 둘째, 섭리론은 우리가 번성할 때에 그것에 대해 하나님께 감사할 것을 가르친다. 셋째, 하나님의 섭리에 대한 신뢰는 우리를 쓸데없는 불안과 염려로부터 해방시킨다. "일이 좋은 방향으로 되었을 때에 감사한 마음을 갖는 것, 역경 가운데 인내하는 것, 미래에 대한 불안으로부터 자유케 되는 것은 바로 이러한 섭리의 지식에서 비롯된다."

본문 시편 42편에서 다윗은 자신이 당하고 있는 말할 수 없는 역경 가운데에서 이렇게 탄식한다. "사람들이 종일 내게 하는 말이 네 하나님이 어디 있느뇨 하오니 내 눈물이 주야로 내 음식이 되었도다"(3절). "내 뼈를 찌르는 칼같이 내 대적이 나를 비방하여 늘 내게 말하기를 네 하나님이 어디 있느냐 하도다"(10절). 그러나 다윗은 하나님의 섭리에 대해 분명한 믿음을 가지고 있었기 때문에, 모진 역경 속에서도 불안해하거나 낙심하지 않고 오직 하나님만을 소망하며 여전히 찬송하겠노라고 두 번씩이나 반복해서 다짐하고 있다. "내 영혼아 네가 어찌하여 낙심하며 어찌하여 내 속에서 불안해하는가 너는 하나님께 소망을 두라 그가 나타나 도우심으로 말미암아 내가 여전히 찬송하리로다"(5절, 11절).

그러나 기독교의 전통적인 섭리론은 하나님을 모든 것의 원인으로 상정함으로써 비극적인 결함을 드러내왔다. 바르트는 실제로 정통적 개혁신학의 섭리론이 '일어나는 사건은 다 하나님에 의해 결정된 것'이라는 결정론적 숙명론과 크게 다르지 않다고 비판했다. 전통적 신학은 하나님을 절대군주적인 폭군 같은 존재로 만들었다. 그 결과, 근대 시기에 들어 절대군주적인 하나님의 통치에 대한 저항이 일어났다. 니체와 같은 사상가들의 무신론은 바로 이런 상황에서 생겨난 것이었다. 이런 의미에서, 무신론의 뿌리가 유신론이라는 주장은 타당성을 갖는다. 그리하여 20세기 이후 신학자들은 인간의 운명을 일방적으로 결정하는 절대군주적인 하나님의 이미지를 버리고, 하나님의 주권적 섭리와 인간(피조물)의 자유를 모두 존중하는 방향으로 섭리론을 재정립하고자 노력해왔다.

## 함께 고통당하시는 하나님

20세기의 두 차례 세계대전과 특히 아우슈비츠 이후, 하나님의 뜻과 섭리에 관한 문제는 주로 신정론(justice of God, 하나님의 정의)이라는 주제 하에 다루어져왔다. 오늘날 신학의 주된 관심은, 인간에게 고통을 가져다주는 악의 현실이 하나님을 믿는 기독교 신앙에 중대한 도전이 된다는 사실에 있다. 즉 기독교 신앙은 세계의 엄청난 재난과 고통스런 현실들로 인해 도전을 받는다. 현대인은 하나님이 어떻게 그렇게 많은 악을 허용할 수 있는지 묻는 데 그치지 않고, 그렇게 많은 악을 허용하시는 하나님이 과연 존재할 수 있는가를 묻는다.

세상의 넘쳐나는 악과 고통의 현실 속에서 우리는 어떻게 하나님의 존재와 섭리를 말할 수 있는가? 과연 하나님이 전능하고 선하신 분이라면, 이 세계에는 왜 그렇게 많은 악이 존재하는가? 이것이 신정론의 핵심 주제이다. 우리가 잘 아는 바와 같이 신정론의 문제는 하나님의 전능하심, 선하심, 그리고 악의 현실, 이 세 요소 사이의 트리렘마(trilemma, 3중 딜레마)로 구성된다. 이 신정론의 문제에 대해 여러 유형의 답변들이 가능하지만, 최종적 답은 우리 인간에게 주어져 있지 않다.

그러나 오늘날 많은 신학자들은 전통적인 섭리론의 전제, 즉 하나님의 전능성과 결정론적 인과성을 거부하거나 새롭게 재해석함으로써 이 문제를 해결하고자 한다. 다시 말하면, 오늘날 신학자들은 하나님의 섭리가 하나님의 일방적인 예정이나 강제적인 힘에 의해 결정론적인 방식으로 이루어지기보다는, 인간의 유한하지만 진정한 자유, 역사의 우연성, 그리고 미래의 개방성을 충분히 고려하는 방식으로 이루어진다고 본다. 또한 인간과의 상호 대화적인 관계 안에서 강제적인 힘이 아닌 설득적인 힘에 의해 이루어진다는 견해를 보여준다. 오늘날 신정론의 문제에 관한 호소력 있는 한 논증은, 하나님은 인간과의 관계에 있어서 함께 고통당하는 분으로서 고통당하는 자와 함께 하신다는 것이다. 하나님은 세상으로부터 멀리 동떨어져 있고 무감각하며 변화되지 않는 존재가 아니라, 세상을 향한 신실한 사랑 가운데 자유롭게 상처받는 길을 택하신다. 말하자면, 하나님은 아우슈비츠와 세월호 참사를 일으키는 쪽에서 섭리하시는 분이 아니라 희생당하는 자들 편에서 그들과 함께 고통당하면서 섭리하시는 분이다.

십자가의 예수님은 말할 수 없는 고통 중에 하나님을 향해 이렇게 절규하셨다. "나의 하나님, 나의 하나님, 어찌하여 나를 버리셨나이까?"(막 15:34) 마가복음 저자는 이때 온 땅에 어둠이 임하였다고 기록하고 있다. 이 어둠은 절정에 이른 인간의 죄악과 하나님의 부재, 그리고 예수의 버림받음을 상징한다. 그러나 기독교가 선포하는 복음의 역설적 진리는 바로 이 십자가 사건이야말로 인간과 세상을 구원하시는 하나님의 유일무이한 구속 사건이라는 사실에 있다.

십자가는 인간의 죄를 대신 지고 고난당하시는 하나님의 자기희생적 사랑의 통치를 상징한다. 하나님은 우리만 죄와 죽음으로 고통 받도록 내버려두지 아니하시고 예수 그리스도의 십자가에서 우리를 대신하여 고난과 죽음을 당하셨다. 하나님은 예수 그리스도의 십자가 안에서 우리를 위해 고난당하심으로써 이 세상의 죄악과 고통을 정복하신다. 하나님은 죄와 악의 허용자가 아니라 희생자이시며 우리와 함께 우리를 위해 대신 고통당하심으로써 우리를 구원하신다. 이런 의미에서 본회퍼는 "성서는 우리를 하나님의 무력함과 고난으로 인도한다. 오직 고난당하는 하나님만이 도울 수 있다"고 말했다. 하나님은 아들 안에서 희생당하셨기 때문에 승리하신다. 신정론의 문제는 해결된 것이 아니라고 할지라도 십자가에 못 박히신 하나님 앞에서 침묵하게 된다.

그러나 또한 우리가 반드시 기억해야 할 점은, 악과 신정론의 문제는 단지 우리가 가치중립적이고 방관자적인 관점에서 질문을 던지고 답을 얻을 수 있는 문제가 아니라는 사실이다. 신정론(神正論)은 인정론(人正論)의 문제와 분리될 수 없다. 다시 말하면, 세상의 악과 고난의 현실은 우리의 책임적 행동을 요구한다. 우리가 그리스도 안에 거하고 성령으로 행한다는 것은, 하나님의 자기희생적 사랑 안에서 구원과 해방의 사역에 동참하는 것을 포함한다. 우리는 악의 기원과 종말에 관해 사변하기보다는 하나님의 사랑이 궁극적으로 승리하리라는 확신을 갖고 악의 세력에 저항하는 데 훨씬 더 큰 관심을 기울여야 한다.

악의 문제에 대한 해결의 길은 이론적 지식이 아니라 변혁적이고 해방적인 실천에 있다. 정치신학자 요한 메츠(Johann Baptist Metz, 1928-2019)는 예수 그리스도의 수난 이야기가 하나님의 뜻을 거역하고 인간을 노예로 얽어매는 모든 악의 세력에 대한 하나님의 열정적 항거를 회상하는 '위험한 기억'(dangerous memory)이라고 말했다. 예수에 대한 기억이 위험한 까닭은 그것이 오늘도 우리를 모든 불의한 악의 세력에 대한 저항과 투쟁으로, 그리고 억눌리고 고통당하는 자들과의 연대로 이끌기 때문이다.

우리는 세월호 참사를 겪으면서 한편으로는 그 참사를 초래한 사람들의 비인간성에 분노를 금할 수 없었지만, 다른 한편으로는 그 와중에서도 드러난 참다운 인간성과 우리 사회에 대한 희망을 보았다. 제자들에게 자신의 구명조끼를 주어 탈출시키고 자신은 빠져나오지 못한 여러 선생님들의 숭고한 희생이 있었다. 그 비극의 현장에 동참하기 위해서 자기 생업을 제쳐두고 사고 현장으로 달려가 헌신적인 구조와 구호활동을 벌인 많은 자원봉사자들이 있었다. SNS에서는 수많은 누리꾼들이 노란리본으로 슬픔을 표했고, 전국 각지에서 수백만 명의 사람들이 분향소를 찾아 눈물을 흘리며 조문했다. 이것은 우리 사회가 아직 비인간화되지 않았고 다른 사람의 고통과 아픔에 동참하는 공감적 사랑의 가슴을 가진 사람들이 많다는 증거이며, 따라서 우리 사회에 여전히 희망이 있다는 증거이다.

　사실 세월호의 비극은 이 세상 도처에서 일어나는 비극적 현실의 빙산의 일각에 불과하다. 지금 이 세상에서는 8억 명이 기아로 허덕이고 있다. 이 중 2억 명이 어린이들이다. 전 인류의 5분의 1인 12억 명이 하루 1달러 미만으로 살아가고 있다. 이 순간에도 지구상에서는 4초마다 한 명의 아이가 전쟁과 기아로 죽어가고 있고, 매일 3만 5천 명의 아이들이 먹을 것이 없어 죽거나 총알받이가 되고 있다. 또한 2억 5천만 명의 아이들이 고된 노동에 시달리고 있으며, 우리 돈 만원이면 굶어 죽어가는 아이 한 명을 한 달 동안 먹일 수 있다. 탤런트 김혜자 씨가 쓴 《꽃으로도 때리지 말라》라는 책에는 이런 글이 있다.

　"한 여인이 있었다. 세상에서 일어나는 온갖 전쟁과 가난으로 고통

받는 사람들을 보면서 그녀는 하나님에게 항의했다. '왜 당신은 이 사람들을 위해 아무것도 하지 않는 건가요?' 그러자 하나님이 그녀에게 말씀했다. '그래서 내가 널 보내지 않았는가?'"

이 세상에서의 하나님의 섭리는 바로 우리 자신의 참여를 요구한다. 우리가 바로 하나님의 손과 발이다. 우리는 하나님의 손과 발이 되어 이 땅에 하나님의 뜻을 이루어가도록 부름 받은 하나님 나라의 일꾼들이다. 우리는 고통과 절망의 신음소리로 가득 찬 이 세상에 희망의 빛을 비추어야 한다. 우리는 이 세상의 악의 세력에 대항하고, 역경 속에 있는 사람들의 고통에 동참해야 한다. 그렇게 함으로써 이 땅에 하나님의 통치를 구현하고 하나님께 영광 돌려드리는 하나님 나라의 충성된 일꾼들이 되는 것이다. 우리 모두가 이렇게 되기를 기원한다.

# 3

# 하나님의
# 경영

사 14:24, 시 37:1-11

이사야는 이스라엘 민족이 북쪽 이스라엘 왕국과 남쪽 유다 왕국으로 분열되었던 시기(BC 740-680)에 남쪽 유다에서 예언 활동을 했다. 이사야가 사역을 시작할 무렵, 이스라엘 민족은 강성해진 앗수르(앗시리아)로부터 침략당하고 있었고 얼마 후에 북쪽 이스라엘 왕국이 앗수르에 의해 멸망을 당했다(BC 722년). 그리고 또 얼마 후에는 바벨론(신바벨로니아) 제국이 앗수르보다 더욱 강성한 대국으로 부상했는데, 바벨론은 앗수르를 멸망시키고 세계를 지배하는 대제국이 되었다. 바벨론은 후에 남쪽 유다 왕국까지 멸망시켰고(BC 586년), 이른바 유다의 바벨론 포로시대가 시작되었다. 이사야는 아직 유다 왕국이 멸망하기 전, 국가의 존립이 매우 위태로운 상황에서 예언 활동을 했다.

본문인 이사야 14장 24절을 이해하기 위해서는 그 배경이 되는 이사야 14장 전체를 볼 필요가 있다. 이 14장은 네 부분으로 구성되어 있다. 첫 부분(1-2절)에서는 이스라엘 민족이 바벨론의 포로에서 풀려나 다시 본토로 돌아올 것을 예언하고 있다.

두 번째 부분(3-23절)은 바벨론에 대한 예언으로, 이 부분은 다시 둘로 나누어진다. 앞부분은 3-20절로서, 여기서는 바벨론 왕의 종말에 대한 예언이 나타난다. 온갖 압제와 악행을 행하던 바벨론 왕이 결국 땅에 엎드려져 죽고 스올로 내려갈 것이라는 내용이다. "그러나 이제 네가 스올 곧 구덩이 맨 밑에 떨어짐을 당하리로다 너를 보는 이가 주목하여 너를 자세히 살펴보며 말하기를 이 사람이 땅을 진동시키며 열국을 놀라게 하며 세계를 황무하게 하며 성읍을 파괴하며 그에게 사로잡힌 자들을 집으로 놓아 보내지 아니하던 자가 아니냐 하리로다"(15-17절). 뒷부분은 21-23절로서, 여기서는 바벨론의 멸망에 대한 예언이 나타난다. 이 예언은 저주에 가깝다. "너희는 그들의 조상들의 죄악으로 말미암아 그의 자손 도륙하기를 준비하며"(21절), "내가 일어나 그들을 쳐서 이름과 남은 자와 아들과 후손을 바벨론에서 끊으리라"(22절), "멸망의 빗자루로 청소하리라"(23절). 매우 과격하고 신랄하며 심지어 매우 잔인한 표현들("자손 도륙하기를")로 바벨론의 멸망을 예언하고 있다.

세 번째 부분(24-27절)은 하나님이 앗수르를 멸망시키실 것에 대한 예언이다. 바로 여기에 이사야 14장 전체의 핵심적인 주제를 표현하는 본문이

나온다. "만군의 여호와께서 맹세하여 이르시되 내가 생각한 것이 반드시 되며 내가 경영한 것을 반드시 이루리라"(24절). "만군의 여호와께서 경영하셨은즉 누가 능히 그것을 폐하며 그의 손을 펴셨은즉 누가 능히 그것을 돌이키랴"(27절).

마지막 네 번째 부분(28-32절)에서는 하나님이 블레셋을 소멸시키실 것에 대한 예언이 기록되어 있다. 이사야는 하나님만이 이 세상 역사의 주인이시며, 심판자시며, 구원자시라고 선포한다. 이 세상의 역사는 하나님의 뜻 안에 있으며 하나님의 뜻대로 이루어질 것이라고 한다. 본문 24절과 27절 말씀을 다시 읽어보자. "만군의 여호와께서 맹세하여 이르시되 내가 생각한 것이 반드시 되며 내가 경영한 것을 반드시 이루리라", "만군의 여호와께서 경영하셨은즉 누가 능히 그것을 폐하며 그의 손을 펴셨은즉 누가 능히 그것을 돌이키랴." 반드시 하나님의 뜻대로 이루어질 것이라는 사실을 강조하기 위해서 하나님은 맹세까지 하신다. 하나님의 이 맹세는 이 세상의 역사에 대한 하나님의 절대주권을 강조하는 표현이다. "내가 반드시 내가 경영한 것을 이루겠다."


## 심판과 구원을 통한 통치

이 세상의 역사에 대한 하나님의 경영, 하나님의 절대주권적 통치는 어떻게 이루어지는가? 그것은 악한 세력에 대한 심판과 하나님의 백성에 대한 구원을 통해 이루어진다. 이사야 14장에서 바벨론과 앗수르와 블레셋은 악한 세력을 대표한다. 이 나라들은 자기들이 가진 강한 물리적 힘을 가지고 힘없는 나라들을 침략하고 압제하는 불의한 나라들이다. 이사야는 역사의 주인 되시는 하나님이 이 악한 세력들을 반드시 심판하시고 하나님의 백성을 압제로부터 구원해내실 것이라고 거듭 말씀한다. "여호와께서 악인의 몽둥이와 통치자의 규를 꺾으셨도다"(5절), "내가 일어나 그들을 쳐서 이름과 남은 자와 아들과 후손을 바벨론에서 끊으리라"(22절), "내가 앗수르를 나의 땅에서 파하며 나의 산에서 그것을 짓밟으리니 그때에 그의 멍에가 이스라엘에게서 떠나고 그의 짐이 그들의 어깨에서 벗어질 것이라"(25절). 하나님의 통치는 악한 자에 대한 심판과 하나님의 백성에 대한 구원으로 이루어진다. 이것이 하나님의 경영이고 이 경영은 반드시 이루어진다는 것이다.

오늘날에도 힘 있는 국가나 개인이 힘없는 국가나 개인을 압제하고 착취하는 일들이 세계 도처에서 끊임없이 일어나고 있다. 북한에서는 김씨 일가가 3대에 걸쳐 독재 권력을 세습하면서 60년이 넘는 오랜 세월 동안 북녘의 동포들에게 견디기 힘든 고통을 주고 있다. 이런 불의한 현실이 너무 오래 계속되기 때문에 우리는 때때로 "정말 하나님이 계시기나 한 것인가?" "하나님이 계시다면 불의한 역사적 현실이 왜 이토록 오래 계속되는 것인가?"라는 질문을 하게 된다.

이사야 시대의 이스라엘 민족이 바로 이러한 상황 속에 있었다. 블레셋과 앗수르와 바벨론에 의해 계속되는 침략과 오랜 압제 상황 속에서 하나님에 대한 이스라엘 백성의 믿음이 흔들리고 있었다. 그러나 이러한 상황 속에서도 이사야는 분명하게 선포한다. '여호와 하나님만이 역사의 주인이시며, 심판자시며, 구원자시다!' 우리 하나님은 오늘도 살아계셔서 마침내 악인들을 심판하시고 하나님의 백성을 구원해주신다. 이것은 변함없는 하나님의 진리다.

이 세계의 역사를 되돌아보면, 악한 강대국들이 한동안 패권을 잡고 세계를 지배하는 것 같지만 결국 멸망하고 역사의 무대에서 거의 흔적도 없이 사라져버린 것을 우리는 알 수 있다. 바벨론, 앗수르, 페르시아, 그리스, 로마 제국은 지금 폐허화된 유적으로만 남아 있다. 20세기의 세계대전 때도 한동안은 침략 국가들이 승리하는 것 같았다. 독일이 유럽을 거의 다 삼키고 일본은 아시아를 거의 다 점령했었다. 그러나 결국은 자유민주국가가 승리했다. 하나님은 세계 역사의 주인이시다. 세계의 역사는 하나님의 손에 있다.

오늘날 우리는 우리가 사는 이 사회가 너무 어지럽고 혼란하다고 말한다. 그래서 무엇이 선이고 무엇이 악인지 판단하기가 어렵다. 이 사회가 어지럽고 혼란한 것은 악인들이 득세하고 간교한 자들이 번성하는 것처럼 보이기 때문이다. 그러나 이것은 단지 어제 오늘의 문제가 아니다. 세상은 언제나 그래왔다. 이 사회의 어느 조직이나 단체도 그 내부를 들여다보면 알력과 갈등과 투쟁이 없는 곳은 거의 없다. 홉스(Thomas Hobbes, 1588-1679)가 말한 바와 같이, "만인에 대한 만인의 투쟁"(bellum omnium contra omnes)이 우리의 모든 삶의 현실을 온통 지배하고 있다는 느낌을 갖게 된다. 이와 같은 투쟁과 갈등과 알력은 인간들이 모여서 만든 단체나 조직에는 거의 예외 없이 다 있다. 정부기관, 기업, 학교, 그리고 심지어 때로는 교회까지도 예외가 아니다.

이 세상에서는 약삭빠르게 잔머리를 굴리는 사람들이 출세하고 악인들이 득세하는 일이 다반사다. 묵묵히 자기 자리를 지키고 자기가 맡은 일을 충실하게 수행하는 사람은 주목받지 못하고, 정직하게 살아가는 사람이 오히려 무시당하고 손해를 보는 것이 당연한 것처럼 여겨진다. 그러나 우리가 악인들로 인하여 억울한 일을 당하고 사특한 자들의 궤계로 인하여 고통을 당할 때에, 우리는 하나님이 이 세상의 주인이시고 심판자시며 구원자시라는 사실을 다시금 기억하여야 한다.

## 지금 하나님 편에 서 있는가

이사야 14장의 본문이 하나님이 이 세계 역사의 주인이요 심판자요 구원자이심을 말씀한다면, 시편 37장의 본문은 하나님이 개인들의 사회적 삶 속에서 주인이요 심판자요 구원자이심을 말씀한다. 다윗은 악한 사울 왕의 핍박으로 말로 다할 수 없는 고초를 겪었던 사람이다. 다윗의 시편들은 대부분 그러한 상황 속에서 쓰였다. 그러나 다윗은 불평하거나 하나님을 원망하지 않았다. 왜냐하면 악에 대한 심판은 하나님이 하실 것이기 때문이다. "악을 행하는 자들 때문에 불평하지 말며 불의를 행하는 자들을 시기하지 말지어다 그들은 풀과 같이 속히 베임을 당할 것이며 푸른 채소 같이 쇠잔할 것임이로다"(1-2절). "여호와 앞에 잠잠하고 참고 기다리라 자기 길이 형통하며 악한 꾀를 이루는 자 때문에 불평하지 말지어다 분을 그치고 노를 버리며 불평하지 말라 오히려 악을 만들 뿐이라"(7-8절). 악인은 잠시 형통하는 것처럼 보이지만 곧 흔적도 없이 사라질 것이다. "잠시 후에는 악인이 없어지리니 네가 그 곳을 자세히 살필지라도 없으리로다"(10절). 우리가 잘 아는 바와 같이 그토록 다윗을 핍박하던 사울은 결국 비참한 최후를 맞이했다.

그렇기 때문에 의인이 해야 할 일은 분노하거나 불평하지 말고 오직 하나님을 의지하면서 선을 행하고 성실히 살며 하나님을 기뻐하는 것이다. 시편 37편 3-6절을 다시 읽어보자. "여호와를 의뢰하고 선을 행하라 땅에 머무는 동안 그의 성실을 먹을거리로 삼을지어다 또 여호와를 기뻐하라 그가 네 마음의 소원을 네게 이루어주시리로다 네 길을 여호와께 맡기라 그를 의지하면 그가 이루시고 네 의를 빛같이 나타내시며 네 공의를 정오의 빛같이 하시리로다."

우리는 하나님을 의지하고 하나님께 맡기고 소망 중에 잠잠히 기다려야 한다. 이것이 믿음이다. 하나님께 맡기고 소망 중에 잠잠히 기다리면 하나님이 친히 이루시고 우리의 의를 빛같이 나타내시며, 우리의 공의를 정오의 빛같이 하실 것이다(5-6절). 우리는 마침내 땅을 차지하며 풍성한 화평으로 즐거워하게 될 것이다(11절). 하나님이 맹세까지 하시면서 하신 약속이 이것이다. 의인은 구원을 받을 것이며, 악인은 심판을 받을 것이다.

그런데 정말 중요한 문제는 나 자신이 과연 의인인가, 나 자신이 과연 역사의 주인, 심판자, 구원자이신 하나님 편에 있는가 하는 것이다. 내가 혹시 하나님의 반대편에 있으면서 하나님을 내 편으로 착각하는 것은 아닌가? 내가 하나님의 편에 서기 위해 힘쓰기보다는 하나님을 내 편으로 끌어들이려고 힘쓰는 것은 아닌가? 내가 혹시 악인의 자리에 있는 것은 아닌가? 내가 다른 사람들을 무의식적으로나 의식적으로 멸시하거나 미워하거나 상처를 주고 있지는 않은가? 내가 하나님 보시기에 불의한 일을 모사하면서 하나님의 도움을 요청하고 있는 것은 아닌가?

인간의 역사 속에서 가장 큰 비극적인 죄악은, 드러나는 악인에 의해서가 아니라 의인을 자처하는 자들에 의해 저질러졌음을 우리는 기억할 필요가 있다. 예수님을 십자가에 못 박았던 유대 종교 지도자들은 스스로 하나님 앞에서 가장 의롭다고 자처하던 자들이었다. 서구 역사에서 가장 추악한 전쟁 가운데 하나인 중세의 십자군 전쟁은 하나님의 이름을 내건 교회들에 의해 자행되었다. 근대에 들어 전 세계를 식민지화하기 위해 전쟁을 벌이고 원주민들을 무참하게 학살했던 나라들은 기독교 국가들이었다.

그러므로 우리는 '내가 정말 하나님의 편에 서 있는가'를 늘 깊이 돌아보아야 한다. 그런데 내 안에는 언제나 악인과 의인이 함께 있다. 사실 이 세상에는 100퍼센트 의인도 없고 100퍼센트 악인도 없다. 인간은 다 양면적인 존재들이다. 인간은 어떤 때에는 천사가 될 수도 있고 어떤 때에는 악마가 될 수도 있다. 다른 사람과 비교해서 더 의로운가 더 악한가 하는 것은, 하나님 앞에서 결정적으로 중요하지 않다. 우리가 의인이냐 악인이냐 하는 것은 다른 사람과의 비교를 통해서 결정되지 않는다. 그것은 오직 하나님 앞에서 결정된다.

우리가 진정으로 하나님의 편에 서 있다면, 하나님은 우리를 모든 악으로부터 구원하실 뿐 아니라 우리를 통하여 하나님이 원하시는 귀한 뜻을 이루실 것이다. 우리 인생의 최고의 영광은 하나님으로부터 의롭다 하심을 얻고 하나님의 뜻을 이루는 일꾼으로 부름 받는 데 있다. 내가 일을 하는 것 같지만 내가 하는 것이 아니라 나와 함께 계신 하나님이 친히 일하시고 이루신다. 이것이 은혜이다. 하나님의 일꾼으로 부름을 받고 온전히 자신을 헌신했던 사도 바울은 이렇게 고백한다. "내가 나 된 것은 하나님의 은혜로 된 것이니 내게 주신 그의 은혜가 헛되지 아니하여 내가 모든 사도보다 더 많이 수고하였으나 내가 한 것이 아니요 오직 나와 함께 하신 하나님의 은혜로라"(고전 15:10).

지나온 내 개인의 인생도 한 마디로 표현하자면, '하나님의 경영'이라고 할 수 있다. 세상의 눈으로 보면 아무 희망이 없는 깊은 절망의 웅덩이 속에서 부르짖을 때, 하나님이 불쌍히 여기시고 은혜를 베푸셔서 그 웅덩이로부터 나를 건져주셨다. 그리고 하나님의 뜻을 이루기 위한 도구로 쓰임 받는 복된 인생길로 인도하셨다. 내 인생의 표어는 이것이다. "하나님께서 너를 보내신 뜻을 친히 이루실 것이다"(God will accomplish what you are sent to do). 그리고 나는 날마다 이렇게 기도한다. "하나님, 제가 교만한 악인이 아니라 겸손한 의인의 길에 서게 해주시옵소서. 제 마음과 생각을 지켜주시옵소서. 이 세상의 허망한 욕심과 세속적 야망으로부터 나를 지켜주시옵소서. 제 마음과 생각이 세상의 헛된 풍조에 휩쓸리지 않고 오직 하나님의 뜻을 헤아리고 하나님의 편에 설 수 있게 해주시옵소서."

우리 하나님은 살아계신 하나님이다. 이 세상의 역사가 아무리 혼란하고 어지럽다고 해도 여전히 하나님의 경영, 하나님의 절대주권적 통치 안에 있다. 악인은 잠시 흥하는 것 같지만 결국 심판을 받고 흔적도 없이 사라진다. 반면에 의인은 당장 쇠망하는 것 같지만 결국은 승리하고 하나님으로부터 넘치는 위로와 상급을 받을 것이다. 우리가 지금 어떠한 어려움과 역경 가운데 있다 하더라도 하나님을 신뢰하는 믿음으로 끝까지 소망 중에 인내해야 한다. 그럼으로써 마침내 하나님의 때에 하나님이 베푸시는 영광스런 구원의 잔치에 참여하는 우리 모두가 되기를 축원한다.

# 4

## 하나님의 행동과
## 우연성

●
에 6:1-10

에스더서의 역사적 배경은 BC 5-6세기의 페르시아 제국이다. 당시 페르시아는 아하수에로 왕(크세르크세스 1세, BC 519-465)의 통치하에 있었다. 아하수에로는 다리우스 1세의 아들이자 계승자로 이집트와 바빌로니아의 반란을 진압했다. 아하수에로 왕의 통치기에 페르시아는 중동에서 시작해 인도, 북아프리카, 이집트에 이르는 광대한 영역의 127개 도를 장악하고 있는 대제국이었다. 후에 그는 대규모 그리스 침공을 감행했는데, BC 480년 그 유명한 살라미스 해전에서 그리스에게 패함으로써 페르시아의 몰락을 초래했다.

에스더서에 보면 아하수에로 왕은 제국의 위엄을 과시하기 위해 무려 180일 동안 연회를 열었다. 그는 자기의 아름다운 왕비를 자랑하고 싶어서 와스디 왕비에게 연회에 나오라는 전갈을 보냈다. 그러나 왕비는 그 자리에 나타나지 않았다. 이에 왕은 분노했고 와스디는 왕명을 거역하였다는 이유로 폐위되었다. 와스디가 폐위된 후에 왕은 조서를 반포하여 전국에서 아름다운 처녀들을 왕궁으로 불러들여 그중에서 새로운 왕비를 간택한다. 이때 유대인 모르드개가 딸처럼 양육한 조카 에스더도 왕궁으로 들어가게 된다. 모르드개는 느부갓네살 왕에 의해 바벨론에 끌려왔던 유대인의 후손 중 한 사람이다. 왕궁으로 들어간 에스더는 왕의 사랑을 받게 되고 마침내 왕비로 간택된다.

그런데 모르드개는 당시 왕의 신하들 가운데 최고 지위에 있었던 하만에게 무릎 꿇지도 않고 절하지도 않음으로써 하만의 분노를 사게 된다. 하만은 모르드개뿐만 아니라 페르시아에 있는 모든 유대인을 진멸하려는 계획을 세운다.

모르드개는 이 사실을 에스더에게 알리면서, 왕에게 나아가 유대민족을 진멸하려는 이 악한 계획이 철회되도록 해보라고 당부한다. 그는 이렇게 말한다. "너는 왕궁에 있으니 모든 유다인 중에 홀로 목숨을 건지리라 생각하지 말라 이때에 네가 만일 잠잠하여 말이 없으면 유다인은 다른 데로 말미암아 놓임과 구원을 얻으려니와 너와 네 아버지 집은 멸망하리라 네가 왕후의 자리를 얻은 것이 이때를 위함이 아닌지 누가 알겠느냐"(에 4:13-14).

이에 에스더는 사흘을 금식한 후에, 왕이 부르기 전에 왕이 있는 안뜰로 나아가면 안 된다는 규례를 어기고 "죽으면 죽으리이다" 하는 각오로 왕 앞으로 나아가겠다고 대답한다. 다행히, 에스더가 왕궁 안뜰로 나아갔을 때 왕이 에스더를 보고 매우 사랑스러움을 느꼈고 그녀에게 나라의 절반이라도 주겠다고 말한다. 에스더는 자기가 베푸는 두 번의 잔치에 왕을 초대한다.

왕은 에스더의 두 번째 잔치에 참석하기 전날 밤, 잠이 오지 않아서 궁중 일기를 읽다가 자기를 암살하려는 음모를 모르드개가 고발했던 내용을 알게 되고 모르드개한테 보답하고자 한다. 한편, 두 번째 잔치 자리에서 에스더는 자기 민족을 진멸하려는 하만의 궤계를 폭로하고, 결국 하만은 모르드개를 달아 죽이려고 준비했던 나무에 매달려 죽음을 당한다. 유대인들은 하만이 유대인들을 죽이려고 제비를 뽑아(히브리어로 '부르') 날짜를 정한 것에 빗대어 그날을 '부림절'이라고 부른다. 지금도 이스라엘 사람들은 민족이 대학살의 위기에서 구원받은 것을 기념하는 날로 이 부림절을 지킨다.


### 우연 속의 섭리

에스더서의 독특한 문학 형식상의 특징은 하나님에 관한 언급이 한 군데도 없다는 것이다. 모든 사건이 초월적인 하나님의 개입 없이 인간의 결정이나 세상의 인과법칙에 의해 일어나는 것처럼 보인다. 하나님은 보이지 않는다. 인간이 역사의 주체처럼 보인다. 에스더서를 대할 때 우리는 무엇보다 "죽으면 죽으리이다"라는 에스더의 용기 있는 결단을 가장 먼저 떠올리게 된다. 그리고 하만에게 끝까지 절하지 않은 모르드개의 기개를 또한 기억한다. 그래서 우리는 에스더서를 한 인간의 영웅적 결단과 행동을 칭송하고 고무하는 책처럼 생각하기 쉽다. 물론 민족을 구하기 위해 자신의 목숨까지 내어놓고 왕 앞으로 나아갔던 에스더의 용기는 아무리 칭송을 해도 지나침이 없다.

그러나 다른 한편, 에스더서에는 세상적인 눈으로 볼 때 우연이라고 생각될 수밖에 없는 사건들이 여러 차례 등장한다. 페르시아의 수많은 처녀들 중에서 에스더가 왕비로 선택된 사건은, 어떤 인과적 필연성에 의한 것이라기보다는 로또처럼 실현 가능성이 극히 희박한 낮은 확률의 가능성이 현실화된 사건이라고 할 수 있다. 모르드개가 대궐 문에 있다가 문을 지키던 왕의 내시 두 사람이 아하수에로 왕 암살 음모를 꾸미는 것을 알게 된 것도 우연이었다. 에스더서에서 나오는 우연의 절정은, 왕이 에스더의 잔치에 가기 전날 밤에 일어난 일이다. 그날 밤 왕은 잠이 오지 않았다. 그래서 궁중 일기를 가져다가 읽던 중 모르드개가 자신을 구했던 일을 다시 생각해내고 그에게 보상하고자 하는 마음을 갖게 된다.

에스더서는 한 번도 하나님을 언급하지 않지만, 하나님이 스스로 택하신 민족의 역사뿐만 아니라 온 세계의 역사를 주관하시는 주권자이심을 증언하는 책이다. 그뿐만 아니라 에스더서는 하나님이 어떤 방식으로 이 세계 안에서 행동하시는지를 잘 보여준다. 에스더서는 이 세상에서 일어나는 일들이 다 인간의 주체적 결정이나 인과법칙 또는 우연에 의해 발생하는 것처럼 기술한다. 그러나 우리는 이 에스더서를 읽으면서, 하나님이 이 세상 역사의 주관자시라는 사실뿐 아니라 이 세상 속에서 어떻게 행동하시는지 알게 된다.

하나님은 이 세상에서 어떻게 행동하시는가? 우리는 에스더서 본문을 통해서, 하나님은 세상적인 눈으로 볼 때 우연으로 보이는 사건들 속에서 행동하고 계신다는 사실을 발견하게 된다. 하나님은 와스디 왕비가 폐위되고 에스더가 새로운 왕비가 되는 사건 속에서 행동하셨다. 하나님은 왕을 암살하려는 음모를 모르드개가 알게 되는 사건 속에서 행동하셨다. 그리고 하나님은 잠이 오지 않는 왕이 궁중 일기를 읽는 사건 속에서 행동하셨다.

하나님은 이 세계를 창조하시고 다스리시고 미래의 종말론적 하나님 나라를 향해 이 세계의 역사를 인도해 가시는 주권자다. 예수님은 말씀하셨다. "참새 두 마리가 한 앗사리온에 팔리지 않느냐 그러나 너희 아버지께서 허락하지 아니하시면 그 하나도 땅에 떨어지지 아니하리라"(마 10:29). 참새가 땅에 떨어지고 한 앗사리온에 팔리는 것조차 하나님의 허락 없이는 불가능하다는 것이다. 이 말씀은 세상을 다스리시는 하나님의 절대주권을 표현한 것이다. 이런 의미에서 하나님의 절대주권을 강조했던 칼빈은, 우연이란 불신자의 용어라고 말했다. 세상에서 일어나는 모든 일이 다 하나님의 섭리와 허락 안에서 일어난다는 것이다.

물론 우리는 세상에서 일어나는 모든 우연적 사건들이 다 하나님의 섭리에 의한 것이라고 말할 수 없다. 우리는 수많은 인명의 희생을 초래한 대지진이나 아우슈비츠나 세월호 같은 비극적 사건들이 다 하나님의 섭리에 의한 것이라고 말해서는 안 된다. 만일 우리가 그렇게 말한다면 그것은 세상에서 일어나는 모든 비극적 재난들에 대한 책임을 하나님께 돌리는 것이 된다. 그러나 성서는, 에스더서 본문에서처럼, 세상적인 눈으로 볼 때는 우연으로 보이는 사건들 속에서 하나님이 행동하고 계심을 보여준다. 성서에는 제비 뽑는 이야기가 여러 곳에 나타난다. 이스라엘 민족은 가나안 땅에 들어가서 각 지파에게 땅을 나누어줄 때 제비뽑기를 했다. 초대 교회에서 유다의 자리를 대신할 사도를 선택할 때도 바사바라는 요셉과 맛디아 중에 제비를 뽑아 맛디아로 정했다. 제비뽑기는, 하나님이 우연성 속에서 행동하신다는 확고한 믿음이 없다면 결코 행할 수 없는 방법이다.

근대의 과학적 결정론은 이 세상 안에서의 하나님의 행동을 불가능한 것으로 간주하도록 만들었다. 왜냐하면 근대 과학에 따르자면, 세상에서 일어나는 모든 일이 다 세계 내적인 인과법칙에 의해 결정되기 때문이다. 만일 하나님이 이 세상의 사건들 안에서 행동하시고자 한다면 결정론적 인과법칙을 강제로 깨뜨리고 개입하셔야 한다. 그러나 그러한 일은 하나님이 스스로 만드신 법칙을 깨뜨리는 것이기 때문에 용납될 수 없는 일이다. 따라서 근대 시기에 이신론(deism)이란 신개념이 등장했다. 이신론은 세계를 창조한 신을 인정하지만, 신이 세상을 창조한 뒤에는 세상의 물리법칙을 바꾸는 방식으로 개입하지 않는다고 보는 신관이다.

19세기 후반까지만 해도 과학자들은 뉴턴(Isaac Newton, 1642-1727)의 고전 물리학과 맥스웰(James Clerk Maxwell, 1831-1879)의 전자기학으로 모든 자연현상을 충분히 설명할 수 있다고 믿었다. 그러나 20세기에는 이전의 물리 이론으로는 설명할 수 없는 현상들이 발견되었다. 하이젠베르크(Werner Karl Heisenberg, 1901-1976)의 불확정성의 원리에 따르면, 짧은 파장의 빛을 이용하면 전자의 위치를 더 정확하게 측정할 수 있지만 전자의 운동량은 불확정성이 증가한다. 어떤 물체의 위치와 운동량을 동시에 정확하게 측정하는 것은 불가능하다는 것이 불확정성의 원리다. 이 원리가 보여주는 자연의 불확정적 현상은, 인간 능력의 한계가 아니라 실재 자체의 본성적인 비결정성으로 인한 것이다(코펜하겐 법칙).

## 불확실성 속의 믿음

오늘날 과학자들은 자연 질서가 반드시 결정론적 인과법칙을 전제한다고 생각하지 않는다. 근대의 과학 법칙(뉴턴의 물리학)이 규칙성과 동일성을 전제한다면, 오늘날의 과학은 우연성과 차별성, 그리고 시간의 비가역성을 전제한다. 우리가 속해 있는 우주는 빛의 속도로 팽창하고 있는데 이것은 시간의 비가역성을 의미한다. 비가역적 시간 속에서 세계 전체와 개별 사건들은 결코 반복되지 않으며 일회적이다. 매 순간의 비가역성으로 인한 우연성과 차별성으로부터 새로움이 창조된다.

자연 사건들의 전체 과정은 규칙성과 우연성의 그물망으로 구성되고, 이 세계 안에서는 자연법칙과 우연성이 상호작용한다. 물론 자연법칙도 하나님이 창조하신 것이다. 따라서 자연법칙과 우연성은 대립되는 개념이 아니다. 그러나 우연성이 자연법칙보다 더 근원적이다. 우연성은 하나님의 행동 영역이다. 성서는 하나님이 우연성 속에서 행동하심을 증언한다. 하나님은 세계의 자연법칙을 위한 근본적 프레임(초기조건)을 결정하실 뿐만 아니라 세계 과정의 우연성 속에서 행동하심으로써 이 세계를 종말론적 미래의 완성으로 이끌어 가신다.

인간 사회에서 우연성과 불확실성은 자연 세계에서보다 훨씬 더 크게 증폭된다. 오늘 우리는 불확실성의 시대에 살고 있다. 미국 경제학자 존 케네스 갤브레이스(John Kenneth Galbraith, 1908-2006)는 1977년《불확실성의 시대》(The Age of Uncertainty, 홍신문화사)라는 책에서 현대를 '사회를 주도하는 지도 원리가 사라진 불확실한 시대'라고 규정했다. 현대는 우리가 진리라고 여겨왔던 많은 것들과 합리성과 이성에 근거한 담론체계가 의심스러우며 어디로 가야 할지 모르는 혼란스러운 시대라는 것이다. 그는 주로 경제 분야에서의 불확실성의 문제를 다루었지만, '불확실성의 시대'라는 개념은 단순히 경제 분야에 국한되지 않고 오늘날의 모든 삶의 영역을 표현하는 말이 되었다.

불확실성은 우리를 불안하게 만든다. 많은 사람이 미래의 불확실성으로 인해 불안해하고 있다. 그러나 성서는 불확실성의 영역이 바로 하나님의 행동 영역이요 따라서 믿음의 영역임을 증언한다. 하나님이 아브라함을 그의 나이 75세 때에 갈대아 우르에서 부르셨을 때, 아브라함은 갈 바를 알지 못하고 나아갔다고 성서는 증언한다. "믿음으로 아브라함은 부르심을 받았을 때에 순종하여 장래의 유업으로 받을 땅에 나아갈새 갈 바를 알지 못하고 나아갔으며"(히 11:8).

믿음이란 결정론적 인과법칙에 의해 예상되는 결과에 대한 지식에 근거하는 것이 아니다. 믿음이란 앞을 내다볼 수 없는 불확실성 속에서 하나님의 약속을 붙들고 갈 바를 알지 못한 채 앞으로 나아가는 것이다. 기독교인에게 있어서 성실과 믿음은 대립적인 관계가 아니다. 성실이란 자연법칙과 질서를 따라 하루하루 최선을 다해 노력하는 삶을 의미한다. 믿음이란, 우리 노력의 결과가 인과법칙에 의해서가 아니라 보다 더 근본적인 우연성 안에서 행동하시는 하나님의 은혜에 의해 주어진다는 사실을 받아들이고 그 은혜를 구하며 기다리는 것이다.

이 세상의 불확실성은 해가 갈수록 더욱 증대되고 있다. 오늘의 시대는 이른바 디지털 노마드(유목민)의 시대라고 불린다. 옛날의 유목인이 가축을 몰고 초원을 찾아 이동하는 사람들이었다면, 오늘날의 디지털 유목민은 장소에 상관없이 여기저기 이동하면서 주로 노트북이나 스마트폰 등을 이용해 업무를 보는 사람들이다. 이 두 유목민의 공통점은 모두 갈 바를 알지 못하고 앞으로 나아간다는 점이다. 이것이 유목민의 운명이다. 하나님이 갈대아 우르의 비옥한 땅에 정착해서 안정된 생활을 하던 아브라함을 불러 유목민의 조상으로 만드신 데에는 깊은 뜻이 있었다. 그것은 바로 불확실성 속에서 오직 하나님만 의지하고 앞으로 나아가는 노마드적 신앙을 훈련시키기 위해서이다. 또 하나님은 이 노마드적 신앙을 훈련시키기 위해서 이스라엘 백성을 광야에서 40년 동안 방황하게 하셨다.

오늘의 불확실성의 시대에 그 어느 때보다도 이 노마드적 신앙이 우리에게 요구된다. 우리는 불확실성과 우연성 속에서 행동하시는 하나님의 도우심과 인도하심을 간구하며 기다려야 한다. 우연성은 하나님의 은혜가 우리에게 임하는 통로다. 이 세상에서의 불확실성이 증대될수록 우리에게는 하나님의 은혜를 구하는 기도가 더욱더 필요하다. 역설적으로, 불확실성이 증대될수록 하나님의 행동 영역과 은혜의 채널은 더욱 확대되며, 따라서 하나님의 은혜를 간구하는 믿음의 기도가 더욱 놀라운 하나님의 역사를 가능케 할 수 있다. 이 불확실성의 시대에, 우연성 속에서 행동하시는 하나님의 은혜를 믿고 간구하며 기다리는 믿음으로 끝까지 승리하는 우리 모두가 되기를 축원한다.

# 5

## 우리와 함께 하시는 하나님

시 23; 마 28:20

사람의 행복과 불행은 결국 자신의 마음에 있다. 천국도 자기 마음 안에 있고 지옥도 자기 마음 안에 있다. 그러므로 잠언 4장 23절에서 "모든 지킬 만한 것 중에 더욱 네 마음을 지키라 생명의 근원이 이에서 남이니라"고 말씀한다. 그러나 우리의 마음은 수시로 흔들리고, 불안과 두려움에 사로잡힐 때가 많다. 미래가 불투명하고 불확실할 때 우리는 불안에 사로잡힌다. 나 자신의 힘으로 감당하기 어려운 큰일을 앞두고 있을 때, 우리는 두려움에 사로잡힌다. 또한 불의의 사고나 사업의 실패, 뜻하지 않은 질병 등으로 역경에 처할 때 우리는 불안과 두려움에 사로잡힌다.

이렇게 평안을 잃고 불안과 두려움에 사로잡힐 때마다 우리가 반드시 기억해야 할 사실이 있다. 그것은 하나님이 우리와 함께 계신다는 사실이다. 하나님이 우리와 함께 계신다는 사실을 참으로 믿는다면, 우리는 그 어떤 불안과 두려움도 물리칠 수 있다.

오늘날 많은 사람들이 미래의 불확실성으로 인해 불안해하고 있다. 많은 젊은이들이 불확실한 미래 때문에 불안해하고 있다. 이미 은퇴했거나 은퇴를 눈앞에 둔 세대는 은퇴 이후에 어떻게 살아야 할지 몰라 불안해한다. 개인적으로뿐만 아니라 사회적으로, 나아가서 세계적으로 인류의 미래가 불투명하다. 그러나 불확실성 가운데에서 하나님이 약속하신 미래를 바라보고 그 미래를 향해 나아가는 것이 믿음의 본질이다.

## 담대하라, 두려워 말라

우리가 이미 언급했던 바와 같이, 하나님은 아브라함의 나이 75세 때 고향을 떠나 미지의 땅으로 가라고 명령하셨다. 그것은 너무도 불확실한 미래를 향해 새로운 출발을 하는 것이었다. 그러나 아브라함은 '하나님이 계획하시고 지으실 터가 있는 성을 바라고'(히 11:10 참고) 믿음으로 나아갔다. 하나님은 갈 바를 알지 못하고 믿음으로 나아간 아브라함의 모든 삶의 여정에 동행하심으로써 마침내 그 약속하신 바를 이루셨다.

아무런 기약 없는 불확실한 미래를 향해 던져졌던 대표적인 인물이 야곱이다. 야곱은 아버지를 속이고 장자 축복을 가로챈 뒤에 형 에서의 노여움을 피해 집을 떠나야만 했다. 그는 외삼촌이 있는 하란으로 가던 중 광야에서 잠을 자다가 환상 가운데 하나님을 만난다. 꿈속에서 하나님은 야곱을 축복하시면서 이렇게 말씀하셨다. "내가 너와 함께 있어 네가 어디로 가든지 너를 지키며 너를 이끌어 이 땅으로 돌아오게 할지라 내가 네게 허락한 것을 다 이루기까지 너를 떠나지 아니하리라 하신지라"(창 28:15).

"내가 너와 함께 하겠다. 너를 떠나지 않겠다. 네게 약속한 모든 것을 반드시 다 이루겠다." 야곱은 오직 이 하나님의 약속만을 의지하고 불확실한 미래를 향해 나아갔다. 물론 시련도 있었다. 그러나 그는 마침내 하나님이 약속하신 그 모든 복을 온전히 받아 누리는 축복된 인생을 살았다. 그러므로 우리는 미래가 불확실하다고 불안해하지 말고, 아브라함과 야곱처럼 하나님이 약속하신 미래를 소망 중에 바라보면서 나아가야 한다.

우리는 또한 자신의 힘으로 감당하기 어렵고 큰일을 당할 때 두려움에 사로잡힌다. 과도한 중압감으로 인해 그 일을 회피하고자 한다. 하나님은 호렙산의 떨기나무 가운데에 모세에게 나타나셔서, 이스라엘 백성을 애굽에서 구원해내라는 사명을 주셨다. 그러나 모세는 그 사명이 도저히 감당할 수 없는 너무도 큰일이라 사양하였다. "내가 누구이기에 바로에게 가며 이스라엘 자손을 애굽에서 인도하여내리이까"(출 3:11). 그러자 하나님은 이렇게 말씀하셨다. "내가 반드시 너와 함께 있으리라 네가 그 백성을 애굽에서 인도하여낸 후에 너희가 이 산에서 하나님을 섬기리니 이것이 내가 너를 보낸 증거니라"(출 3:12). 하나님은 약속대로 모세와 함께 계셨으며, 마침내 이스라엘 백성을 애굽에서 구원해내셨다.

하나님은 모세의 후계자인 여호수아가 이스라엘 백성을 가나안 땅으로 인도하는 중차대한 사명 앞에서 두려움에 사로잡혀 있을 때도, 모세와 함께 하셨던 것처럼 함께 하겠다고 약속하셨다. "네 평생에 너를 능히 대적할 자가 없으리니 내가 모세와 함께 있었던 것같이 너와 함께 있을 것임이니라 내가 너를 떠나지 아니하며 버리지 아니하리니 강하고 담대하라 너는 내가 그들의 조상에게 맹세하여 그들에게 주리라 한 땅을 이 백성에게 차지하게 하리라…내가 네게 명령한 것이 아니냐 강하고 담대하라 두려워하지 말며 놀라지 말라 네가 어디로 가든지 네 하나님 여호와가 너와 함께 하느니라"(수 1:5-6, 9).

우리들 가운데 내 힘으로 감당하기 어려운 큰일로 인하여 두려워하고 있는 사람이 있는가? 하나님은 모세와 여호수아에게 약속하셨던 것처럼 오늘 우리와 함께 하겠다고 약속하신다. 이 하나님의 약속을 믿고 두려움을 버리고 용기를 가지고 우리가 감당해야 할 일에 도전할 때, 하나님이 마침내 그 일들을 친히 이루실 것이다.

우리는 또한 불의의 사고, 사업의 실패, 뜻하지 않은 질병, 대적자의 공격 등으로 역경에 처할 때 불안과 두려움에 사로잡힌다. 성서의 위인들 가운데 가장 어려운 역경을 겪었던 사람은 다윗이다. 다윗은 사울의 미움을 받아 광야에서 도피 생활을 하면서 죽을 고비를 숱하게 넘겼다. 그러나 그는 하나님이 자신과 함께 하심을 굳게 믿었다. 너무도 유명한 시편 23편은 바로 이러한 역경 가운데에서 쓰인 시이다. 다윗은 사망의 음침한 골짜기에 있을 때도 두려워하지 않는다. 주님이 함께 하심을 믿기 때문이다. 그 역경 속에서도 하나님이 목자가 되셔서 자신을 푸른 풀밭과 쉴 만한 물가로 인도하실 것을 노래한다. 원수로 인해 말할 수 없는 고난을 당하는 상황 속에서도 하나님이 원수의 목전에서 자신에게 상을 차려주실 것이라고 노래한다. 우리는 이러한 다윗의 믿음을 본받아야 한다.

우리 인생에는 때때로 풍랑이 몰아치고 시험의 물결이 밀려온다. 그러나 두려워할 필요가 없다. 왜냐하면 지난날 우리와 함께 하셨던 하나님이 지금도 우리와 함께 하시고 앞으로도 함께 하실 것이기 때문이다. "두려워하지 말라 내가 너와 함께 함이라 놀라지 말라 나는 네 하나님이 됨이라 내가 너를 굳세게 하리라 참으로 너를 도와주리라 참으로 나의 의로운 오른손으로 너를 붙들리라"(사 41:10).

예수님이 세상에 오신 성탄절은 하나님이 우리와 함께 하시기 위해 인간이 되신 날이다. "보라 처녀가 잉태하여 아들을 낳을 것이요 그의 이름은 임마누엘이라 하리라 하셨으니 이를 번역한즉 하나님이 우리와 함께 계시다 함이라"(마 1:23). 임마누엘의 하나님 예수 그리스도가 영원토록 우리와 함께 있겠다고 약속하셨다. "볼지어다 내가 세상 끝날까지 너희와 항상 함께 있으리라 하시니라"(마 28:20).

## 황량한 삶의 자리, 벧엘

야곱은 광야에서 잠을 자다가 환상 가운데 하나님을 만나고 잠이 깬 후에 이렇게 외쳤다. "여호와께서 과연 여기 계시거늘 내가 알지 못하였도다"(창 28:16). 그는 하나님을 만난 바로 그 자리에 돌로 기둥을 세우고 그곳을 벧엘, 즉 하나님의 집, 하늘의 문이라고 명명하였다. 우리가 믿음의 눈, 영안을 뜨면 바로 우리가 있는 그곳, 광야와 같이 황량한 삶의 자리가 바로 하나님이 함께 계시는 곳임을 깨닫게 된다. 우리가 불안해하고 두려워하는 그 삶의 자리가 바로 하나님이 임재하시는 곳이다.

미래가 불투명하고 불확실한 삶의 자리, 나 자신의 힘으로 감당하기 어려운 큰일을 감당해야 하는 삶의 자리, 불의의 사고나 사업의 실패나 뜻하지 않은 질병으로 역경에 처한 삶의 자리, 바로 그 삶의 자리에 하나님이 우리와 함께 계신다. 그리고 말씀하신다. "두려워 마라. 내가 너와 함께 있다. 내가 너를 도와줄 것이다. 내가 너를 붙들어줄 것이다." 하나님이 지금 우리와 함께 계신다는 사실을 깨달을 때 모든 불안과 두려움으로부터 해방된다.

그런데 우리의 문제는 '하나님이 우리와 함께 계시는가'가 아니라 '과연 우리가 하나님과 함께 있는가' 하는 것이다.

하나님이 우리와 함께 계시기 위해서는 우리가 하나님 편에 있어야 한다. 미국 남북전쟁 당시, 북군 지도자들 모임에서 한 교회 대표가 링컨에게 말했다. "각하, 저희는 하나님이 우리 북군 편이 되셔서 북군이 승리하게 해달라고 날마다 눈물로 기도하고 있습니다." 그러자 링컨은 이렇게 대답했다. "그렇게 기도하지 마십시오. 하나님께 우리 편이 되어달라고 기도하지 말고 우리가 항상 하나님 편에 서있게 해 달라고 기도하십시오." 우리의 기도는 하나님을 내 편으로 만들기 위한 기도가 아니라 우리가 하나님 편에 서기 위한 기도가 되어야 한다. 우리가 하나님 편에 서지 못하고 또 하나님께 가까이 나아가지 못함을 회개하는 기도가 되어야 한다. 그리할 때에 우리는 진정으로 우리와 함께 계시는 하나님의 현존과 은혜를 경험할 수 있다.

우리 주님 예수 그리스도는 세상 끝날까지 언제나 어디서나 우리와 함께 계시겠다고 약속하셨다. 약속대로 주님은 성령을 통하여 지금도 우리와 함께 계신다. 날마다 더욱 주님의 약속을 붙들고 주님과 동행하며 삶으로써, 모든 불안과 두려움을 물리치고 주님 안에서 평안을 누리는 우리 모두의 인생이 되기를 기원한다.

2부 /

은총과 믿음이 현재를 직면하게 한다

承(승) ● 문제를 전개함

# 6/

# 사죄의 은총과
# 믿음

시 51:1-17

 

시편 51편은 다윗이 밧세바와 동침하고 밧세바의 남편인 우리아 장군을 전장에서 죽게 한 사건 후에, 나단 선지자가 그에게 와서 죄를 지적하고 책망하자 자신의 죄를 회개하며 쓴 참회 시로 알려져 있다. 1-5절에서 다윗은 하나님이 인자와 긍휼을 베푸셔서 자신의 죄를 용서해주실 것을 호소한다. "하나님이여 주의 인자를 따라 내게 은혜를 베푸시며 주의 많은 긍휼을 따라 내 죄악을 지워주소서 나의 죄악을 말갛게 씻으시며 나의 죄를 깨끗이 제하소서"(1-2절). 다윗은 자신이 하나님의 목전에서 악을 행하였으며, 자신이 태어날 때부터 본성적으로 죄인임을 고백한다. "내가 주께만 범죄하여 주의 목전에 악을 행하였 사오니…내가 죄악 중에서 출생하였음이여 어머니가 죄 중에서 나를 잉태하였나이다"(4-5절).

6-9절에서도 다윗은 자신의 죄를 깨끗이 씻어달라고 간구한다. "우 슬초로 나를 정결하게 하소서 내가 정하리이다 나의 죄를 씻어주소 서 내가 눈보다 희리이다"(7절). 10-12절에서 다윗은 하나님께 자기 안 에 정결한 마음을 창조하시고 정직한 영을 새롭게 해달라고 간구한다. "하나님이여 내 속에 정한 마음을 창조하시고 내 안에 정직한 영을 새 롭게 하소서"(10절).

마지막으로, 15-17절에서 다윗은 하나님이 진정으로 기뻐하시는 것 이 무엇인지 자신이 알게 되었다고 고백한다. 하나님이 진정으로 원하 시는 제사는 번제가 아니라 상한 심령, 통회하는 마음이다. "주께서는 제사를 기뻐하지 아니하시나니 그렇지 아니하면 내가 드렸을 것이라 주는 번제를 기뻐하지 아니하시나이다 하나님께서 구하시는 제사는 상한 심령이라 하나님이여 상하고 통회하는 마음을 주께서 멸시하지 아니하시리이다"(16-17절).

다윗은 시편 51편 외에도 자신의 죄를 고백하고 하나님의 용서를 구 하는 시편을 많이 썼다. 시편 32편에서는 이렇게 노래하고 있다.

"허물의 사함을 받고 자신의 죄가 가려진 자는 복이 있도다 마음에 간사함이 없고 여호와께 정죄를 당하지 아니하는 자는 복이 있도다 내 가 입을 열지 아니할 때에 종일 신음하므로 내 뼈가 쇠하였도다 주의 손이 주야로 나를 누르시오니 내 진액이 빠져서 여름 가뭄에 마름 같이 되었나이다(셀라) 내가 이르기를 내 허물을 여호와께 자복하리라 하고 주께 내 죄를 아뢰고 내 죄악을 숨기지 아니하였더니 곧 주께서 내 죄악을 사하셨나이다(셀라) 이로 말미암아 모든 경건한 자는 주를 만날 기회를 얻어서 주께 기도할지라 진실로 홍수가 범람할지라도 그에게 미치지 못하리이다 주는 나의 은신처이오니 환난에서 나를 보호하시고 구원의 노래로 나를 두르시리이다(셀라)"(시 32:1-7).

세상 사람들은 자기 안의 죄와 허물은 보지 못하고 서로 다른 사람의 죄와 허물을 들추어내어 서로 고발하고 정죄한다. 그래서 예수님은 "어찌하여 형제의 눈 속에 있는 티는 보고 네 눈 속에 있는 들보는 깨닫지 못하느냐?"(마 7:3)고 말씀하셨다. 그러나 하나님은 우리의 죄와 허물을 들추어내지 않고 오히려 가려주고 덮어주시는 분이다. 예수님은 간음하다 잡혀온 여인을 정죄하지 않으셨다. "너희 중에 죄 없는 자가 먼저 돌로 치라"(요 8:7), "너를 고발하던 그들이 어디 있느냐 너를 정죄한 자가 없느냐⋯나도 너를 정죄하지 아니하노니 가서 다시는 죄를 범하지 말라"(요 8:10-11).

## 내 허물을 여호와께 자복하리라

문제는 우리가 진정으로 우리의 죄를 하나님께 자복하느냐 하는 것이다. 우리가 우리의 죄를 자복하지 않으면 우리는 이미 하나님의 심판을 받고 있는 것이다. 죄는 우리의 영혼에 고통을 주고 우리의 뼈를 쇠하게 한다. 다윗은 고백한다. "내가 입을 열지 아니할 때에(내가 내 죄를 자복하지 않을 때에), 종일 신음하므로 내 뼈가 쇠하였도다 주의 손이 주야로 나를 누르시오니 내 진액이 빠져서 여름 가뭄에 마름 같이 되었나이다"(시 32:3-4). 다윗은 우리가 죄를 자복하지 않는 동안 우리의 영혼은 진액이 빠지고 여름 가뭄에 마름 같이 된다고 고백하고 있다.

그러나 바로 다음 구절에서 다윗은, 우리가 참회의 심령을 가지고 하나님께 우리의 죄를 자복하면 하나님이 용서하시고 환난에서 보호하시고 구원의 은총을 베풀어주신다고 노래한다.

우리 하나님은 죄인을 불러 용서하시고 구원하시는 분이다. 예수님은 자신이 세상에 온 것이 의인을 부르러 온 것이 아니라 죄인을 부르러 왔다고 말씀하셨다. "너희는 가서 내가 긍휼을 원하고 제사를 원하지 아니하노라 하신 뜻이 무엇인지 배우라 나는 의인을 부르러 온 것이 아니요 죄인을 부르러 왔노라 하시니라"(마 9:13). 여기서 죄인을 부르러 왔다는 말은 문자 그대로 의인은 배제하고 죄인만 부르러 왔다는 말씀이 아니라, 자신의 죄인 됨을 자복하고 회개하는 사람을 부르러 왔다는 말씀이다.

예수님은 탕자의 비유를 통해서, 하나님은 아무 대가를 요구하시지 않고 인간의 죄를 값없이 용서하시는 분임을 잘 보여주셨다. 탕자의 비유에서 아버지는 재산을 탕진하고 돌아온 아들을 책망하거나 꾸짖지 않고 오히려 가장 좋은 옷을 입히고 잔치를 베푼다. 예수님은 이 비유를 통해, 우리가 하나님께 나아와 우리 죄를 자복하기만 하면 탕자의 아버지처럼 하나님도 우리의 죄를 용서하시고 구원 잔치를 베풀어주시는 분임을 가르쳐주셨다.

구약성서와 달리 신약성서의 새로운 점은, 인간의 죄에 대한 하나님의 용서가 예수 그리스도의 십자가 안에 나타난 하나님의 자기희생적인 사랑을 통해 이루어진다고 선포한다는 점이다. 이것이 구속(대속)의 복음이다. 예수님은 자신이 세상에 온 것이 자기 목숨을 대속물로 주기 위함이라고 말씀하셨다. "인자가 온 것은 섬김을 받으려 함이 아니라 도리어 섬기려 하고 자기 목숨을 많은 사람의 대속물로 주려 함이니라"(막 10:45).

십자가 구속 교리의 핵심은, 인간이 인간의 편에서 하나님을 만족시킬 만한 희생제물을 드리면 하나님이 이 희생제물을 보시고 만족하셔서 인간의 죄를 용서하신다는 것이 아니다. 구속 교리의 핵심은 하나님 자신이 인간의 죄를 용서하시기 위해서 예수 그리스도의 십자가 안에서 고통당하심으로써 인간을 구원하신다는 것이다. 하나님의 고통당하시는 자기희생적 사랑이 인간을 구원하시는 하나님의 능력이다. 이것이 바울이 선포했던 십자가의 도이다. "십자가의 도가 멸망하는 자들에게는 미련한 것이요 구원을 받는 우리에게는 하나님의 능력이라"(고전 1:18).

이 십자가의 도를 믿는 것이 기독교의 믿음이다. 십자가의 도는 우리를 위하여 자기 아들을 내어주시기까지 우리를 사랑하시는 하나님의 자기희생적 사랑의 복음이다. 이 십자가의 도, 이 사랑의 복음은 결코 우리를 정죄하지 않는다. "자기 아들을 아끼지 아니하시고 우리 모든 사람을 위하여 내주신 이가 어찌 그 아들과 함께 모든 것을 우리에게 주시지 아니하겠느냐 누가 능히 하나님께서 택하신 자들을 고발하리요 의롭다 하신 이는 하나님이시니 누가 정죄하리요···"(롬 8:32-34). 우리가 우리의 죄를 자복하기만 하면 하나님은 언제든지 우리의 모든 죄와 허물을 용납하시고 용서하신다. 요한도 말씀한다. "만일 우리가 우리 죄를 자백하면 그는 미쁘시고 의로우사 우리 죄를 사하시며 우리를 모든 불의에서 깨끗하게 하실 것이요"(요일 1:9).

## 죄 지을 수밖에 없는 우리

우리는 모두 수시로 죄를 범한다. 무의식이나 의식 중에, 생각과 말과 행동으로 순간순간 죄를 지으며 살고 있다. 우리 안에는 미움과 증오, 시기와 질투, 거짓과 간교함, 세속적이고 불경건한 생각들이 떠날 날이 없다. 우리가 죄를 짓는 것은 근본적으로 우리의 인격 자체 안에 죄의 성향이 있기 때문이다. 우리의 인격 자체가 순결하고 고상함에도 '불구하고' 죄를 짓는 것이 아니다. 우리의 인격 자체가 그러하기 '때문에' 죄악 된 생각과 말과 행동을 하는 것이다. 우리가 하나님 앞에 나아올 때 우리가 지은 죄를 자백하고 회개해야 할 뿐만 아니라, 근본적으로 그러한 죄를 지을 수밖에 없는 우리의 존재 자체를 하나님께 내어놓아야 한다. 우리의 전 존재를 하나님 앞에 내어놓고 하나님의 긍휼과 자비를 구해야 한다.

자신이 저지른 비도덕적인 행동으로 인해 자신을 자책하고 비관한 나머지 심지어는 목숨을 끊는 사람도 있다. 물론 우리는 자신의 죄에 대해 진정으로 뉘우치고 회개해야 한다. 그러나 더욱 근본적으로 중요한 것은 그러한 죄를 지을 가능성이 항상 있는 자신의 존재를 인정하면서, 자신의 전 존재를 하나님께 내어놓고 하나님의 긍휼과 자비를 구해야 한다는 사실이다. 나는 죄를 지을 수 없는 의로운 존재인데도 불구하고 죄를 짓는 것이 아니라, 죄 지을 가능성이 있는 불완전한 존재이기 때문에 죄를 짓는 것이다.

우리 인간은 단지 외적 행위로만이 아니라 내적 마음과 생각으로 죄를 짓는다. 하나님은 우리의 내면, 우리의 속 중심을 보신다. 예수님도 근본적으로 내면의 죄를 더욱 심각한 죄로 보셨다. 예수님은 형제를 미워하는 것이 이미 살인하는 것이고 음욕을 품고 여자를 보는 것이 이미 간음하는 것이라고 하셨다(마 5:21-22, 28). 이 말씀대로라면 실제로 죄를 짓지 않을 수 있는 사람은 이 세상에 아무도 없다. 우리의 내면을 감찰하시는 하나님 앞에서 모든 인간은 죄인일 수밖에 없다.

율법주의자의 특징은 자기 내면의 죄를 은폐하고 외적 행동으로 자신의 의로움을 인정받으려고 하는 것이다. 이러한 율법주의적 종교 지도자들을 예수님은 준엄하게 책망하셨다. "화 있을진저 외식하는 서기관들과 바리새인들이여 회칠한 무덤 같으니 겉으로는 아름답게 보이나 그 안에는 죽은 사람의 뼈와 모든 더러운 것이 가득하도다 이와 같이 너희도 겉으로는 사람에게 옳게 보이되 안으로는 외식과 불법이 가득하도다"(마 23:27-28).

그런데 불행하게도 우리는 우리 자신의 내면을 스스로 통제할 수 있는 힘을 가지고 있지 못하다. 우리 안에서 미움과 음욕이 생겨날 때 그러한 마음과 생각을 제거할 수 있는 힘을 갖고 있지 않다. 미운 자식에게 떡 하나 더 준다는 말이 있듯이, 우리는 미워하는 사람에게 사랑처럼 보이는 행동을 할 수는 있지만, 우리 안에 있는 미움을 사랑으로 바꿀 수는 없다. 우리 내면의 마음과 감정은 우리의 의지에 의해 통제되지 않는다. 문제는, 많은 사람들이 자기 내면의 문제를 보지 못하고 자신의 위선적인 행위로 다른 사람들을 속일 뿐만 아니라 스스로도 속고 있으며, 그리하여 자기 자신을 의로운 존재라고 믿는다는 것이다.

라오디게아 교회가 이러한 사람들을 대표한다. 라오디게아 교회를 향해 주님은 이렇게 책망하셨다. "네가 말하기를 나는 부자라 부요하여 부족한 것이 없다 하나 네 곤고한 것과 가련한 것과 가난한 것과 눈먼 것과 벌거벗은 것을 알지 못하는도다"(계 3:17). 우리는 하나님 앞에서 우리 존재 자체의 곤고함, 가련함, 가난함, 눈 멈, 벌거벗음을 돌아보아야 한다. 우리는 하나님 앞에서 우리의 내면의 죄, 위선적 이중성을 고백하면서, 하나님의 긍휼과 자비를 구해야 한다. 이것이 참된 믿음의 회개이다.

믿음은 근본적으로 방향성이다. 믿음이란 하나님을 향하는 것이다. 식물은 빛을 향하는 본능이 있기 때문에 태양을 향해 고개를 든다. 이것이 하나님의 창조질서이다. 마찬가지로 하나님을 향해 고개를 드는 것이 하나님 형상으로 지음을 받은 인간의 본래적 본성이다. 믿음이란, 여전히 우리가 죄와 허물로부터 완전히 자유롭지 못함에도 불구하고 하나님을 향하는 방향성을 회복하고 긍휼과 자비가 무한하신 하나님의 얼굴을 구하는 것이다. 사울과 다윗의 차이, 가룟 유다와 베드로의 차이는 무엇인가? 이들은 모두 공통적으로 죄를 범했고 실패했던 사람들이었다. 물론 이들이 지은 죄가 모두 같은 수준의 죄가 아니기 때문에 죄의 경중을 논할 수는 있다. 그러나 중요한 것은 수준이 아니라 이들이 어디를 향했느냐 하는 것이다. 사울과 유다의 비극은 그들이 끝내 하나님을 향해 돌아서지 않았다는 데 있다. 이들과 달리 다윗과 베드로는 범죄와 실패 후에 하나님을 향해 돌아섰다.

하나님을 향해 돌아서는 것, 'turn around', 이것이 메타노이아 즉 회개의 의미이다. 우리가 태양을 향해 돌아설 때 햇빛을 받을 수 있는 것처럼, 우리가 하나님을 향해 돌아서서 하나님의 얼굴을 구할 때, 우리가 어느 수준에 있든지 하나님은 용서와 구원의 빛을 비추어주신다.

시편 51편에서 다윗은 이렇게 기도했다. "하나님이여 내 속에 정한 마음을 창조하시고 내 안에 정직한 영을 새롭게 하소서"(10절). 이 기도는 성령의 임재를 통한 우리의 내면 자체, 우리 존재 자체의 변화를 간구하는 기도이다. 성령의 임재를 통해서만 우리 속에 정결한 마음이 창조되고 우리 안에 정직한 영이 새롭게 될 수 있다. 성령의 능력 안에서만 우리는 내면적인 죄의 유혹으로부터 벗어날 수 있으며, 새로운 존재로 변화될 수 있다. 그러므로 우리는 성령님께 우리를 흠 없고 온전하고 거룩하게 지켜주시기를 전심으로 간구해야 한다.

바울은 데살로니가전서에서 데살로니가 교인들을 축복하는 다음과 같은 기도를 했다. "평강의 하나님이 친히 너희를 온전히 거룩하게 하시고 또 너희의 온 영과 혼과 몸이 우리 주 예수 그리스도께서 강림하실 때에 흠 없게 보전되기를 원하노라 너희를 부르시는 이는 미쁘시니 그가 또한 이루시리라"(살전 5:23-24). 바울의 이 축복 기도가 바로 오늘 우리를 위한 기도가 되기를 바라고, 또한 이 기도가 성령의 도우심을 통해서 우리 모두에게 온전히 이루어지기를 축원한다.

# 7 /

# 하나님을
# 기쁘시게 하는 믿음

●
히 11:6

 

 

하나님께 나아가는 사람은 믿음으로 나아가야 한다. 하나님께 예배 드리는 사람은 믿음으로 예배를 드려야 한다. 믿음으로 드리지 않는 예배는 하나님을 기쁘시게 하지 못한다. 믿음으로 드리는 예배와 기도 만이 하나님을 기쁘시게 한다. 히브리서 11장 6절은 "믿음이 없이는 하 나님을 기쁘게 하지 못한다"고 말씀한다. 그러면 하나님을 기쁘시게 하는 믿음이란 어떤 것인가? 본문은 두 가지를 말씀한다. 첫째는 하나 님이 계신 것을 믿는 믿음이고, 둘째는 하나님이 자기를 찾는 자들에 게 상 주시는 이심을 믿는 믿음이다. 이 두 가지 말씀을 중심으로 하나님을 기쁘시게 하는 믿음에 대하여 상고해보고자 한다.


## 살아계심을 믿는 믿음

첫째, 하나님을 기쁘시게 하는 믿음은 하나님이 계신 것을 믿는 믿음이다. 하나님이 계신 것을 믿지 않는 것이 불신앙이다. 죄의 본질은 단지 도덕적으로 악한 행동을 하는 데 있는 것이 아니라 하나님의 존재를 믿지 않는 것이다. 하나님이 계신 것을 믿지 않는 불신앙이 가장 큰 죄이다. 이사야 선지자는 이렇게 말씀했다. "소는 그 임자를 알고 나귀는 그 주인의 구유를 알건마는 이스라엘은 알지 못하고 나의 백성은 깨닫지 못하는도다 하셨도다"(사 1:3). 짐승도 자기 주인을 아는데, 하물며 하나님의 형상으로 지음을 받은 인간이 자신과 온 우주를 창조하신 하나님을 알지 못한다면 어찌 그것이 가장 큰 죄가 아닐 수 있겠는가?

무신론 하면 우리는 먼저 마르크스, 레닌과 같은 유물론자들과 그들의 사상 위에 수립된 공산주의를 떠올린다. 공산주의자들은 유물론에 기초한 무신론을 신봉한다. 유물론이란 보이는 물질 외에 보이지 않는 다른 실재는 존재하지 않는다는 사상이다. 마르크스는 세계의 역사가 하나님의 섭리에 의해 인도되는 것이 아니라 물질적 생산 활동을 하는 인간 주체들, 즉 노동자와 자본가 사이의 대립과 투쟁의 과정에 의해 전개된다고 주장했다. 이러한 유물론적 무신론이 북한을 포함한 공산주의 국가들의 사상적 뿌리이다.

그런데 오늘날 무신론은 공산주의자들만의 전유물이 아니다. 무신론의 광풍이 현재 세상을 휩쓸고 있다. 근래에는 리처드 도킨스 같은 무신론적 과학자들이 사회적으로 큰 영향을 미치고 있다. 도킨스는 자신의 책 《만들어진 신》(The God Delusion, 김영사)에서 하나님은 인간이 만들어낸 망상이라고 주장했다. 그는 이 책에서 이렇게 말했다. "누군가 망상에 시달리면 정신이상이라고 한다. 다수가 망상에 시달리면 종교라고 한다." 그런데 이 책이 베스트셀러가 되어 전 세계에서 수백 만 권이 팔려나갔다.

그런데 도킨스는 최근에 "진짜로 신이 없다고 확신할 수는 없다"고 말을 조금 바꾸었다고 한다. 이 최근의 말은 과학자로서의 마땅한 태도를 어느 정도 회복한 것이라고 할 수 있다. 왜냐하면 과학은 관찰과 실험이라는 실증주의적 방법론에 의존하는데, 하나님은 실증적인 관찰과 실험의 대상이 아니기 때문이다. 따라서 과학적으로는 하나님이 계시다는 것을 입증할 수도 없지만 또한 하나님이 계시다는 것을 반증할 수도 없다. 과학자가 하나님이 안 계시다고 말하는 것은 과학적 결론이 아니라 자신의 신념이나 이데올로기일 뿐이다. 하나님이 계시다는 것은 믿음으로만 알 수 있다. 그리고 과학은 하나님의 존재를 증명해낼 수는 없지만, 우주의 신비를 밝히고 설명함으로써 하나님이 계시다는 믿음이 비합리적인 것이 아님을 지지(입증이 아니라)해줄 수 있다.

잠시 신비한 우주과학 이야기를 해보자. 우리가 다 아는 것처럼 지구는 하루에 한 바퀴씩 자전하는데 그 둘레가 4만km이다. 지구가 하루에 한 바퀴 자전을 하면, 적도에 있는 사람은 초속 약 500m, 북위 40도쯤에 있는 사람은 초속 400m로 공간 이동을 하는 셈이다. 초속

400-500m의 속도면 음속보다 빠른 것이다. 이렇게 초음속으로 자전하고 있는 지구 위에 있으면서도 어지럼증을 느끼지 않고 살 수 있다는 것은 신비가 아닐 수 없다. 지구는 자전만 하는 게 아니라 더 빠른 속도로 공전을 한다. 지구와 태양 사이의 거리가 1억 5천만km라고 한다. 지구는 이 거리를 반지름으로 하는(지름은 3억km) 광대한 원을 1년에 한 바퀴씩 돈다. 1초에 30km라는 엄청나게 빠른 속도로 태양 주위의 우주 공간을 내달리면서 공전하고 있다. 초속 30km면 인간이 만든 비행물체 가운데 가장 빠른 인공위성 로켓이나 대륙간 탄도미사일보다도 훨씬 빠른 속도이다.

태양도 그 자리에 정지해 있는 별이 아니다. 태양은 태양계 식구 전체를 이끌고 은하 중심을 초점 삼아 공전을 하고 있다. 은하계는 약 천억 개의 별들로 이루어진 원반 모양의 성운인데 마치 태풍처럼 시계 방향으로 회전한다. 은하계의 지름은 10만 광년이고, 태양계는 은하계의 중심으로부터 3만 광년 떨어진 가장자리에 위치해 있는 조그만 한 부분이다. 태양이 태양계 식구들을 이끌고 은하 중심을 공전하는 속도는 무려 초속 220km다. 이렇게 빠른 속도로 달려도 우리 은하를 한 바퀴 도는 데 약 2억 5천만 년이 걸린다. 지금까지 태양은 우리 은하를 25바퀴쯤 돌았다. 이것은 태양의 나이가 약 50억 년이 되었음을 의미한다.

그런데 우리 태양계가 속해 있는 은하계도 한자리에 가만히 머물러 있는 천체가 아니다. 우리 은하계 역시 맹렬한 속도로 우주 공간을 주파하고 있는 중이다. 우리 은하는 안드로메다 은하, 마젤란 은하 등 약

20여 개의 은하들로 이루어진 은하군에 속해 있다. 지금 이 은하군 전체가 처녀자리 은하단의 중력에 이끌려 바다뱀자리 쪽으로 달려가고 있는데, 그 속도가 무려 초속 600km나 된다고 한다. 그런데 더 놀라운 것은 이 우주에 우리 은하계와 같은 은하들과 성운들이 수천 억 개나 있다는 것이다.

우리 그리스도인들은 이 광대한 우주의 신비를 바라볼 때 창조주 하나님의 존재를 의심할 수 없다. 이 우주는 신비로 가득 차 있다. 과학은 이 우주의 신비 가운데 극히 일부를 설명할 수 있을 뿐이다. 이 신비한 우주가 어떻게 저절로 생겨나고 저절로 운행하고 있다고 할 수 있는 가? 무한한 지혜와 능력을 가진 창조주 하나님이 없다면, 이 신비한 우주의 기원과 정교하게 조율된 우주의 질서를 설명할 길이 없다는 것이 우리의 믿음의 고백이다. 이 사실을 히브리서는 이렇게 증언한다. "믿음으로 모든 세계가 하나님의 말씀으로 지어진 줄을 우리가 아나니 보이는 것은 나타난 것으로 말미암아 된 것이 아니니라"(히 11:3). 보이는 이 우주는 보이지 않는 창조주 하나님에 의해 창조되고 운행된다는 것을 믿는 것이 우리 기독교의 창조 신앙이다.

그런데 하나님이 계신 것을 믿는다고 하지만 실제로는 안 믿는 것과 다름없는 사람들도 많다. 이런 사람들은 하나님이 계시다는 사실을 머리로는 이해하고 동의하지만, 우리의 삶 가운데 함께 계신 것이 아니라 단지 저 하늘에 계시거나 교회 안에 계시다고 믿는 사람들이다. 이런 사람들은 명목상으로는 하나님을 믿는다고 하지만 실제로는 도킨스와 같은 무신론자들과 크게 다르지 않다. 왜냐하면 자신의 구체적인 삶 속에서 하나님의 살아계심을 경험하지도 못하고 하나님의 주권적 섭리를 인정하지도 않기 때문이다. 이런 사람들은 일상적인 삶 속에서 하나님의 뜻을 묻고 하나님의 인도하심을 따르고 그 뜻대로 행하기보다는, 자신의 생각대로 판단하고 결정하고 행동한다. 하나님을 믿는다고 하지만 하나님의 주권을 인정하지 않고 하나님의 뜻을 따라 살지 않으면, 사실상 하나님을 믿는 것이 아니라 자신을 믿는 것이다. 그런데 이런 사람들이 우리 기독교인들 가운데 많이 있고, 우리 자신들도 종종 이러한 삶을 살 때가 많다.

우리는 하나님이 단지 저 광대한 우주 저편이나 교회 안에만 계신 것이 아니라 바로 우리 안에 계시고 우리의 일상적인 삶 속에 함께 계신 것을 믿어야 한다. 시편 저자는 말씀한다. "네 길을 여호와께 맡기라 그를 의지하면 그가 이루시고 네 의를 빛 같이 나타내시며 네 공의를 정오의 빛 같이 하시리로다"(시 37:5-6). 우리는 우리의 길을 하나님께 맡겨야 한다. 우리는 매일 매일의 생활 속에서 항상 하나님을 의지하고, 하나님의 주권을 인정하고, 하나님과 동행하는 삶을 살아야 한다. 그리하면 하나님이 이루시고 우리의 공의를 정오의 빛같이 나타내실 것이다. 잠언에서도 말씀한다. "너의 행사를 여호와께 맡기라 그리하면 네가 경영하는 것이 이루어지리라"(잠 16:3). 하나님이 기뻐하시는 믿음은 우리의 모든 행사를 하나님께 맡기고 하나님만 의지하고 나아가는 믿음이다. 우리가 이러한 믿음을 가질 때, 하나님은 우리의 경영하는 것을 이루어주겠다고 약속하신다.

그러므로 우리는 언제나 하나님의 현존 앞에 서 있다는 믿음, '코람

데오'(Coram Deo)의 믿음을 가지고 살아야 한다. 하나님은 코람데오의 믿음을 가진 사람, 하나님 앞에서 늘 자신을 돌아보고 회개하며 하나님 보시기에 부끄러움 없는 삶을 살고자 애쓰는 사람을 기뻐하시고 복 주신다.

## 상 주실 것을 믿는 믿음

둘째, 하나님을 기쁘시게 하는 믿음은 하나님이 자기를 찾는 자들에게 상 주시는 이심을 믿는 믿음이다. 우리가 하나님이 계시다는 것을 믿는다고 해도 하나님이 어떤 분인지, 그리고 얼마나 좋으신 분인지를 모른다면 우리는 하나님을 기쁘시게 하는 믿음을 가진 것이 아니다. 우리는 하나님이 자기를 찾는 자들에게 상 주시는 하나님, 참 좋으신 하나님임을 알아야 한다. 예수님이 전하신 복음의 핵심은 하나님이 얼마나 좋으신 분인지를 사람들에게 알려주신 것이다. 예수님은 하나님을 참 좋으신 아버지에 비유하셨다. "너희 중에 아버지 된 자로서 누가 아들이 생선을 달라 하는데 생선 대신에 뱀을 주며 알을 달라 하는데 전갈을 주겠느냐 너희가 악할지라도 좋은 것을 자식에게 줄 줄 알거든 하물며 너희 하늘 아버지께서 구하는 자에게 성령을 주시지 않겠느냐 하시니"(눅 11:11-13).

예수님은 세상의 악한 아비도 자식에게 좋은 것을 주고자 하는데, 하물며 하늘에 계신 아버지가 자녀 된 우리에게 가장 좋은 선물, 성령을 주시지 않겠느냐고 말씀하셨다. 우리의 아버지 되시는 하나님은, 구하는 자에게 주시고 찾는 자에게 찾게 해주시고 문을 두드리는 자에게 열어주시는 분이다(눅 11:9-10). 우리 하나님이 얼마나 좋은 아버지이신지, 이것을 분명히 아는 것이 하나님을 기쁘시게 하는 믿음이다.

불신앙이란 단지 하나님이 계시다는 것을 믿지 않는 것이 아니라 우리 하나님이 얼마나 좋으신 분인지를 모르는 것이기도 하다. 야고보는 하나님께 구할 때 오직 믿음으로 구하고 조금도 의심하지 말라고 말씀한다. "너희 중에 누구든지 지혜가 부족하거든 모든 사람에게 후히 주시고 꾸짖지 아니하시는 하나님께 구하라 그리하면 주시리라 오직 믿음으로 구하고 조금도 의심하지 말라 의심하는 자는 마치 바람에 밀려 요동하는 바다 물결 같으니 이런 사람은 무엇이든지 주께 얻기를 생각하지 말라"(약 1:5-8). 이 본문에서 야고보는 무엇을 의심하지 말라고 하는가? 하나님이 계신 것을 의심하지 말라는 것이 아니라 하나님이 좋으신 분임을 의심하지 말라는 것이다. 하나님이 참 좋으신 하나님임을 의심하는 사람은 하나님으로부터 아무런 응답을 기대할 수 없다. 하나님을 '믿는다'는 것은 하나님이 '참 좋은 하나님'이심을 믿는 것이다.

하나님이 자기를 찾는 자들에게 상 주시는 좋은 하나님임을 우리가 믿어야 한다는 것은, 현재 우리가 상을 받을 만한 자격이 있다는 것을 전제하지 않는다. 하나님은 우리가 상을 받을 만한 자격이 있어서, 우리가 의롭기 때문에, 우리에게 상을 주시는 것이 아니다. 하나님은 우리가 허물 많은 죄인임에도 불구하고 우리가 하나님을 찾기만 하면 상을 베푸신다. 예수님은, 허물 많은 죄인이라도 돌아오기만 하면 상을 베푸시는 분이 하나님임을 탕자 비유를 통해서 잘 보여주셨다. 아버지는 재산을 다 탕진하고 돌아온 아들을 조금도 나무라거나 책망하지 않았다. 오히려 아버지는 이렇게 말했다. "제일 좋은 옷을 내어다가 입히고 손에 가락지를 끼우고 발에 신을 신기라 그리고 살진 송아지를 끌어다가 잡으라 우리가 먹고 즐기자 이 내 아들은 죽었다가 다시 살아났으며 내가 잃었다가 다시 얻었노라"(눅 15:22-24). 이 아버지의 말에는 아들을 사랑하는 아버지의 마음이 잘 나타나 있다.

그런데 그때 첫째 아들이 밭에서 돌아와 이 모습을 못마땅하게 여기고 아버지에게 이렇게 말한다. "아버지의 살림을 창녀들과 함께 삼켜 버린 이 아들이 돌아오매 이를 위하여 살진 송아지를 잡으셨나이다"(눅 15:30). 그러자 아버지는 이렇게 대답한다. "이 네 동생은 죽었다가 살아났으며 내가 잃었다가 얻었기로 우리가 즐거워하고 기뻐하는 것이 마땅하다"(눅 15:32).

예수님은 이 비유를 통해 둘째 아들에 대한 아버지의 사랑을 보여주심과 동시에, 첫째 아들의 잘못된 모습을 보여주신다. 이 비유에서 첫째 아들은 둘째 아들을 향한 아버지의 사랑을 이해하지 못하고, 그 잃었던 아들을 다시 찾은 아버지의 기쁨을 알지 못했다. 첫째 아들의 근본적인 문제는 아버지의 집에서 아버지와 함께 살면서도 아버지가 얼마나 선하신 분인지, 얼마나 좋으신 분인지를 몰랐다는 사실에 있다. 이 비유에서 아버지는 하나님을 의미하고, 둘째 아들은 예수님이 찾으러 오신 죄인들을 의미하며, 첫째 아들은 죄인들을 향한 예수님의 호의를 못마땅하게 여기는 당시 유대 종교 지도자들을 의미한다. 이 비유를 통해서 예수님은, 유대 종교 지도자들이 마치 첫째 아들처럼, 하나님이 얼마나 좋으신 분인지, 하나님의 사랑이 얼마나 크신지 모르고 하나님을 그들의 율법주의 틀 안에 가두어놓았다는 사실을 비판하셨다. 우리가 오래 신앙생활을 하다 보면 우리도 모르는 사이에 유대 종교 지도자들처럼 하나님의 선하심을 잊어버리고 율법주의적인 종교인으로 변할 수 있다.

탕자의 비유는 하나님이 허물 많은 우리의 과거를 묻지 않으시는 분임을 또한 보여준다. 아버지는 둘째 아들의 과거를 묻지 않았다. 하나님도 우리의 어두운 과거를 추궁하지 않으신다. 우리의 지난 허물과 죄를 들추어내지 않고 덮어주신다. 하나님은 우리가 지금 진심으로 회개하고 하나님을 찾고 있는지를 보신다. 하나님의 용서는 이것만으로 충분하다. 그것은 무조건적인 사랑의 용서이다. 하나님의 의는 인간의 죄를 대신 지시고 죽음을 당함으로써 우리를 의롭게 하시는 자기희생적 사랑의 의(justifying justice of self-sacrificing love)이다. 이것이 바로 예수 그리스도의 십자가 안에 나타난 하나님의 의이다. 하나님은 우리의 과거의 모든 허물과 죄를 도말하실 뿐만 아니라, "우리가 먹고 즐기자 이 내 아들은 죽었다가 다시 살아났으며 내가 잃었다가 다시 얻었노라" 하시며 기쁨의 잔치를 베풀어주신다.

그러나 하나님을 찾는 자들에게 상 주시는 좋은 하나님임을 우리가 믿어야 한다는 것이, 우리가 언제나 평안하고 형통하리라는 것을 보장하지는 않는다. 오히려 우리는 현재 고난과 역경과 슬픔 가운데 있을 수 있으며, 앞으로 절망스러운 상황에 처할 수도 있다. 그러나 우리는 바로 그러한 어려움과 역경과 슬픔과 절망 가운데에서 하나님이 자신을 찾는 사람들에게 상 주시는 분임을 믿어야 한다. 고난과 역경과 슬픔과 절망 가운데에서 하나님이 참으로 좋으신 하나님임을 고백하고 나아갈 때, 그때 하나님이 자기를 찾는 자들에게 상 주시는 분임을 진정으로 경험하게 될 것이다.


## 항상, 절대 신뢰

믿음이란 하나님을 향한 절대적인 신뢰를 의미한다. 우리가 하나님을 믿는다는 것은 하나님을 절대적으로 신뢰하는 것을 의미한다. 자녀는 자신이 아무리 어려운 형편에 처해 있어도 그 형편과 관계없이 자신의 부모를 신뢰한다. 그리고 부모는 어려운 형편에 처해 있는 자녀를 어떻게 해서든 힘이 닿는 한 도와주고자 한다. 우리와 하나님의 관계도 마찬가지이다. 우리가 어려운 상황에 처해 있을 때 하나님은 하나님의 자녀 된 우리를 어떻게 해서든지 도와주고자 하신다.

그러나 문제는 우리의 믿음이 너무도 연약하다는 데 있다. 우리의 믿음은 순간순간 흔들리고 때때로 의심에 사로잡히기도 한다. 그러므로 우리는 하나님께 나아올 때마다 우리의 믿음 없음을 불쌍히 여기고 도와달라고 간구해야 한다. 예수님께 귀신들린 아이를 고쳐달라고 나아왔던 아이의 아버지는 이렇게 간청했다. "귀신이 그를 죽이려고 불과 물에 자주 던졌나이다 그러나 무엇을 하실 수 있거든 우리를 불쌍히 여기사 도와주옵소서"(막 9:22). 이에 예수님은 "할 수 있거든이 무슨 말이냐 믿는 자에게는 능히 하지 못할 일이 없느니라"(막 9:23)라고 말씀하셨다. 그러자 그 아버지는 다시 이렇게 간구했다. "내가 믿나이다 나의 믿음 없는 것을 도와주소서"(막 9:24).

그러므로 우리도 하나님 앞에 나아올 때마다 이렇게 간구해야 한다. "내가 믿나이다 나의 믿음 없는 것을 도와주소서." 믿음은 단지 우리가 믿겠다고 결심해서 생기는 것이 아니다. 우리의 이성적인 판단과 의지가 믿음을 만들어내는 것이 아니다. 성령이 도우셔서 우리의 마음을 감동하셔야 우리 안에 믿음이 생겨나는 것이다. 그러므로 우리는 늘 성령의 도우심을 간구해야 한다. 그러면 좋으신 하나님이 약속하신 대로 성령을 주실 것이다.

우리는 하나님께 나아올 때 믿음으로 나아와야 한다. 믿음이 없이는 하나님을 기쁘시게 하지 못한다. 하나님을 기쁘시게 하는 믿음은, 하나님이 계신 것을 믿는 믿음이며 또한 하나님이 자기를 찾는 자들에게 상 주시는 이심을 믿는 믿음이다. 무슨 일을 하든지 하나님의 주권을 인정해야 하고, 언제 어디서든지 하나님과 동행하는 삶을 살고자 노력해야 한다. 상황이 어려우면 어려울수록 더욱 더 하나님의 선하심을 믿고, 성령의 도우심을 간구하여야 한다. 그리할 때 우리는 살아계신 하나님의 놀라운 구원의 능력과 은혜를 새롭게 경험하게 될 것이다.

# 8

## 의인은 오직
## 믿음으로 살리라

●
합 2:1-4; 롬 1:17

매년 10월 마지막 주일은 마르틴 루터(Martin Luther, 1483-1546)의 종교개
혁을 기념하는 종교개혁주일이다. 루터가 종교개혁 운동을 일으킬 당
시 로마 가톨릭교회의 부패는 극에 달해 있었다. 성직은 공공연하게
매매되었고, 성직자들 가운데에는 교회 재산으로 고리대금을 하거나
여관, 술집, 심지어 도박장까지 운영하는 이들이 있었다. 성직자 독신
주의 전통은 형식적인 것이 되었고 축첩이 공공연한 비밀로 성행했다.
가톨릭교회의 세속화와 부패는 사면증(赦免證) 판매로 절정에 달했다.

당시 교황청은 베드로 성당을 증축하기 위해 막대한 자금이 필요했

었다. 그 자금을 충당하기 위하여 고안해낸 것이 사면증이다. 교회는 판매업자들에게 위탁해서 사면증을 대중에게 팔았다. 판매업자들은 다음과 같은 말로 사람들을 현혹시켰다. "자, 여기 사면증이 있습니다. 이 한 장이면 당신은 물론 돌아가신 당신 부모님의 죄도 용서받을 수 있습니다. 당신들은 지옥 불에서 울부짖는 부모님의 고통 소리를 듣지 못합니까? 부모를 외면하겠습니까?" 말하자면, 사면증은 천국으로 들어가는 입장권으로 팔렸다.

## 오직 은혜, 오직 믿음

루터는 이러한 가톨릭교회의 거짓과 부패에 대항하여 일어났다. 그는 1517년 10월 31일, 독일의 비텐베르크 성당 문에 로마 가톨릭교회의 오류를 비판하는 95개조의 반박문을 내걸고 종교개혁의 기치를 올렸다. 사실, 서른네 살의 일개 젊은 사제가 교황과 가톨릭교회 전체를 상대로 개혁운동을 전개하는 것은 계란으로 바위를 치는 격이었다. 당시 교회는 세속 권력과 결탁해 있었다. 루터는 곧 로마교회로부터 이단으로 정죄 당했고, 황제 칼 5세가 소집한 보름스 공의회에서 파문되었다. 파문당한 사람은 누구나 돌로 쳐 죽여도 아무 상관이 없었기 때문에 파문은 곧 사형선고나 다름이 없었다.

이렇게 자신의 생명이 위태로운 상황에서도 루터는 예수 그리스도의 이름으로 승리할 것이라고 담대히 외치면서 보름스 공의회에 나아가서 자신의 소신을 당당하게 밝혔다.

루터의 종교개혁 운동은, 표면적으로는 가톨릭교회의 사면증 판매에 의해 촉발되었지만 실제적으로는 가톨릭교회의 신학과 관행 전체를 겨냥한 것이었다. 95개조로 이루어진 루터의 반박문 전체의 핵심 사상은, 인간이 자기 행위의 공로가 아니라 철저히 하나님의 은혜로만 구원을 얻는다는 것이었다. 루터는 가톨릭교회의 사제로서 오랫동안 갖가지 수행과 고행을 하면서 의로워지고자 했으나, 여전히 죄의식으로부터 벗어나지 못하는 자신을 발견하고 고뇌했다. 그러다가 그는 로마서를 읽으면서 인간의 의와 구원이 자신의 행위가 아니라 오직 하나님의 은혜로부터만 온다는 진리를 새롭게 깨달았다. 그는 로마서 1장 17절에서 이 진리를 발견했다. "복음에는 하나님의 의가 나타나서 믿음으로 믿음에 이르게 하나니 기록된 바 오직 의인은 믿음으로 말미암아 살리라 함과 같으니라." 루터는 인간이 오직 믿음으로만 의롭게 된다는 확신을 가지고, 가톨릭교회의 고행 제도나 사면증 판매를 비판하였다. 왜냐하면 이러한 것들은 믿음이 아니라 행위를 통한 구원을 약속하는 것들이기 때문이다.

우리는 우리 자신의 의가 아니라 하나님의 의로 말미암아 구원을 받는다. 하나님의 의란 무엇인가? 하나님의 의란 예수 그리스도 안에 나타난 하나님의 사랑을 말한다. 그 아들 예수 그리스도로 하여금 우리의 죄를 대신 지고 십자가에 달려 죽게 하심으로써, 우리의 죄를 용서하시고 의롭게 하신 하나님의 자기희생적인 사랑, 이것이 바로 하나님의 의이다. 이 하나님의 의는 우리에게 은혜로 값없이 주어진다. 이 은혜를 받아들이는 것이 바로 믿음이다. 그러므로 우리는 우리 자신의 행위가 아니라 오직 하나님의 은혜에 의해서, 믿음을 통해서만 의롭게 될 수 있다. 바울은 에베소서 2장 8절에서 이렇게 말씀한다. "너희는 그 은혜에 의하여 믿음으로 말미암아 구원을 받았나니 이것은 너희에게서 난 것이 아니요 하나님의 선물이라." 이 말씀대로 루터는 "오직 은혜로만"(*sola gratia*), "오직 믿음으로만"(*sola fidei*)이라는 슬로건을 내걸었다. "하나님의 은혜에 의하여 믿음을 통해서만 의롭게 된다"(Justification by grace through faith)는 이 명제는 종교개혁 이래 개신교의 핵심적인 구원 사상이 되었다.

루터는 인간이 자신의 행위에 의해서가 아니라 오직 예수 그리스도를 믿음으로써만 하나님의 은혜로 구원을 얻는다는 진리를 로마서 1장 17절에서 새롭게 발견했는데, 이 로마서 1장 17절은 구약성서 하박국 2장 4절에서 온 것이다. 다시 말하면 바울은 이 구절을 하박국 2장 4절의 "의인은 그의 믿음으로 말미암아 살리라"는 구절로부터 가져왔다. 하지만 하박국 본문에서 이 구절의 의미는 로마서 본문에서 바울이 표현하고자 한 의미와 동일하지 않다. 우리가 하박국 본문의 본래적인 의미를 이해하기 위해서는 이스라엘의 역사를 거슬러 올라가 하박국서가 쓰인 당시의 유대 상황을 이해해야 한다.

BC 605년, 바벨론 제국이 등장하면서 유대는 망할 운명에 처하게 되었다. 결국 몇 년 지나지 않은 BC 598년 바벨론 군대는 유대를 침공하였고 예루살렘을 함락시켰다. 그리고 유대왕 여호야긴(왕은 눈이 뽑혔다)과 고위층 인사를 비롯한 수많은 사람들을 바벨론으로 끌고 갔다. 그리하여 이른바 바벨론 포로기라고 불리는 이스라엘 민족의 오랜 유랑 생활이 시작되었다.

그러나 유대의 대외적 상황만이 문제가 아니었다. 국가적 운명이 극도로 위급한 상황에도 불구하고, 유대 내부적으로는 온갖 부패와 죄악이 넘쳐났다. 하박국서 1장 2-4절에서 하박국은 당시 유대의 상황을 이렇게 묘사하고 있다. "여호와여 내가 부르짖어도 주께서 듣지 아니하시니 어느 때까지리이까 내가 강포로 말미암아 외쳐도 주께서 구원하지 아니하시나이다 어찌하여 내게 죄악을 보게 하시며 패역을 눈으로 보게 하시나이까 겁탈과 강포가 내 앞에 있고 변론과 분쟁이 일어났나이다 이러므로 율법이 해이하고 정의가 전혀 시행되지 못하오니 이는 악인이 의인을 에워쌌으므로 정의가 굽게 행하여짐이니이다." 당시 유대 사회에는 강포, 패역, 겁탈, 다툼, 분쟁이 넘쳐났고, 하나님의 말씀은 왜곡되며, 불의가 판을 치고 있었다.

하박국은 바로 이러한 때에 유대의 예언자로 부름을 받았다. 이처럼 혼란스럽고 절망적인 상황 속에서 과연 그가 무엇을 예언할 수 있었겠는가? 하나님의 말씀을 대언해야 하는 예언자로서 그는 얼마나 괴로웠겠는가? 그래서 하박국은 하나님께 부르짖었다. 그러나 하나님은 아무 대답이 없으셨다. 그래서 하박국은 하나님을 향하여 이렇게 탄원한다. "여호와여 내가 부르짖어도 주께서 듣지 아니하시니 어느 때까지리이까?"(1:2) 하박국이 계속 하나님께 부르짖으며 탄원하자 하나님은 하박국에게 이제 곧 갈대아 사람, 즉 바벨론을 일으켜서 유대의 죄악을 심판할 것이라고 말씀하셨다. 이 말씀을 들은 하박국은 하나님께 항의했다. "하나님, 주께서 심판하시기 위하여, 정의를 위하여 갈대아 사람을 세우시지만, 그들은 더 악한 자들이 아닙니까? 악한 자들을 들어 유대를 멸망시키는 것이 옳은 일입니까?"(1:12-17 참조)

이렇게 하박국이 끈질기게 하나님께 항의하고 탄원하자, 마침내 하나님은 다음과 같은 약속의 말씀을 주신다. 본문의 말씀이 그것이다. "너는 이 묵시를 기록하여 판에 명백히 새기되 달려가면서도 읽을 수 있게 하라 이 묵시는 정한 때가 있나니 그 종말이 속히 이르겠고, 결코 거짓되지 아니하리라 비록 더딜지라도 기다리라 지체되지 않고 반드시 응하리라 보라 그의 마음은 교만하며 그 속에서 정직하지 못하나 의인은 그의 믿음으로 말미암아 살리라"(2:2-4).

## 더딜지라도 기다리라

하나님이 하박국에게 보여주신 묵시의 내용이 구체적으로 무엇인지 본문에는 설명되어 있지 않다. 그러나 우리는 2장 14절로부터 이 묵시가 어떤 것인지 추측해볼 수는 있다. 2장 14절은 말씀은 이렇다. "이는 물이 바다를 덮음 같이 여호와의 영광을 인정하는 것이 세상에 가득함이니라"(2:14). 미래에 하나님의 영광이 온 세상에 충만하게 될 것이라는 말이다. 이 묵시가 이루어지는 때는 종말의 때이며, 이 종말은 속히 올 것이다. 하나님의 이 묵시의 약속은 반드시 이루어질 것이다. 그렇기 때문에 비록 더디게 느껴질지라도 그것을 기다려야 한다는 것이다.

그렇다면 지금 우리는 어떻게 하나님의 묵시의 약속을 기다려야 하는가? 이에 대한 답변이 하박국 2장 4절의 말씀이다. "의인은 믿음으로 살리라." 여기서 믿음으로 번역된 히브리어 '에무나'는 성실함을 의미한다. 다시 말하면, '에무나'는 하나님께 받은 묵시가 반드시 이루어질 것을 믿고, 그것이 더디게 느껴질지라도 하나님의 약속을 의지하고 끝까지 성실하게 하루하루를 살아가면서 기다리는 것을 의미한다. '에무나', 즉 믿음은 현재의 상황이 아무리 혼란하고 절망스럽다고 할지라도 하나님이 약속하신 묵시를 가슴에 품고 끝까지 하나님을 신뢰하고 성실하게 살아가면서 그 묵시가 이루어지기를 기다리는 것을 의미한다. 이러한 믿음을 가진 사람이 참된 의인이다.

하박국은 3장 16-18절에서 이렇게 말씀한다. "내가 들었으므로 내 창자가 흔들렸고 그 목소리로 말미암아 내 입술이 떨렸도다 무리가 우리를 치러 올라오는 환난 날을 내가 기다리므로 썩이는 것이 내 뼈에 들어왔으며 내 몸은 내 처소에서 떨리는도다 비록 무화과나무가 무성하지 못하며 포도나무에 열매가 없으며 감람나무에 소출이 없으며 밭에 먹을 것이 없으며 우리에 양이 없으며 외양간에 소가 없을지라도 나는 여호와로 말미암아 즐거워하며 나의 구원의 하나님으로 말미암아 기뻐하리로다." 이 말씀은 얼마나 역설적인가? 지금 하박국은 창자가 흔들리고, 입술이 떨리고, 뼈가 썩고, 몸이 떨린다. 왜냐하면 적의 무리가 유대를 치러 오는 환난 날이 가까웠기 때문이다. 이제 남은 것이라고는 아무 것도 없다. 무화과나무는 말라버렸고, 포도나무에는 열매가 없고, 감람나무에는 소출이 없고, 밭에는 먹을 것이 없고, 우리에는 양이 없고, 외양간에는 소가 없다. 이것은 아무런 희망이 남아 있지 않은 절대 절망의 상황을 의미한다. 그러나 바로 이와 같은 절대 절망의 상황 속에서 하박국은 여호와로 말미암아 즐거워하며 구원의 하나님으로 말미암아 기뻐하리라고 노래한다. 어떻게 그럴 수 있는가? 그것은 하나님이 보여주신 묵시를 보고 하나님의 약속이 이루어질 것을 믿었기 때문이다. 하나님의 약속이 비록 더딜지라도 반드시 이루어질 것을 믿었기 때문이다.

바울은 하박국 2장 4절을 로마서 1장 17절과 갈라디아서 3장 11절에서 인용하고 있다. 그런데 그는 이 구절의 본래 의미와는 달리, 이 구절을 통해 자신이 깨달은 기독교 복음의 진리를 표명한다. 즉 바울은 인간이 자신의 율법적 행위가 아니라 오직 예수 그리스도를 믿는 믿음으로써만 의롭게 될 수 있다고 강조한다. 이와 같은 바울의 확신 배후에는 바울 자신의 실존적 체험이 있었다. 그는 바리새파 유대교의 율법사로서 그 누구보다도 율법에 충실한 삶을 살던 사람이었다. 그러던 그가 다메섹 도상에서 부활하신 예수님을 만난 후 복음의 진리를 깨달았다. 그것은, 인간이 자신의 율법적 행위로는 결코 의롭다 함을 얻을 수 없으며 오직 예수 그리스도 안에 나타난 하나님의 은혜로만 의롭다 함과 구원을 받을 수 있다는 것이다.

하박국 본문은 혼란하고 절망적인 국내외적 상황 속에서 의인은 오직 하나님이 주신 묵시를 바라보면서 끝까지 성실하게 살아가며 기다려야 한다고 말씀한다. 반면에 로마서 본문은 인간은 자신의 율법적 행위로 하나님께 의롭다 하심을 얻을 수 없으며, 의인은 오직 예수 그리스도의 십자가를 통해 주어지는 하나님의 의를 믿음으로 받아들여야 한다고 말씀한다. 이 두 말씀은 둘 다 매우 중요한 진리를 담고 있다. 로마서의 말씀대로 우리 인간은 결코 우리 자신의 선한 행위를 통해 하나님 앞에서 의롭다 하심을 얻을 수 없다. 우리는 오직 예수 그리스도 안에 나타난 하나님의 의, 은혜로 값없이 주어지는 하나님의 의를 의지해야 한다.

하나님의 의는 불의한 자를 불러서 의롭다고 인정하시는 의이다. 루터는 "죄인이면서 의인"(simul justus et peccator)이라는 유명한 명제를 남겼다. 인간은 하나님 앞에서 자신이 죄인임을 고백할 때 그리스도 안에 나타난 하나님의 의를 부여받고 의롭게 된다. 우리는 하나님 앞에 나올 때마다 우리 자신의 죄인 됨을 고백함과 동시에 하나님의 은혜로 의롭게 됨을 감사해야 한다.

우리들 가운데에도 미래가 불투명하고 현재가 암울하기 때문에 힘들어하는 사람들이 있을 것이다. "나에게는 아무것도 남은 게 없어" "나는 아무런 희망도 없어"라고 말하면서 좌절하는 사람들도 있을지 모른다. 이런 사람들은 특히 하박국의 말씀을 기억해야 한다. 우리가 고난과 역경 가운데에서 하나님께 부르짖을 때, 하박국에게 묵시를 주신 것처럼 우리에게도 묵시를 주실 것이다. 이 묵시는 우리가 만들어내는 꿈이나 야망이 아니라 하나님이 우리에게 주시는 것이다. 하나님은 우리에게 주신 그 묵시를 반드시 이루겠다고 약속하신다. 우리는 이 약속을 믿는 믿음을 가지고 현재의 어려움 가운데에서도 끝까지 성실하게 인내하며 기다리는 삶을 살아야 한다. 더딜지라도 기다리라! 이것이 하박국의 핵심 주제이고, 이 말씀이 지금 우리 모두에게 주시는 하나님의 말씀이다.

## 참회와 고난

루터는 인간이 행위가 아니라 오직 믿음으로 구원을 얻는다는 진리를 선포했지만, 그 자신에게 있어서 믿음이란 행동 없는 믿음이 아니라 행동하는 믿음이었다. 다시 말하면, 그는 행위가 아니라 믿음으로 구원을 얻는다는 복음의 진리를 수호하기 위해서 목숨을 걸고 행동했다. 그는 당시의 거대한 종교 권력에 홀로 맞서 싸우다가 엄청난 시련과 고난을 당했다. 그의 믿음은 가만히 앉아 있는 믿음이 아니라 행동하는 믿음, 목숨을 걸고 불의에 저항하는 믿음이었다. 개신교가 프로테스탄트(protestant)라고 불리는 이유가 여기에 있다. 불의에 저항하는 정신, 이것이 개신교의 프로테스탄트 정신이다. 특히 장로교회는 개혁 교회(Reformed church)라고 불린다. 개혁 정신이 장로교의 기본 정신이다.

그런데 오늘날 개신교와 장로교는 이와 같은 저항과 개혁의 정신을 상실해가고 있다. 한국 교회는 세상의 불의에 저항하고 개혁하기는커녕 오히려 사회로부터 비난과 비웃음을 받는 교회가 되어가고 있다. 그것은 교회가 세속화되고, 신자들의 삶이 믿지 않는 사람들보다 더 성실하지도 의롭지도 못하기 때문이다. 한국에서 개신교 신자는 전 국민의 20퍼센트인 900만 명에 이른다. 그런데 한국 사회가 이들에 의해 변화되기는커녕 오히려 이들이 사회적 지탄의 대상이 되는 경우가 있다. 오늘 루터가 이 땅에 살았다면 한국의 개신교 교회를 향해서 종교개혁 운동을 일으켰을 것이다.

종교개혁은 완결된 것이 아니다. "*Ecclesia reformata semper reformanda*"라는 경구가 있다. "개혁된 교회는 항상 개혁하는 교회(Reformed Church is always reforming church)"라는 의미이다. 항상 개혁하는 개혁 교회, 이것이 우리 개혁 교회의 정체성이다. 루터의 반박문은 개혁을 위한 두 가지 핵심적 원리를 보여준다. 반박문 제1조는 "신자들의 전 생애가 참회로 지속되어야 한다"는 것이고, 마지막 조인 제95조는 "신자들은 거짓된 평화의 위안이 아니라 많은 고난을 통하여 천국에 들어간다"는 것이다. 처음이 참회이고 마지막이 고난이다. 예수님은 제자들에게 "누구든지 나를 따라오려거든 자기를 부인하고 자기 십자가를 지고 나를 따를 것이니라"(막 8:34)고 말씀하셨다. 참회는 자기를 부인하는 것이고, 고난은 자기 십자가를 지고 주님을 따르는 것이다. 오늘 한국 교회의 위기의 근본 원인은, 그리고 오늘 기독교인들이 사회로부터 불신을 당하는 근본 원인은, 우리 안에 참회와 고난, 다시 말하면 '자기부인'과 '십자가를 지고 주님의 뒤를 따름'이 없기 때문이다.

우리는 다른 사람의 불의를 비난하기 전에 먼저 하나님 앞에서 우리 자신의 모습을 회개해야 한다. 나는 정치인이든 종교인이든 아니면 시민운동가든, 다른 사람들과 집단을 비난하면서 정의와 개혁을 소리 높여 외치는 사람들을 믿지 않는다. 우리 인간의 가장 큰 문제는 바로 자기 자신이 문제의 일부임을 모른다는 사실에 있다. 나부터 진정으로 회개하고 변해야 한다. 그래야 다른 사람도 변하고 사회도 개혁될 수 있다. 그러므로 우리는 언제나 먼저 하나님 앞에 나 자신의 죄와 허물을 내어놓아야 한다. 그리할 때에 하나님은 우리를 의롭다고 인정해주실 것이다. 하나님 앞에 죄인으로 설 때만 의롭게 되며, 하나님 앞에 의롭게 설 때 우리는 여전히 죄인으로 남아 있다. "죄인이면서 동시에 의인"(*simul justus et peccator*), 우리는 항상 이 진리를 기억해야 한다.

나아가서 우리는 주님을 위하여 받는 고난을 각오해야 한다. 우리가 이 세상에서 살 때, 우리에게 고난이 있는 것이 이상한 것이 아니라 고난이 없는 것이 이상한 것이다. 우리에게 아무런 고난이 없다면 그것은 우리가 하나님의 뜻대로 살고 있지 않기 때문인지도 모른다. 악과 불의에 저항하고 의를 추구하는 일에는 반드시 고난이 뒤따른다. 바울은 복음을 전하다가 얼마나 많은 고난을 당하였던가? 루터는 교회를 개혁하다가 얼마나 많은 고난을 당하였던가? 우리는 20세기의 독일 신학자 본회퍼를 알고 있다. 본회퍼는 십자가를 지고 그리스도의 뒤를 따르는 제자도의 실천이 없는 삶은 복음을 '싸구려 은혜'(cheap grace)로 만드는 것이라고 말했다. 그는 제2차 세계대전 때 히틀러를 암살하는 계획에 참여했다가 체포되어 사형 당했는데, 감옥에서 쓴 옥중서신이 있다. 이 서신들 가운데 "특별한 곤경에 처했을 때의 기도"라는 제목의 글이 있다. 그는 언제 형장으로 끌려나갈지 모르는 절망적인 상황 속에서 다음과 같이 기도했다.

"주 하나님, 커다란 곤경이 내게 임했습니다. 근심이 나를 암살하려고 합니다. 나는 어찌 할 바를 알지 못하옵니다. 하나님께서 은혜와 도움을 주시옵소서. 당신이 주시는 것을 견딜 수 있는 힘을 주옵소서. 두려움이 나를 지배하지 말게 하옵시고, 아버지처럼 나의 가족과 처자를 돌보아주옵소서. 자비로우신 하나님, 내가 당신에 대해서 그리고 사람들에 대해서 범한 모든 죄를 용서하여주시옵소서. 당신의 은총을 신뢰하고, 당신의 손 안에 나의 온 생을 맡기옵니다. 당신의 뜻에 합당하고 또 나에게도 유익하게 나를 만들어주옵소서. 살든지 죽든지 나는 당신 안에 있사옵니다. 그리고 나의 하나님, 당신은 나와 함께 계시옵니다. 주여, 당신의 구원과 당신의 나라를 나는 기다리옵니다. 아멘."

이 기도에서 본회퍼는 죽음 앞에서 두려워하는 자신의 연약함을 하나님께 고백하고 있다. 그러나 그는 기적을 베푸셔서 자기를 살려달라고 기도하지 않는다. 대신 그는 살든지 죽든지 연약한 자신에게 힘과 용기를 주셔서 끝까지 잘 견딜 수 있게 해달라고 기도하고 있다. 그는 끝까지 하나님을 신뢰한다. 그리고 하나님께 자신을 내어 맡긴다. "살든지 죽든지 나는 당신 안에 있사옵니다. 그리고 나의 하나님, 당신은 나와 함께 계시옵니다. 주여, 당신의 구원과 당신의 나라를 나는 기다리옵니다."

우리는 불의에 저항하다가 당하는 고난 가운데서도 하나님에 대한 신뢰를 잃지 않고 끝까지 성실하게 기다리며 자신이 가야 할 길을 가는 본회퍼로부터 오직 믿음, 에무나로 사는 참된 의인의 모습을 발견하게 된다. 더딜지라도 기다리라! 어려운 역경 가운데에서도 성령의 도우심을 힘입어 끝까지 성실하게 기다림으로써, 하나님이 약속하신 영광스런 미래에 참여하는 우리 모두가 되기를 축원한다.

# 9/

# 근원으로
# 돌아가라

•
삼상 9:21, 15:10-12

오늘날 위기에 처한 한국 교회는 제2의 종교개혁 운동을 필요로 한다. 이 장의 제목 "근원으로 돌아가라"(*ad fontes*)는 종교개혁자들이 외쳤던 구호이다. 종교개혁자들은 교회의 본래 모습을 상실하고 타락한 중세 가톨릭교회를 비판하면서, 근원으로(back to the original source), 다시 말하면 성서의 하나님 말씀으로 돌아가야 한다고 주장하였다. 진정한 교회의 개혁은 근원으로, 즉 하나님의 말씀으로 돌아가 교회의 본질을 되찾을 때에만 가능하다. 기독교 신앙의 근원은 성서에 있다. 잘 아는 바와 같이 종교개혁자들이 내세운 세 가지 표어는 "오직 은혜로만"(*sola gratia*), "오직 믿음으로만"(*sola fide*), "오직 성서로만"(*sola scriptura*)이다. 여기서 세 번째 표어인 "오직 성서로만"은 다른 두 표어를 위한 인식론적 근거이다. 다시 말하면, 우리는 인간이 "오직 하나님의 은혜로만" 그리고 "오직 믿음으로만" 구원을 얻는다는 진리를 "오직 성서"를 통해서만 알수 있다.

## 부르심의 자리, 그 근원으로

왜 성서가 기독교 신앙의 근원인가? 그것은 성서가 예수 그리스도 안에 나타난 하나님의 구원의 은혜를 오직 믿음으로 경험한 사도들의 증언이기 때문이다. 그러므로 우리는 성서에 증언된 하나님의 은혜와 사도들의 믿음을 기억하고 이 근원으로 돌아가야 한다. 오늘 한국 교회의 위기는 이 근원을 잃어버렸기 때문에 초래되었다. 기독교 신앙과 교회의 진정한 개혁은 오직 이 근원으로 돌아가 본질을 회복할 때에만 가능하다.

우리 그리스도인들은 성서의 저자들처럼, 각각 예수 그리스도를 만난 경험을 가지고 있다. 우리는 각기 다른 모양으로, 그러나 공통적으로, 모두 하나님이 은혜로 주시는 구원을 믿음으로 받은 사람들이다. 우리는 죄와 사망의 골짜기에서 주님을 처음 만나 구원 받은 경험을 가지고 있다. 과거의 절망스러운 상황 속에서 하나님께 눈물로 기도하고 부르짖었을 때에 하나님이 베푸시는 놀라운 구원의 은혜를 경험한 사람들이다. 또한 우리들 중에는 하나님의 구원의 은혜뿐만 아니라 하나님의 특별한 부르심을 받고 자신의 생을 온전히 하나님께 바치기로 결단한 사람들도 있다. 우리는 그 과거의 시간들, 그 은혜와 구원의 시간, 그 결단의 시간을 잊지 말아야 한다. 우리는 그 시간들을 날마다 새롭게 기억해내야 한다. 왜냐하면 그 시간들은 우리 신앙의 근원이기 때문이다. 우리가 신앙의 근원인 과거의 그 시간들을 올바로 기억할 때에만, 하나님이 은혜 가운데 인도하시는 미래를 믿음으로 바라보며 올바로 나아갈 수 있다.

이스라엘 민족에게 있어서 신앙의 근원이 되는 '뿌리 경험'(root experience)은 출애굽 사건이다. 히브리인들이 늘 암송하는 신앙 고백이요 교육 지침인 '쉐마'의 뒷부분은, 하나님이 이스라엘 민족을 출애굽 시키시고 구원하신 은혜를 잊지 말고 기억하라는 내용이다. "네 하나님 여호와께서 네 조상 아브라함과 이삭과 야곱을 향하여 네게 주리라 맹세하신 땅으로 너를 들어가게 하시고 네가 건축하지 아니한 크고 아름다운 성읍을 얻게 하시며, 네가 채우지 아니한 아름다운 물건이 가득한 집을 얻게 하시며 네가 파지 아니한 우물을 차지하게 하시며 네가 심지 아니한 포도원과 감람나무를 차지하게 하사 네게 배불리 먹게 하실 때에, 너는 조심하여 너를 애굽 땅 종 되었던 집에서 인도하여내신 여호와를 잊지 말고 네 하나님 여호와를 경외하며 그를 섬기며 그의 이름으로 맹세할 것이니라"(신 6:10-13).

이 쉐마가 기록된 신명기서는 모세의 유언이다. 모세가 이스라엘 민족을 이끌고 애굽을 탈출하여 40년 광야 생활을 거친 후, 가나안 땅이 눈앞에 보이는 느보산에서 임종하기 직전에 백성에게 남긴 유언이 신명기서이다. 이 유언에서 모세는, 너희가 가나안 땅에 들어가 배부르고 풍족한 삶을 살게 될 때에 너희를 종 되었던 애굽에서 구원해내신 여호와 하나님을 잊지 말고 하나님을 잘 경외하며 하나님의 말씀대로 행하라고 거듭 당부하고 있다.

"내가 오늘 명하는 모든 명령을 너희는 지켜 행하라 그리하면 너희가 살고 번성하고 여호와께서 너희의 조상들에게 맹세하신 땅에 들어가서 그것을 차지하리라 네 하나님 여호와께서 이 사십 년 동안에 네게 광야 길을 걷게 하신 것을 기억하라 이는 너를 낮추시며 너를 시험하사 네 마음이 어떠한지 그 명령을 지키는지 지키지 않는지 알려 하심이라 너를 낮추시며 너를 주리게 하시며 또 너도 알지 못하며 네 조상들도 알지 못하던 만나를 네게 먹이신 것은 사람이 떡으로만 사는 것이 아니요 여호와의 입에서 나오는 모든 말씀으로 사는 줄을 네가 알게 하려 하심이니라"(신 8:1-3). 모세는 백성에게 신신당부한다. "너희는 젖과 꿀이 흐르는 가나안 땅에 들어가서 풍족해지고 배부르게 될 때에 거칠고 메마른 광야에서 하나님이 너희에게 내려주셨던 만나, 그 은혜를 기억하고 오직 하나님만을 경외하고 그 말씀을 따라 살아야 한다."

그러나 유감스럽게도 이스라엘 민족은 가나안 땅에 정착한 후에 하나님을 잊어버리고 가나안 땅의 이방신들을 섬기면서 영적, 도덕적으로 타락했다. 그리하여 가나안 땅에서 오랫동안 평화와 번영을 누리지 못하고 솔로몬 왕 이후에 남북으로 분열되었다. 결국 북쪽 이스라엘은 BC 721년 앗수르에게, 남쪽 유다는 BC 586년 바벨론에게 각각 멸망하였다. 신명기 저자의 역사 해석에 따르면, 이스라엘의 멸망은 이스라엘 민족이 하나님의 은혜를 저버리고 배반한 것에 대한 하나님의 심판이라는 것이다.


## 나중이 창대한 인생

지난날 베풀어주신 하나님의 은혜를 잊어버리고 배반하는 이스라엘 민족의 모습은 인간의 보편적인 모습이며 또한 바로 우리 자신의 모습이기도 하다. 세상에는 크게 두 가지 유형의 인생이 있다. 하나는 처음에는 미천하지만 나중이 창대한 인생이고, 다른 하나는 처음에는 창대하지만 나중이 비참한 인생이다. 우리는 모두 처음에는 미천하더라도 나중이 창대한 인생이 되기를 바라지, 처음에는 창대하지만 나중이 비참한 인생이 되기를 바라지는 않는다. 그러면 어떻게 해야 처음에는 미천하더라도 나중이 창대한 인생이 될 수 있을까? 하나님의 은혜를 기억하고 감사하며 그 은혜에 보답하고자 하는 삶을 살 때, 나중이 창대한 인생이 될 수 있다. 왜냐하면 은혜를 잊지 않고 감사하는 자에게 하나님은 은혜 위에 은혜를 더하시기 때문이다.

그러나 하나님의 은혜를 잊어버리고 하나님을 배반하는 인생은 처음에는 창대하지만 나중이 비참한 인생이 된다. 나중이 비참한 인생은 실패한 인생이다. 이렇게 실패한 인생을 보여주는 구약성서의 대표적 인물이 사울 왕이다. 우리는 사울의 실패한 인생을 교훈 삼아, 그러한 실패를 되풀이하지 않는 인생을 살고자 늘 새롭게 다짐해야 한다. 특히 하나님의 부르심을 받고 하나님의 일꾼이 된 사람, 또는 되고자 결심한 사람은 사울의 인생을 타산지석으로 삼아야 한다. 왜냐하면 처음에는 순수한 마음으로 하나님의 일꾼이 되었지만, 나중에는 처음의 그 순수한 마음을 잃어버리고 변질되고 타락하는 사람들이 너무도 많기 때문이다.

사울도 처음에는 순수한 사람이었다. 사무엘이 사울을 처음 만나 기름을 붓고 이스라엘의 지도자로 세우려 할 때, 사울은 겸손하게 응답하였다. "나는 이스라엘 지파의 가장 작은 지파 베냐민 사람이 아니니이까 또 나의 가족은 베냐민 지파 모든 가족 중에 가장 미약하지 아니하니이까 당신이 어찌하여 내게 이같이 말씀하시나이까"(삼상 9:21). 사울은 자신이 가장 작고 미약한 존재이기 때문에 이스라엘의 왕이 될 수 없다고 사양하였다. 하나님은 이와 같은 사울의 겸손함을 귀하게 보시고 그를 이스라엘의 왕으로 삼으셨다. 그러나 사울은 왕이 된 이후에 점차 변해갔다. 전쟁에서 승리를 거듭하자 점차 교만해졌다. 그는 전쟁에서의 승리가 하나님의 도우심에 의한 것임을 잊어버리고, 자신의 힘에 의한 것으로 착각하여 스스로 영광을 취하고자 했다. 그리하여 그는 결국 하나님으로부터 버림을 받게 된다.

사무엘상 15장에는 하나님이 아말렉과의 전쟁에서 승리한 사울을 비리신 이유가 나온다. "여호와의 말씀이 사무엘에게 임하니라 이르시되 내가 사울을 왕으로 세운 것을 후회하노니 그가 돌이켜서 나를 따르지 아니하며 내 명령을 행하지 아니하였음이니라 하신지라 사무엘이 근심하여 온 밤을 여호와께 부르짖으니라 사무엘이 사울을 만나려고 아침에 일찍이 일어났더니 어떤 사람이 사무엘에게 말하여 이르되 사울이 갈멜에 이르러 자기를 위하여 기념비를 세우고 발길을 돌려 길 갈로 내려갔다 하는지라"(10-12절). 사울은 전쟁에서 승리하도록 도우신 하나님의 은혜에 감사하지도, 하나님께 영광을 돌리지도 않고 스스로 영광을 취하기 위해서 자신을 위한 기념비를 세웠다.

많은 사람들이 처음에는 성공하고 번영하는 것처럼 보이다가 나중에 실패하는 인생이 되는 까닭은 성공하고 번영할수록 초심을 잃어버리고 변질되기 때문이다. 그러므로 성공하고 번영할 때가 위험한 때이다. 성공하고 번영할 때에 우리는 자신도 모르는 새 교만해지고 스스로 영광을 취하려고 하기 쉽다. 우리가 하나님의 일을 한다고 하면서도 언제부터인가 자기 이름이 드러나는 것을 원하고 자신을 위한 기념비를 세우고자 할 때, 하나님은 우리를 떠나신다. 우리 주변에도, 처음은 좋았지만 나중이 좋지 않은 교회 지도자들이 많이 있다. 처음에는 순수한 복음의 열정을 가지고 시작했지만, 교회가 성장하고 부흥함에 따라 자신도 모르는 사이에 처음의 순수함을 잃어버리고 변질돼버리는 것이다. 세상적인 명예욕에 사로잡혀서 감투 하나 써보려고 온갖 수단 방법을 사용하기도 하고, 각종 비리와 추문으로 얼룩지기도 한다.

한국 교회의 위기는 성서적 근원으로부터 멀어졌기 때문이다. 한국 교회 지도자들이, 그리고 신자들이 처음의 믿음, 처음의 겸손, 처음의 순수함, 그리고 처음의 사랑을 잃어버렸기 때문이다. 에베소교회를 향한 주님의 책망은 바로 한국 교회와 우리 자신을 향한 책망이다. "그러나 너를 책망할 것이 있나니 너의 처음 사랑을 버렸느니라 그러므로 어디서 떨어졌는지를 생각하고 회개하여 처음 행위를 가지라 만일 그리하지 아니하고 회개하지 아니하면 내가 네게 가서 네 촛대를 그 자리에서 옮기리라"(계 2:4-5).

우리가 어디서 우리의 처음 사랑을 잃어버렸는지 돌아보고 회개하여 처음 사랑을 회복해야 한다. 우리가 회개하지 않으면 하나님은 우리를 떠나실 것이다. 하나님이 우리를 떠나시면 우리는 사울과 같이 비참한 최후를 맞을 수도 있다. 사울은 말년에 악신이 들어 질투에 눈이 멀게 되고 끊임없이 죄 없는 다윗을 죽이려고 했다. 그리고 결국은 길보아 전투에서 블레셋에 패해 세 아들과 함께 비참한 죽음을 맞았다.

얼마 전, 미국에서는 매년 4,000개의 교회가 문을 닫고 매일 3,500명의 교인이 교회를 떠난다는 기사를 읽은 적이 있다. 한국에도 이른바 교회에 다니다가 안 나가는 가나안 교인이 100만 명이라고 한다. '이미 하나님이 교회를 떠나신 것은 아닌가?' 하는 염려와 두려움을 떨쳐버릴 수 없다. 그러나 우리가 진정으로 회개하고 다시금 근원으로 돌아간다면, 하나님은 우리를 치유하시고 회복시키실 것이다. 하나님은 말씀하신다. "내 이름으로 일컫는 내 백성이 그들의 악한 길에서 떠나 스스로 낮추고 기도하여 내 얼굴을 찾으면 내가 하늘에서 듣고 그들의 죄를 사하고 그들의 땅을 고칠지라"(대하 7:14).

구약성서를 보면 이스라엘 민족이 하나님을 떠나 우상을 섬기고 죄를 짓다가 하나님의 심판을 받고 다시 회개하고 돌아올 때에, 왕이 백성으로 하여금 유월절을 다시 지키도록 했음을 알 수 있다(대하 30:1-5). 유다의 요시야 왕이 당시의 온갖 우상을 타파하고 종교개혁을 일으킬 때 했던 일도 바로 유월절을 다시 지키는 것이었다(왕하 23:21-23). 유월절을 다시 지킨다는 것은 이스라엘 민족을 애굽에서 구원하신 하나님의 은혜를 기억한다는 것이다. 그것은 다시 근원으로 돌아간다는 것을 의미한다.

오늘 위기에 처한 한국 교회에 그리고 우리 그리스도인들 안에, 다시 근원으로 돌아가는 종교개혁이 일어나야 한다. 우리는 하나님보다 더 의지하는 세상의 헛된 우상들, 돈, 명예, 권력, 쾌락에 대한 집착을 버리고 다시금 하나님께로 돌아가야 한다. 우리는 악한 길에서 떠나 겸손하게 하나님의 얼굴을 구해야 한다. 우리는 처음의 믿음, 처음의 겸손, 처음의 순수함, 처음의 사랑을 회복해야 한다. 우리는 우리의 지난 삶의 여정 속에서 경험한 출애굽 사건을 늘 새롭게 기억해내야 한다.

우리의 미래가 어떤 미래가 될 것인가는, 현재 우리가 과거를 어떻게 기억하는가에 달려 있다. 우리가 과거에 우리를 도우시고 구원하신 하나님의 은혜를 현재에 새롭게 기억하고 감사한다면, 그리하여 근원으로 돌아가 우리의 처음 사랑을 회복한다면, 앞으로 우리를 도우시고 구원하시는 하나님의 은혜를 더욱 풍성하게 누리며 살게 될 것이다. 하나님의 일꾼은 '자기 이름'이라는 우상과 평생 싸워야 한다. 하나님의 이름을 위해 일한다고 하면서 자신의 이름을 위해 일하는 경우가 많기 때문이다. 우리가 하나님의 영광을 가로채는 순간 하나님의 영은 더 이상 우리 안에 계시지 않는다.

하나님의 일꾼으로 부름을 받은 우리는 "살든지 죽든지 내 몸에서 그리스도가 존귀하게 되게 하려 하나니"(빌 1:20)라고 고백한 사도 바울의 신앙을 본받아야 한다. 진정으로 하나님의 은혜를 기억하고 감사하는 사람은 자기를 위해 비석을 세우지 않는다. 제네바에 있는 종교개혁지에는 앙리 뒤낭의 묘가 있다. 앙리 뒤낭은 적십자사를 창설하고 노벨 평화상을 첫 번째로 수상한 사람이다. 그는 죽기 전에 사람들에게 이렇게 말했다고 한다. "제 장례에는 어떤 절차도 행하지 마십시오." 개혁교의 창시자인 존 칼빈은 죽을 때에 자신의 무덤조차 만들지 말라고 말했다. "오직 하나님께 영광!"(*soli deo gloria*) 이것이 칼빈의 평생의 좌우명이었다.

우리의 좌우명도 칼빈처럼 "오직 하나님께 영광!"이 되어야 한다. 평생 이 좌우명을 따라 살아야 한다. 우리가 사울처럼 하나님께 버림받는 사람이 되지 않고 나중이 창대한 인생이 되기 위해서는, 축복받고 형통하고 성공할수록 더욱 더 겸손하게 자신을 낮추어야 한다. 겸손히 자신을 낮추고 오직 하나님께만 영광을 돌리는 인생이 참으로 영광된 인생이다. 훗날 높이 들림 받고 영원한 하나님의 영광에 참여하는 우리 모두가 되기를 축원한다.

# 10

## 다윗과
## 골리앗

●
삼상 17:45-47

한동안 알파고와 이세돌의 바둑 대결이 전 세계의 이목을 집중시킨 적이 있다. 이세돌이 3연패 후에 1승을 거두자 온 국민이 환호했다. 알파고는 하루에 3만 개의 기보를 스스로 학습하고, 1200여 개의 CPU(중앙처리장치)를 장착한 인공지능 컴퓨터다. 사람과 달리 쉬지 않고 공부를 한다. 지금까지 3,000만 대국을 분석했다고 한다. 사람이 1,000년 걸리는 학습량이다. 알파고의 생각 속도는 인간보다 1,000배 빠르다. 알파고는 단순히 주어진 데이터를 가지고 연산하는 능력만 가진 것이 아니라, 그 데이터를 기초로 인간처럼 추론하고 판단할 수 있는 알고리즘이라는 인공 신경망을 가지고 있다. 알파고는 바둑의 영역을 넘어 AI 시대의 본격적인 도래를 상징한다. 다보스 포럼에서는 앞으로 5년 내에 일자리 700만 개가 없어진다고 하는데 이것도 AI의 위력 때문이다.

나는 이세돌과 알파고의 바둑 시합을 보면서 다윗과 골리앗의 싸움을 머리에 떠올렸다. 알파고가 골리앗처럼 장대해 보였다면 이세돌은 다윗처럼 왜소해 보였다. 나는 이 시합을 보면서, 우리 자신의 힘으로 감당하기 어려운 골리앗 같은 세상의 현실들과 당면한 문제들에 우리는 어떻게 맞서야 하는가 하는 문제를 다시 생각하게 되었다.

## 작은 돌에 담긴 큰 믿음

옛날이나 지금이나 인간에게 가장 중요한 문제는 생존의 문제이다. 대부분의 사람들은 생존을 위해 하루하루 현실과 힘겨운 투쟁을 하며 산다. 인간은 원시시대부터 생존을 위해 치열하게 투쟁해왔다. 한 세대 전까지만 해도 대부분의 사람들은 다 가난했다. 하루 세 끼를 해결하는 것이 가장 큰일이었다. 오늘날에는 경제가 발전하고 국민소득이 높아짐에 따라 끼니를 굶는 사람은 많이 줄었다. 그러나 생존을 위한 투쟁은 갈수록 더욱 치열해지고 있다. 이른바 무한경쟁의 시대로, 경쟁에서 뒤떨어지는 것은 곧 생존이 위협당하는 것을 의미한다.

첨단 기술의 발달에 의한 자동화로 인해 일자리가 계속 줄어들어 일자리를 구하는 것이 갈수록 어려워지고 있다. 무한경쟁의 시장 경제에 기초한 자본주의 사회에서 빈익빈 부익부 현상은 갈수록 심화되고 있다. 첨단 과학기술이 발달하고 전체적인 국민소득은 증대했지만 생존 경쟁에서 살아남기 위해 사람들의 마음은 더욱 절핍해지고 있다. 사람들은 모두 미래에 대한 불안에 사로잡혀 있다. 사람들을 생존에 대한 불안으로 몰아넣고 있는 현실은, 이스라엘 진영 앞에 서서 이스라엘 병사들을 공포에 몰아넣는 장대한 골리앗처럼 우리 앞을 가로막고 서 있다.

그러나 본문은 이 골리앗 앞에서 이스라엘군이 패배한 이야기가 아니라 골리앗을 쓰러뜨리고 승리한 이야기를 들려준다. 이 승리의 이야기의 주인공은 다윗이다. 모든 면에서 다윗은 도저히 골리앗의 적수가 될 수 없었다. 골리앗은 잘 훈련받은 블레셋 최고의 장수였지만, 다윗은 군사 훈련을 전혀 받은 적이 없는 목동이었다. 골리앗은 2m가 넘는 장대한 거인이었지만 다윗은 왜소한 소년이었다. 골리앗은 화살도 뚫을 수 없는 청동 투구와 두꺼운 갑옷을 입고 있었지만, 다윗은 갑옷도 입지 않았다. 골리앗은 보기만 해도 공포를 불러일으키는 엄청나게 큰 칼과 창을 지니고 있었다. 그러나 다윗이 가진 것은 지팡이와 물매, 작은 돌 다섯 개뿐이었다. 어떻게 다윗이 골리앗의 적수가 될 수 있겠는가? 다윗이 골리앗을 이기는 것은 불가능한 일이었는데, 어떻게 골리앗을 쓰러뜨릴 수 있었을까?

어떤 사람은 다윗이 물매로 돌을 날려 골리앗의 이마에 명중시킬 수 있었던 것은, 양떼를 지키기 위해 사자나 곰과 같은 맹수와 대적하면서 평소에 실력을 키웠기 때문이지 결코 우연에 의한 것이 아니라고 말한다. 수없는 연습을 통해 물매로 돌 날리기에 관한 한 누구도 따라

올 수 없는 실력을 다윗이 쌓았다는 것이다. 이와 관련하여 '1만 시간의 법칙'으로 유명한 맬컴 글래드웰(Malcolm Gladwell, 1963-현재)은 매우 흥미로운 분석을 하고 있다. 그는 다윗의 승리가 예상된 것이라고 주장한다. 다윗이 이긴 것은 골리앗이 정한 규칙을 무시하고 다윗 자신의 방식대로 싸웠기 때문이라는 것이다. 골리앗이 원한 게임은 근접 백병전이었다. 골리앗은 청동 투구와 갑옷으로 중무장한 채 다윗이 다가오길 기다렸다. 그러나 다윗은 그렇게 하지 않았다. 먼 거리에서 투석 주머니(물매)로 돌을 날려 골리앗의 이마에 명중시켰다. 골리앗은 장대한 거인이었지만 원격 전투에서는 오히려 약자였다. 다윗은 일대일 결투의 규칙을 거부하고 자신에게 유리한 싸움을 벌였다. 그래서 이길 수밖에 없는 게임을 했다는 것이다.

이러한 분석들은 매우 일리가 있고 우리가 새겨들어야 할 교훈도 함축하고 있다. 우리가 현실의 어려운 문제들에 잘 대처하고 그 문제들을 성공적으로 해결하기 위해서는 사전에 준비를 철저히 하고 최선의 노력을 다해야 한다. 카오스 이론에 따르면, 우연이라는 행운은 그것이 일어날 수 있는 확률의 범위 안에서 오는 것이다. 우리가 실력을 갖추고 우리 자신이 감당해야 할 몫을 다할 때 행운도 찾아온다. 자신이 마땅히 해야 할 일은 하지 않고 하나님의 도우심만을 구하는 것은 옳지 않다. 우리 옛 속담에 "하늘도 스스로 돕는 자를 돕는다"는 말이 있다. 또한 맬컴 글래드웰이 지적한 것처럼, 우리는 상대방의 전술에 말려들거나 상대방이 정한 규칙에 따르지 말고 자신의 전략과 싸움의 기술을 가지고 싸울 필요가 있다.

그러나 그리스도인의 승리의 궁극적인 비결은 우리가 쌓은 실력이나 싸움의 기술에 있는 것이 아니다. 우리의 승리의 궁극적인 비결은 오직 하나님을 의지하는 믿음에 있다. 다윗이 아무리 물매로 돌 날리는 실력이 탁월했다고 하더라도 그에게 하나님을 의지하는 믿음이 없었다면, 결코 그 상황에서 골리앗과 대적하겠다고 나설 수 없었을 것이다. 그는 세상의 그 어떤 무기를 의지한 것이 아니다. 그는 자신의 물매와 돌을 의지한 것이 아니다. 그는 오직 하나님만을 의지하고 만군의 여호와 하나님의 이름으로 골리앗과 맞섰다. 그는 이렇게 외쳤다. "너는 칼과 창과 단창으로 내게 나아오거니와 나는 만군의 여호와의 이름 곧 네가 모욕하는 이스라엘 군대의 하나님의 이름으로 네게 나아가노라"(삼상 17:45).

## 골리앗에 대적하는 법

다윗이 평소에 양을 치면서 했던 정말 중요한 연습은, 단지 물매로 돌 던지는 법을 숙달하는 것이 아니라 오직 하나님만 의지하는 법을 익히는 것이었다. 그는 평소에 하나님만을 전적으로 믿고 의지하는 법을 연습했다. 사울 왕은 처음에 어린 다윗이 골리앗과 싸우는 것을 허락하지 않았다. 그때 다윗은 이렇게 말했다. "주의 종이 아버지의 양을 지킬 때에 사자나 곰이 와서 양 떼에서 새끼를 물어가면 내가 따라가서 그것을 치고 그 입에서 새끼를 건져내었고 그것이 일어나 나를 해하고자 하면 내가 그 수염을 잡고 그것을 쳐 죽였나이다…여호와께서 나를 사자의 발톱과 곰의 발톱으로부터 건져내셨은즉 나를 이 블레셋 사람의 손에서도 건져내시리이다"(삼상 17:34-37).

다윗은 하나님이 자기를 사자와 곰으로부터 지키셨기 때문에 골리 앗으로부터도 지켜주실 것이라고 말하고 있다. 다윗에게 하나님을 전적으로 의지하는 믿음이 없었다면 그는 결코 골리앗을 대적하겠다고 나서지 못했을 것이다. 우리가 이 세상 현실 속의 골리앗 같은 대적들과 싸워 이길 수 있으려면, 다윗처럼 평소에 하나님만을 전적으로 의지하는 믿음을 연습해야 한다. 시편 기자는 말씀한다. "이스라엘아 여호와를 의지하라 그는 너희의 도움이시요 너희의 방패시로다"(시 115:9).

우리의 삶의 현실 속에 골리앗은 언제나 있다. 골리앗은 내 힘으로 대적할 수 없는 세상의 불가항력적인 힘을 상징한다. 그것은 경제적 어려움일 수도 있고, 가정 안에서의 갈등일 수도 있고, 내 힘으로 이길 수 없는 유혹이나 시험일 수도 있고, 내 힘으로 감당할 수 없는 과중한 직무와 과업일 수도 있다. 우리는 지금 어떤 골리앗 앞에 서 있는가? 우리가 어떤 현실에 놓여 있든지 중요한 것은 내 자신이 해야 할 최선의 노력을 다하는 것이다. 그리고 이때가 바로 내 힘을 의지하지 않고 오직 하나님만을 전적으로 의지해야 하는 순간임을 알아야 한다.

내게도 과거에 매우 힘들고 어려운 날들이 있었다. 그 시간을 통해 내가 배운 것은 하나님만을 전적으로 의지하는 법이었다. 나는 매순간 하나님의 도우심이 아니면 한 걸음도 앞으로 나아갈 수 없음을 배웠다. 지금도 나는 매일 이렇게 기도한다. "하나님께서 함께 하시고 도와주시지 않으면 저는 한 걸음도 앞으로 나아갈 수 없습니다. 하나님만을 전적으로 의지합니다. 저의 어리석음과 미련함과 연약함을 불쌍히 여겨 긍휼과 자비를 베풀어주시옵소서." 너무 감사하게도 지금까지 하나님은 나의 이 기도를 거절하신 적이 없다.

우리가 살아가는 이 세상에는, 눈에 보이는 물리적 현실과 보이지 않는 영적 현실이 있다. 특히 인간에게 고통을 주고 인간을 파멸의 길로 몰아넣는 세상의 모든 시험과 유혹 뒤에는 악한 사탄의 세력이 도사리고 있다. 이 세상은 악의 영들이 지배하고 있으며, 따라서 세상의 본질은 악이다. 악의 세력이 교회 안에도 침투해 들어와 있다. 이 악의 세력은 골리앗과 같은 엄청난 힘을 가지고 그리스도인들을 넘어뜨리려고 끊임없이 시험해온다. 그리스도인들은 이 세상을 지배하고 있는 악의 영들과 영적 싸움을 하는 사람들이다.

바울은 말씀한다. "우리의 씨름은 혈과 육을 상대하는 것이 아니요 통치자들과 권세들과 이 어둠의 세상 주관자들과 하늘에 있는 악의 영들을 상대함이라"(엡 6:12). 이 악의 영들과의 영적 싸움에서 우리가 승리하기 위한 무기는 무엇인가? 그것은 바로 믿음의 기도이다. 세상의 악한 영이라는 골리앗에 대적할 수 있는 물매와 돌은 오직 믿음의 기도밖에 없다.

베드로 사도는 말씀한다. "근신하라 깨어라 너희 대적 마귀가 우는 사자같이 두루 다니며 삼킬 자를 찾나니 너희는 믿음을 굳건하게 하여 그를 대적하라"(벧전 5:8-9). 우리는 믿음을 굳건히 하고 늘 근신하고 깨어 기도함으로써 마귀에 대적하여야 한다. 우리 힘만으로는 안 된다. 성령이 도와주셔야 한다. 성령이 도와주시지 않는다면 우리는 골리앗과 같은 악의 세력과의 싸움에서 결코 이길 수 없다. 그러므로 우리는 늘 깨어 기도하고 성령의 도우심을 간구해야 한다.

어느 날 예수님과 제자들이 배를 타고 갈릴리 호수를 건너고 있었다. 그때 큰 파도가 일어나 배가 뒤집힐 지경이었다. 그러나 예수님은 이 와중에도 주무시고 계셨다. 제자들이 예수님을 깨우며 "주여, 구원하소서 우리가 죽겠나이다"라고 외쳤다. 그때 예수님은 "어찌하여 무서워하느냐 믿음이 작은 자들아" 하시고 일어나 바람과 바다를 꾸짖어 잔잔하게 하셨다(마 8:26). 우리가 사는 이 세상은 끊임없이 풍랑이 몰아치는 바다와 같다. 우리 인생은 높은 파도가 치는 바다 위에서 위태롭게 항해하는 조그만 조각배와 같다. 그러나 우리는, 골리앗처럼 험하고 거친 세상의 풍랑과 시험이 닥쳐와도 두려워할 필요가 없다. 주님이 우리 배에 함께 타고 계시기 때문이다. 이때야말로 더욱더 주님만을 의지할 때이다. 이때야말로 더욱더 믿음의 기도를 드릴 때이다. 이때야말로 더욱더 성령의 도우심을 간구할 때이다. 이때야말로 다윗의 물매와 돌로 골리앗을 쓰러뜨리는 놀라운 기적을 일으키시는 만군의 여호와 하나님의 능력을 경험할 수 있는 때이다. 이때야말로 바람과 바다를 꾸짖어 잔잔하게 하시는 우리 주님의 능력을 경험할 수 있는 때이다.

주님은 이 시간 우리에게 말씀하신다. "어찌하여 무서워하느냐 믿음이 작은 자들아." 믿음 없는 자가 되지 말고 믿음 있는 자가 되어 더욱더 주님만을 의지하고 오직 감사함으로 주님께 기도하자. 그리하면 골리앗을 쓰러뜨린 다윗의 기적이 우리의 삶 속에서도 나타날 줄로 믿는다. 이러한 기적을 날마다의 삶 속에서 경험하며 승리하는 우리 모두가 되기를 주님의 이름으로 축원한다.

3부 /

인간의 실존을 뚫고 은혜는 임한다

轉
(전)

●

방향을 전환함

# 11

## 인간의 이중적 실존과
## 생명의 성령의 법

롬 7:18-8:2

로마서 7장 18절부터 8장 2절에서 바울은 자신 안에 두 가지 자아가 있다고 말씀한다. 하나는 선을 원하는 자아요, 다른 하나는 악을 행하는 자아이다. 바울은 선을 원하는 자아를 '속사람' 또는 '마음'이라고 표현하고, 악을 행하는 자아를 '육신' 또는 '죄'라고 표현한다. 바울은 자신의 내면에서 이 두 자아의 싸움이 매우 격렬하게 일어나기 때문에, 그리고 이 싸움에서 선을 원하는 자아가 악을 행하는 자아에 늘 사로잡히기 때문에, 자신이 매우 곤고하고 절망적인 상황에 있다고 고백한다. "내 속사람으로는 하나님의 법을 즐거워하되 내 지체 속에서 한

다른 법이 내 마음의 법과 싸워 내 지체 속에 있는 죄의 법으로 나를 사로잡는 것을 보는도다 오호라 나는 곤고한 사람이로다 이 사망의 몸에서 누가 나를 건져내랴"(롬 7:22-24).

이 본문에 대한 성서학자들의 해석은 두 갈래로 나누어진다. 하나는 바울이 예수 그리스도를 만나기 이전의 상태를 표현한 본문이라는 해석이고, 다른 하나는 예수 그리스도를 만난 이후의 바울의 상태를 표현한 본문이라는 해석이다. 예수 그리스도를 만나기 이전의 상태를 표현한 것이라고 해석하는 학자들이 더 많은 것 같다. 개인적으로는 바울이 예수 그리스도를 만난 이후의 상태를 표현한 것이 아닌가 생각한다. 그러나 어떤 해석이 옳은 것인지 단정적으로 결론내릴 수 있는 근거는 없다.

## 위장한 악, 숨겨진 미움

한 가지 분명한 것은, 예수 그리스도를 믿고 그리스도인이 된 우리 자신이 로마서 7장에서 바울이 고백하고 있는 것과 같은 이중적 실존 안에서 살아가고 있다는 사실이다. 우리는 곤고하고 절망적인 상황에 처해 있다. 늘 악을 행하는 자아의 지배를 받으며 살아가고 있다는 말이다. 그런데 더 큰 문제는, 많은 경우에, 이 모순적인 이중적 실존에 대한 자기 인식이 부족하고 따라서 우리 자신이 얼마나 곤고하고 절망적인 상황에 처해 있는지 깨닫지 못한 채 살아가고 있다는 사실이다.

유대교 학자인 마틴 부버(Martin Buber, 1878-1965)는 유대교와 기독교의 차이에 대하여 이렇게 말했다. "기독교인들이 보기에 유대인들은, 구속되지 않은 세상에서 여전히 메시아를 기다리고 있는 완고한 사람들이다. 반면에 유대인들이 보기에 기독교인들은, 구속되지 않은 세상에서 구속이 어떻게든지 일어났다고 확신하는 부주의한 사람들이다." 유대교 랍비는 메시아가 오셨다는 말을 듣자 창밖을 내다보며 이렇게 말했다고 한다. "변한 것이 없네."

예수 그리스도를 믿고 새로운 존재로 거듭났다고 하는 우리 기독교인들의 삶도 다른 사람들의 삶과 별 차이가 없어 보인다. 신학교에 다닐 때, 교회사를 가르치셨던 이영헌 교수님이 수업 시간에 하셨던 말이 생각난다. "너희들은 기독교인의 삶과 비기독교인의 삶에 무슨 차이점이 있다고 생각하는가?" 학생들이 이런 저런 차이점을 얘기하자 교수님은 이렇게 말씀하셨다. "차이가 있긴 뭐가 있어, 다 마찬가지야." 그때는 이 말이 지나치게 자조적이고 냉소적인 말이라고 생각했다. 그런데 나이가 먹을수록 이 말이 크게 잘못된 말이 아니고, 오늘날 한국교회와 기독교인들의 모습을 정확하게 표현한 말이라는 생각이 든다.

예수를 믿고 새로운 존재로 거듭난 우리 안에는 여전히 선을 원하는 자아와 악을 행하는 자아가 함께 있다. 사랑하는 마음과 미워하는 마음이 함께 있다. 그런데 우리의 문제는 선과 악, 사랑과 미움이 우리 안에서 서로 갈등하고 대립하고 있다는 사실만이 아니라, 우리의 선 안에 악이 숨겨져 있고 우리의 사랑 안에 미움이 숨겨져 있다는 사실이다. 즉, 선과 악이 혼합되어 있고, 사랑과 미움이 혼합되어 있다. 때문에 우리의 선과 우리의 사랑은 결코 순수하지 않다.

많은 경건한 기독교인들의 가장 큰 문제는, 자신 안에 아직도 선과 악이 병존하거나 혼합되어 있다는 사실을 인정하지 않고, 자신은 악으로부터 선으로 완전히 옮겨왔다고 굳게 믿는 것이다. 조나단 에드워즈는 인간의 마음 안에 "자기기만의 리바이어던(Leviathan)적, 즉 악마적 심층"이 있다고 말한다. 이 악마적 심층은 우리 자신의 의지와 노력으로 제거하거나 극복할 수 없다. 우리가 만일 의식적으로 그리고 의지적으로 "선을 최상의 목적으로 삼고 다른 사람을 사랑하며 살아야지"라고 결심하고 노력함으로써 자신 안에 있는 모순적인 이중성을 극복할 수 있다고 생각한다면 그것은 착각이다. 또한 우리가 예수 그리스도를 믿고 열심히 신앙생활을 하고 있기 때문에 내 안에서 이러한 이중적 모호성이 이미 극복되었다고 믿는다면 그것은 자기기만이다.

우리는 종종 다른 기독교인들이 간증하는 것을 듣는다. 간증하는 사람은 하나님이 자기에게 놀라운 은혜를 베풀어주시고, 기적적으로 병을 고쳐주시고, 죄인된 자신을 변화시켜 새사람으로 만들어주시고, 하나님의 일꾼으로 삼아주셨다고 간증한다. 그러나 역설적이게도 그러한 간증을 하는 사람이 현재 자신이 속해 있는 교회나 공동체에서 문제와 갈등을 일으키는 장본인인 경우가 적지 않다. 또한 복음에 대한 불타는 열정을 가지고 헌신적으로 주님의 일을 한다고 하는 사람으로 인해 오히려 주위의 많은 사람들이 상처 받고 고통당하는 경우를 종종 본다. 자기 자신은 종말론적인 신앙을 가지고 오늘이 마지막 날인 것처럼 매일 자기 생명을 내어놓고 하나님의 영광을 위해 산다고 말하는데, 그의 실제 행동과 삶은 매우 세속적인 가치관과 권력 의지를 드러내는 경우도 없지 않다.

우리가 절대적으로 옳다고 믿는 신앙적 확신이 우리 자신의 독선적 신념과 혼합된 것일 수 있다. 우리가 하나님의 이름으로 하는 많은 일들이 사실은 우리 자신의 이기적 욕망과 혼합된 것일 수 있다. 자기 자신의 독선적 신념이나 이기적 욕망을 하나님의 뜻이라고 확신하면서, 스스로를 기만하고 또 다른 사람들을 기만하는 사람들이 세상에 그리고 교회 안에 얼마나 많은지 모른다. 인간의 가장 심각한 악은, 자기가 추구하는 선이 언제나 절대적으로 선하며 자기가 옳다고 믿는 것이 언제나 절대적으로 옳은 것이라고 확신하는 나르시시즘이다.

지난 역사를 보면, 악은 악한 사람에 의해서보다 자기 자신을 알지 못하는 선한 사람에 의해 더 많이 행해져왔다는 것이 역사의 진실이다. 십자군 전쟁은, 하나님과 정의의 편이라고 생각하는 기독교인들이 사탄과 악의 세력을 징벌하겠다는 대의명분을 내세워 벌인 추악한 전쟁이었다. 예수 그리스도의 십자가를 깃발로 내건 그들의 대의명분 배후에는 제국주의적인 지배력 확장 욕구와 세속적(경제적) 이해관계가 은폐되어 있었다.

17세기(1640-1660)에 일어난 영국의 종교 전쟁이었던 청교도 혁명 때에, 올리버 크롬웰은 이 전쟁을 비판하면서 장로교 성직자들에게 "그리스도의 심정으로, 당신들이 잘못되었을 수 있다는 것을 생각하라"고 충고했다. 그런데 아이러니하게도 그 자신은 후에 아일랜드를 침공하여 복음적 신앙의 이름으로 잔혹한 전쟁을 감행했다.

가장 심각한 죄는 선으로 위장된 악이다. 악은 고상하고 매력적인 모습으로 사람들 앞에 나타난다. 독일의 히틀러는 1934년 9월 나치당 전당대회에서 독일 제국의 재건을 위해 국가사회주의가 필요하다고 주장하면서 확신에 찬 열정적인 연설을 하였다. 당시 대다수의 독일 국민은 독일 제국의 재건을 표방하는 그의 웅변적 화술에 사로잡혀 그에게 열광적인 지지를 보냈다. 교회도 히틀러를 지지하였다. 이것이 역사상 가장 비극적인 제2차 세계대전과 600만 명이 넘는 유대인 학살의 시발점이었다.

고위 공직자를 임명할 때 보면, 후보로 추천받은 사람들의 자격 여부가 논란거리가 되고는 한다. 개인적인 비리가 드러나서 결국 사퇴하는 사람들 가운데는 교회 직분을 가진 기독교인들도 많고 과거에 사회 정의를 부르짖으며 인권 운동 하던 사람들도 많다. 사회적 정의가 마치 자신들의 전유물인 것처럼 독점하고 소리를 높이는 사람들일수록 위험하다. 왜냐하면 그러한 사람들일수록 그 내면에 은폐된 공격성(aggression)과 권력욕이 도사리고 있는 경우가 많기 때문이다. 우리가 주님의 일을 할 때 가장 큰 상처를 주는 이들은 대개 교회 밖에 있는 사람들이 아니라 바로 교회 안의 가까운 동료들인 경우가 많다. 나도 신학교 안에서 가장 가까운 곳에 있는 동료로부터 가장 큰 상처를 받은 경험이 있다. 선교사들의 경우, 선교 사역에 있어서 가장 큰 어려움이 토착민과의 관계가 아니라 다른 선교사들과의 관계에서 올 때가 있다. 대적해야 할 상대를 앞에 두고 아군끼리 서로 칼을 휘두르고 정죄하는 일이 얼마나 많은가?

## 나는 곤고한 사람이로다

도덕적 이상주의는 사람을 선한 사람과 악한 사람으로 나눈다. 그러나 우리가 인간의 내면을 깊이 들여다보면, '선한 사람과 악한 사람'이라는 이분법 자체에 문제가 있음을 알게 된다. 세상에는 선한 사람과 악한 사람 두 종류의 사람이 있는 것이 아니라, 자신의 자아 안에 선과 악이 함께 있다는 사실을 아는 사람과 이 사실을 모르는 사람, 이 두 종류의 사람이 있다. 이런 의미에서 파스칼은 "세상은 자신이 죄인임을 아는 성자와 자신이 성자라고 상상하는 죄인으로 나누어진다"고 말했다.

젊은이들에게 꿈을 불어넣고 구름 관중을 몰고다니던 스타 강사가 학력 위조나 논문 표절 시비에 휘말려 하루아침에 몰락하고, 대중의 인기를 누리던 소설가가 혼외정사로 인한 자녀 문제가 드러나 많은 사람에게 지탄을 받기도 한다. 이들이 저지른 부정과 불의는 분명 잘못된 것이며 비난받아 마땅하다. 그러나 만일 그들에 대한 우리의 비난이 "나는 그들과 달리 도덕적으로 고상한 사람이기 때문에 그들을 비난할 자격이 있다"는 생각으로부터 나온 것이라면 우리는 스스로를 기만하고 있는 것이다. 일반적으로 우리의 판단 기준은 다른 사람에게는 엄격하고 자기 자신에게는 너그럽기 때문에, 다른 사람을 손쉽게 정죄하게 된다.

예수님은 간음하다가 현장에서 잡힌 여자를 끌고 온 사람들에게 "너희 중에 죄 없는 자가 먼저 돌로 치라"(요 8:7)로 말씀하셨다. 성경을 보면 "그들이 이 말씀을 듣고 양심에 가책을 느껴"(8:9) 한 사람씩 그 자리를 떠나갔다고 기록되어 있다. 경건한 기독교인들이 종종 빠지기 쉬운, 그리고 실제로 흔히 빠져들고 있는 함정은 자기 자신이 도덕적으로 고상하다고 생각하는 착각이다. 우리가 이러한 착각에 사로잡혀 있다는 증거는, 바로 우리가 그와 같은 사람들을 사정없이 비난하고 정죄한다는 것이다. 심리학적으로 말하자면, 우리는 우리의 선 안에 은폐되고 억압되어 있는 악을 다른 사람에게 투사하고 그 사람을 정죄함으로써 우리 자신의 선함을 증명하고 드러내고자 한다.

이전에 나는, 십계명은 기독교인이 지켜야 할 가장 기본적인 계명이며 나는 이 십계명에 의해 정죄당할 일이 거의 없을 것으로 생각했었다. 그러나 나이가 먹을수록 십계명을 잘 지키는 것이 얼마나 어려운 일인지를 절감하고 있다. 더욱이 예수님은 형제에게 노하고 욕하는 자마다 이미 살인을 한 것과 다름이 없고, 음욕을 품고 여자를 보는 자마다 마음에 이미 간음하였다(마 5:21-28)고 말씀하시지 않았는가? 그러므로 우리는 다른 사람을 쉽사리 정죄할 수 없는 우리 자신의 모습을 발견하게 된다.

자신이 다른 사람보다 의롭지 못하며 따라서 다른 사람을 결코 정죄할 수 없는 인간임에도 불구하고, 그 사실을 깨닫지 못하고 다른 사람을 정죄함으로써 자신의 의로움을 드러내고자 했던 대표적인 사람이 있다. 예수님이 들려주신 성전에서 기도한 두 사람의 이야기에 등장한다. 바로 바리새인이다. 그는 성전에서 이렇게 기도했다. "하나님이여 나는 다른 사람들 곧 토색, 불의, 간음을 하는 자들과 같지 아니하고 이 세리와도 같지 아니함을 감사하나이다"(눅 18:11). 이와 같은 사람은 유대교에만 있는 것이 아니라 모든 종교, 물론 기독교 안에도 있고 우리 자신 안에도 있다.

그러나 바울은 자신의 죄인 됨을 뼛속 깊이 느끼고 있던 사도였다. 그는 "죄인 중에 내가 괴수니라"(딤전 1:15)라고 고백했다. 본문 7장에서는 자신의 마음을 죄의 법에 사로잡히는, 그런 곤고한 인간이라고 고백하고 있다. 그러나 곧 이어 8장 1절에서 바울은 자신이 비록 마음으로는 하나님의 법을, 육신으로는 죄의 법을 섬기는 이중적 실존 안에 있지만 하나님께 감사한다고 말씀한다. 왜냐하면 '예수 그리스도 안에 있는 생명의 성령의 법이 죄와 사망의 법에서 자신을 해방하였기' 때문이라는 것이다.

예수 그리스도 안에 있는 생명의 성령의 법이 우리를 죄와 사망의 법에서 해방시킨다는 말은 무슨 뜻인가? 죄와 사망의 법이란 율법을 의미한다. 율법은 우리 안의 악을 고발한다. 그러나 율법은 단지 우리 안의 악만을 고발하는 것이 아니다. 우리가 표방하는 선의 배후에 은폐된 악을 고발하며, 우리의 사랑 안에 숨겨진 미움을 고발하며, 우리가 내세우는 정의 안에 가려진 세속적 야망을 고발한다. 그러므로 율법의 고발 아래 있는 인간은 자신 안에 있는 이 선과 악의 이중성으로 인한 곤고함과 절망에 사로잡히지 않을 수 없다. 우리 가운데 과연 누가 예외일 수 있겠는가? 이런 의미에서 바울은 "의인은 없나니 하나도 없으며"(롬 3:10)라고 말씀한 것이다.

그러나 본문 8장에서 바울은 예수 그리스도 안에 있는 생명의 성령의 법이 우리를 죄와 사망의 법 즉 율법으로부터 해방시킨다고 말씀한다. 우리가 율법으로부터 해방된다는 말은 우리가 더 이상 율법으로 인해 죄인으로 정죄되지 않는다는 뜻이다. 우리는 "너는 죄인이 아니다. 너는 의롭게 되었다"는 선언을 받는다. 이것은 참으로 놀라운 소식 즉 복음이 아닐 수 없다. 그러면 누가 이 생명의 성령의 법 안에서 해방을 경험할 수 있는가? 바로 바울처럼 하나님 앞에서 자신 안에 있는 선과 악의 이중성으로 인해 탄식하는 사람들이다. 자신을 의로운 인간으로 여기는 바리새인과 같은 사람이 아니라, 자신 안에 있는 육신적 욕망과 세속적 야심으로 인해 탄식하는 세리와 같은 사람들이다.

우리가 바울처럼 "오호라 나는 곤고한 사람이로다 이 사망의 몸에서 누가 나를 건져내랴?" 하고 탄식하면서 하나님의 긍휼과 자비를 구할 때, 바로 그때 우리는 죄와 사망의 법, 율법의 저주로부터 우리를 해방시키는 하나님의 은혜를 경험할 수 있다. 자신의 이중적 실존으로 인해 탄식하는 사람을 하나님은 불쌍히 여기시고 긍휼과 자비를 베풀어 주시며 죄 용서와 구원(칭의)의 은총을 내려주신다. 이것이 예수 그리스도 안에 있는 생명의 성령의 법이다. 예수님은 자신을 따르는 제자가 되기 위해서는 자기를 부인하고 자기 십자가를 져야 한다고 말씀하셨다. 자기를 부인한다는 것은, 육신적 자아 즉 세속적 욕망에 사로잡혀 있는 이기적인 자아를 죽인다는 말이다.

그리스도인은 예수 그리스도를 주님으로 고백하고 세례를 받을 때 옛 육신적 자아가 죽고 새로운 자아로 거듭났다고 선언된 사람들이다. "그런즉 누구든지 그리스도 안에 있으면 새로운 피조물이라 이전 것은 지나갔으니 보라 새 것이 되었도다"(고후 5:17). 그러나 우리 자신의 속사람을 들여다보면, 옛 자아가 완전히 죽지 않고 여전히 꿈틀거리고 있는 것을 발견하게 된다. 우리의 육신적 욕망과 세상적 야심이 아직도 죽지 않고 살아있다. 또한 우리는 종종 내 생각을 하나님의 뜻과 혼동하고 내 생각을 하나님의 뜻이라고 착각하면서, 스스로에게 속임을 당할 때도 있다.

예수님은 겟세마네 동산에서 "내 아버지여 만일 할 만하시거든 이 잔을 내게서 지나가게 하옵소서 그러나 나의 원대로 마시옵고 아버지의 원대로 하옵소서"(마 26:39)라고 기도하셨다. 예수님의 이 기도도 너무 귀하지만, 더욱 귀한 것은 예수님이 이 기도를 하신 후에 하나님의 뜻이 십자가의 길이라는 사실을 아시고 그 뜻에 순종하여 십자가의 길로 가셨다는 것이다. 우리도 혹시 예수님과 같은 기도를 했더라면, 그 기도 후에 우리는 십자가의 길이 하나님의 뜻이 아니라고 믿고 그 자리를 피했을 가능성이 매우 높다.

우리는 일반적으로 칭의의 다음 단계가 성화의 단계라고 말한다. 즉 예수 그리스도를 믿고 의롭게 된 이후에 우리 그리스도인의 모습은 점점 거룩해져간다는 것이다. 그러나 역설적인 사실은, 예수 그리스도를 믿기 시작한 후 세월이 지나고 나이가 들수록 우리 안의 이중적 모호성이 점점 약화되는 것이 아니라 더욱 강화된다는 사실이다. 우리 안의 이중적 모호성은 우리가 실패한 인생이 아니라 이른바 성공적인 인생을 살 때 더욱 심화될 수 있다. 특히 교회에서 지도적 위치에 있는 사람들은 다른 사람들로부터 존경받는 지도자가 되었을 때, 오히려 예수님이 그토록 책망하셨던 유대교 종교 지도자들과 같은 위선적 종교인으로 변해가는 자신의 모습을 발견할 수 있다. 그리하여 이중적 모호성에 빠져 있는 자신을 보며 고뇌하고 탄식하게 될지도 모른다.

그러나 우리가 자신의 이중적 실존으로 인해 진정으로 고뇌하고 탄식한다면, 그것은 우리의 영성이 죽지 않고 살아있을 뿐만 아니라 우리의 자아가 초월적인 하나님의 은혜를 향해 열려 있다는 증거이다. 우리 안의 이중적 자아로 인해 바울처럼 "오호라 나는 곤고한 사람이로다 이 사망의 몸에서 누가 나를 건져내랴"라고 탄식할 때, 역설적으로 우리에게는 소망이 있다. 왜냐하면 바로 그때 우리는 예수 그리스도로 말미암아 주어지는 생명의 성령의 법 안에 있는 것이기 때문이다. 나 자신의 죄와 허물로 인해 진정으로 탄식한다면 우리는 이미 생명의 성령의 법 안에 있는 것이다. 왜냐하면 자신의 죄에 대한 진정한 자각과 회개는 성령의 감동과 감화 안에서만 가능하기 때문이다. 우리가 죄의 어둠 가운데 있는 동안에는 그것이 죄인 줄 깨닫지 못한다.

우리 안의 죄와 어둠을 깨닫는 것은 우리가 이미 빛 되신 예수 그리스도의 생명 안에 있기 때문이다. 어둠은 빛 안에서만 그 정체가 드러난다. 참으로 감사한 것은, 예수 그리스도 안에 있는 생명의 성령의 법은 결코 우리를 정죄하지 않는다는 사실이다. 이 법은 우리를 있는 모습 그대로 받아주고 우리의 죄와 허물을 덮어주며 감싸 안아준다. 뿐만 아니라 이 법은 허물 많은 모습 그대로의 우리를 하나님 나라 일꾼으로 불러준다.

우리는 우리 안에서 선한 일을 시작하신 이가 하나님이시라는 사실을 다시금 꼭 기억해야 한다. 바울은 말씀한다. "너희 안에서 착한 일을 시작하신 이가 그리스도 예수의 날까지 이루실 줄을 우리는 확신하노라"(빌 1:6). 하나님이 우리 안에서 시작하신 선한 일을 하나님이 친히 이루실 것이다. 내가 하는 것이 아니라 하나님이 하신다. 하나님은 우리를 향한 당신의 뜻을 반드시 이루실 것이다. 우리의 이중적 모호성과 거듭되는 실패에도 불구하고 하나님은 우리를 향한 당신의 구원의 섭리를 결국 성취하실 것이다. 이중적 모호성 속에 있는 우리를 하나님의 일꾼으로 부르셔서 우리를 통하여 뜻하시는 일을 이루실 것이며, 우리를 통하여 영광을 받으실 것이다. 하나님의 생명의 성령의 법이 결국은 죄와 사망의 법을 이긴다. 그리고 우리는 이미 생명의 성령의 법, 생명과 성령의 빛 안에 있다. 이 빛이 있는 곳에서는 죄와 사망의 어둠이 결국 사라지게 된다.


## 용서하고 또 용서하라

우리가 어떤 형편에 있든지 그 무엇도 끊을 수 없는 하나님의 사랑이 끝까지 우리를 지키고 인도하실 것이다. "내가 확신하노니 사망이나 생명이나 천사들이나 권세자들이나 현재 일이나 장래 일이나 능력이나 높음이나 깊음이나 다른 어떤 피조물이라도 우리를 우리 주 그리스도 예수 안에 있는 하나님의 사랑에서 끊을 수 없으리라"(롬 8:38-39). 이 세상의 그 무엇도 우리를 예수 그리스도 안에 있는 하나님의 사랑에서 끊을 수 없다. 그 무엇으로도 끊을 수 없는 하나님의 사랑으로 인하여 우리는 믿음의 선한 싸움에서 마침내 승리하고 저 영광의 면류관을 받아 쓰게 될 것을 믿는다.

그러면 하나님으로부터 죄와 허물을 용서받고 구원의 은총을 누리며 살아가는 우리의 삶은 어떠해야 하는가? 그것은 다른 사람의 죄와 허물을 용서하고 용납하는 삶이어야 한다. 우리는 우리 자신 안에 있는 허물은 보지 못하고 다른 사람의 허물을 보는 데는 너무도 날카롭다. 그래서 예수님은 우리에게 "어찌하여 형제의 눈 속에 있는 티는 보고 네 눈 속에 있는 들보는 깨닫지 못하느냐"(마 7:3)고 말씀하신다. 예수님은 베드로가 "주여 형제가 내게 죄를 범하면 몇 번이나 용서하여주리이까 일곱 번까지 하오리이까?"(마 18:21)라고 물었을 때, "일곱 번뿐 아니라 일곱 번을 일흔 번까지라도"(마 18:22) 용서하라고 대답하셨다. 이 말은 490번까지 용서하라는 것이 아니라 언제든지 용서하라는 뜻이다.

예수님은 이 말씀을 하시면서 용서할 줄 모르는 종에 대한 심판의 비유를 들려주셨다(마 18:23-35). 어떤 종이 주인에게 만 달란트를 빚졌다. 갚을 길이 없는 그에게 주인은 그 몸과 아내와 자식들과 모든 소유를 다 팔아 갚으라고 말했다. 그러자 그 종은 내가 다 갚을 테니 시간을 달라고 엎드려 빌었다. 주인은 그 종을 불쌍히 여겨 빚을 탕감해주었다. 그런데 그 종은 자기에게 백 데나리온 빚진 동료가 기다려주면 꼭 갚겠다고 엎드려 사정할 때 그것을 허락하지 않고 그를 옥에 가두었다. 나중에 그 주인이 이 사실을 알고 노하였다. 주인은 "내가 너를 불쌍히 여김과 같이 너도 네 동료를 불쌍히 여김이 마땅하지 아니하냐"(마 18:33) 하면서 그 빚을 다 갚도록 그를 옥에 가두었다는 이야기이다. 예수님은 이 이야기를 들려주시면서 마지막에 "너희가 각각 마음으로부터 형제를 용서하지 아니하면 나의 하늘 아버지께서도 너희에게 이와 같이 하시리라"(마 18:35)고 말씀하셨다.

우리는 늘 예수님이 가르치신 주기도문을 외우는데, 사실 주기도문처럼 어려운 기도가 없다. 왜냐하면 주기도문에는 "우리가 우리에게 죄 지은 자를 사하여준 것같이 우리 죄를 사하여주시옵고"(마 6:12)라는 구절이 있기 때문이다. 과연 우리는 "우리에게 죄 지은 자를 사하여준 것같이 우리 죄를 사하여주십시오"라고 기도할 자격이 있는가? 사실 우리는 우리에게 사소한 잘못을 한 동료와 조그만 상처를 준 이웃도 용서 못하는 사람들이 아닌가? 우리는 이중적 모호성 안에 있는 내 자신이 하나님의 은혜로 끊임없이 용서받고 있다는 사실을 늘 기억하고, 다른 사람의 허물을 용서하고자 노력하는 사람들이 되어야 한다. 그리할 때에 우리의 아무리 추하고 악한 죄라도 하나님이 모두 도말하시고 깨끗하게 해주실 것이다. 그리스 신화에 '레테의 강'이 나온다. 레테의 강은, 죽은 사람이 하데스가 지배하는 명계로 갈 때 건너야 하는, 저승에 있는 다섯 개의 강 중 하나이다. 이 강은 망각의 강이라고 불린다. 죽은 사람은 명계로 가면서 레테의 강물을 한 모금씩 마시게 되는데, 강물을 마신 망자는 과거의 모든 기억과 전생의 번뇌를 깨끗이 잊게 된다. 단테의 《신곡》에도 레테 강에 대한 언급이 있다. 《신곡》의 주인공 단테는 꿈에 그리던 베아트리체를 만나 천국으로 들어가기에 앞서 죄의 기억을 모두 지우는 레테의 강을 건넌다.

기독교에 있어서 우리의 모든 죄를 씻는 레테의 강물은, 예수 그리스도의 십자가로부터 흘러나온다. 예수님은 십자가에서 자기를 못 박은 자들을 용서하는 기도를 하셨다. "아버지 저들을 사하여주옵소서 자기들이 하는 것을 알지 못함이니이다"(눅 23:34). 이 십자가의 기도와 더불어 우리의 모든 죄는 하나님의 구속의 은총 안에서 영원히 도말되었다. 예수 그리스도의 십자가의 구속으로 말미암아, 훗날 저 천국에서 하나님은 우리의 모든 죄를 기억하지 않으실 것이다. 우리는 만 달란 트 빚을 탕감 받은 종의 심정으로 이웃의 허물들을 덮어주고 용서하는 삶을 살아야 할 것이다. 이러한 용서의 삶을 실천함으로써 더 큰 하나 님의 은혜를 경험하는 우리 모두가 되기를 축원한다.

# 12

# 율법적 실존과
# 영적 실존

●
눅 18:9-14

본문은 우리가 너무나 잘 알고 있는 바리새인과 세리에 대한 비유이다. 9절에 보면 예수님은 이 비유를 '자기를 의롭다고 믿고 다른 사람을 멸시하는 자들에게' 말씀하셨다고 기록되어 있다. 다시 말하면, 예수님은 이 비유를 세리와 같은 사람이 아니라 바리새인과 같은 사람들을 대상으로 말씀하셨다. 그런데 이 비유를 듣는 사람이 자신을 바리새인과 동일시하지 않고 세리와 동일시한다면, 예수님의 비유를 잘못 받아들이는 것이다. 만일 우리가 이 비유를 듣고 "하나님 제가 이 비유에 나오는 바리새인과 같지 않음을 감사합니다"라고 말한다면, 또는 저기 앉아 있는 김 아무개 같은 사람을 향한 말씀이라고 생각한다면, 우리는 이 비유를 정말 잘못 받아들이는 것이다. 이 비유를 듣는 사람은 자기 자신을 세리가 아닌 바리새인과 동일시해야 한다. 이 말씀 앞에서, 자신 안에 바리새인과 같은 어떤 모습이 있는지 돌아보아야 한다. 그리고 하나님 앞에서 자신의 죄와 허물을 회개해야 한다.

## 외적 행위 vs 내적 믿음

먼저 이 비유에 등장하는 바리새인과 세리가 어떤 사람인지 살펴보자. 바리새인은 어떤 사람인가? 그는 스스로 의롭다고 생각하고 하나님 앞에서 자신의 의를 내세운다. 스스로 의롭다고 생각하는 근거는, 자신의 의로운 행위와 종교적 율법의 철저한 준수에 있다. 그는 적어도 외적 행위에 있어서는 도덕적으로 의로운 삶을 사는 자이다. 토색과 불의와 간음을 하지 않으며, 세리처럼 민족을 배반하고 이방 압제자의 편에 붙어서 동족을 수탈하지도 않는다. 또한 그는 종교적 율법에 있어서 의롭다. 그는 일주일에 두 번씩 금식하고 어김없이 십일조를 드린다. 안식일을 거룩하게 지키고 정기적으로 성전에 올라가 기도를 드린다. 그는 윤리적, 종교적으로 흠이 없는 사람처럼 보인다.

그러나 그는 다른 사람을 멸시하고, 다른 사람들과 비교해서 자신의 의로움을 부각시키고자 한다. 그는 자신이 옆에 있는 세리와 같지 않음을 하나님께 감사한다. 그는 자기를 높이는 자이다. 자기를 높이기 위해서 다른 사람을 낮춘다. 바리새인의 문제는 무엇인가? 첫째, 그는 자신의 율법적 행위에 의해 하나님 앞에서 의롭다고 인정받을 것이라는 자만에 빠져 있다. 둘째, 다른 사람을 멸시하는 교만에 사로잡혀 있다. 그에게는 겸손한 마음이 결여되어 있다. 하나님은 우리의 겉이 아니라 속을, 외적 행동과 결과가 아니라 내적 마음과 동기를 보신다. 바리새인은 하나님이 가장 싫어하시는 내적 마음의 죄, 즉 자만과 교만에 빠져 있다. 한마디로 바리새인은 율법적 행위의 의에 사로잡혀 있는 율법적 실존의 사람이다.

그러면 세리는 어떤 사람인가? 당시에 세리란 직업은 로마 정부의 명령에 따라 유대인들로부터 세금을 거두어들이는 세무 공무원이었다. 세리들은 동족을 배반하고 침략자의 앞잡이 노릇을 한다고 유대인들로부터 비난을 받았다. 그러나 성전에서 기도하고 있는 이 세리가 과연 자신의 사리사욕을 채우기 위해서 동족을 늑탈하고 과도한 세금을 징수하는 악한 사람인지는 알 수 없다. 그는 단지 세리라는 직업 때문에 악인으로 매도되고 있을 뿐이다.

우리가 본문의 이야기를 통해 알 수 있는 유일한 사실은 이 세리가 하나님 앞에서 자신의 죄를 고백했다는 것이다. 그는 감히 눈을 들어 하늘을 쳐다보지도 못했으며, 다만 가슴을 치면서 "하나님이여 불쌍히 여기소서 나는 죄인이로소이다"라고 기도했다. 바리새인이 자신을 높이는 교만한 사람이라면, 세리는 자신을 낮추는 겸손한 사람이다. 예수님은 이 비유를 다음과 같은 말씀으로 맺으셨다. "내가 너희에게 이르노니 이에 저 바리새인이 아니고 이 사람이 의롭다 하심을 받고 그의 집으로 내려갔느니라 무릇 자기를 높이는 자는 낮아지고 자기를 낮추는 자는 높아지리라"(눅 18:14). 이 비유의 결론은 이것이다. 즉 하나님 앞에서 자기를 높이는 교만한 바리새인은 의롭다 하심을 얻지 못하고, 자기를 낮추는 겸손한 세리는 의롭다 하심을 얻었다는 것이다.

우리는 바리새인을 율법적 실존의 사람으로, 그리고 세리를 영적 실존의 사람으로 명명할 수 있다. 그리고 이 본문의 이야기를 통해 율법적 실존과 영적 실존에 대해 숙고하고자 한다. 율법적 실존의 입장에서 보면, 하나님은 인간에게 하나님의 계명을 지키는 외적 행위를 요구하시는 분으로 이해된다. 따라서 율법적 인간은 자신의 행위로 하나님의 계명을 준수하고자 한다. 이 율법적 실존에 있어서 우리는 우리 자신의 의지로 하나님의 계명을 지킬 수 있다.

"나 외에는 다른 신을 네게 두지 말라." 우리는 다른 신을 두지 않을 수 있다. "너를 위하여 새긴 우상을 만들지 말고 그것들을 섬기지 말라." 우리는 우상을 만들지 않고 그것을 섬기지 않을 수 있다. "살인하지 말라." "간음하지 말라." 우리는 우리의 의지에 의해 살인하지 않고 간음하지 않을 수 있다. 우리는 우리 자신의 의지와 힘으로 율법을 지킬 수 있으며, 이를 통하여 스스로 하나님 앞에 의롭다고 자부할 수 있다. 이것이 율법적 실존이다. 그러나 예수님은 이것으로는 부족하며, 율법적 실존을 넘어서야 한다고 우리에게 말씀하신다. 하나님의 계명의 참 의미는, 외적 행위를 통하여 그것을 지키는 데 있는 것이 아니라 우리의 내적 마음으로부터 그것을 지키는 것이라고 하신다.

예수님은 말씀하신다. "옛 사람에게 말한 바 살인하지 말라 누구든지 살인하면 심판을 받게 되리라 하였다는 것을 너희가 들었으나 나는 너희에게 이르노니 형제에게 노하는 자마다 심판을 받게 되고 형제를 대하여 라가라 하는 자는 공회에 잡혀가게 되고 미련한 놈이라 하는 자는 지옥 불에 들어가게 되리라"(마 5:21-22). 우리는 살인하지 않을 수 있다. 그러나 어떻게 우리가 분노의 감정을 전혀 갖지 않을 수 있는가?

예수님은 말씀하신다. "또 간음하지 말라 하였다는 것을 너희가 들었으나 나는 너희에게 이르노니 음욕을 품고 여자를 보는 자마다 마음에 이미 간음하였느니라"(마 5:27-28). 우리는 간음하지 않을 수 있다. 그러나 어떻게 우리가 우리의 마음을 스쳐지나가는 음욕까지 피할 수 있는가? 또한 예수님은 말씀하신다. "또 네 이웃을 사랑하고 네 원수를 미워하라 하였다는 것을 너희가 들었으나 나는 너희에게 이르노니 너희 원수를 사랑하며 너희를 박해하는 자를 위하여 기도하라"(마 5:43-44). 우리는 우리의 이웃을 사랑하고 원수를 미워할 수밖에 없다. 그런데 어떻게 우리가 원수를 사랑하는 마음을 가질 수 있는가? 어떻게 우리가 우리를 박해하는 자를 위해 진정으로 기도할 수 있는가?

우리는 속으로는 악한 생각을 가지고 있으면서도 겉으로는 선한 행위를 할 수 있다. 우리는 다른 사람에 대하여 매우 불쾌하고 언짢은 감정을 가지고 있으면서도 그것을 내색하지 않고 밝게 웃는 얼굴로 대할 수 있다. 우리는 특히, 경쟁자로 의식하는(또는 의식하지 못하는) 동료에 대하여 질투와 시기심에 사로잡혀 있으면서도 그에게 호의적이고 다정한 몸짓을 할 수 있다.

말하자면, 우리는 미운 사람에게 떡을 하나 더 줄 수 있다. 율법적 인간은 자신의 이러한 외적 노력과 행위로 인하여 의롭다고 인정받을 수 있다고 생각한다. 왜냐하면 그것은 하나님의 율법이 요구하는 바를 의지적 행위로 준수한 것이기 때문이다.

그러나 예수님은 우리가 이와 같은 외적 행위가 아니라 내적인 마음에 의해 의롭다고 인정받아야 한다고 말씀하신다. 하나님은 우리의 겉사람과 외적 행동이 아니라 우리의 속사람과 내적 동기를 보신다. 우리의 속마음을 감찰하신다. 그런데 문제는, 우리의 자아가 자신의 내면에 있는 내적 동기, 감정, 마음을 스스로 지배하거나 통제할 수 없다는데 있다. 우리의 의지는 우리의 외적 행동에 대해서는 책임질 수 있지만, 우리의 내적 동기에 대해서는 책임을 질 수 없다.

우리가 하나님의 이름으로 정의로운 행동을 한다고 하지만, 그 행동에는 순수하지 못한 동기가 혼합되어 있다. 우리 안에 미움의 감정이 솟아날 때, 우리는 그 미움의 감정을 억제하려고 애쓰지만 그것이 의지대로 되지 않는다. 우리의 내적 동기, 감정, 마음은 우리 의지의 지배와 통제를 넘어서 있다.

하나님 앞에서 궁극적으로 중요한 문제는 행위가 아니라 마음이요 존재다. 진정한 문제는, 사랑하지 못하는 우리의 행동이 아니라 사랑의 마음이 결핍된 우리 존재 자체다. 사랑이나 미움의 마음은 우리 의지의 통제 아래 있지 않다. 사랑의 마음이 우러나오지 않는데 어떻게 우리가 의지적으로 사랑을 할 수 있는가? 하나님이 보시기에, 사랑의 마음 없이 행하는 사랑의 행위는 칭찬받아야 할 가상한 노력이라기보다는 오히려 거짓된 위선일 수 있다. 예수님은 유대 종교 지도자들의 위선적인 종교적 행동을 가장 격렬하게 비판하셨다.

예수님은 그들의 위선적인 종교적 행동을 비판하시면서 이렇게 말씀하셨다. "사람에게 보이려고 그들 앞에서 너희 의를 행하지 않도록 주의하라"(마 6:1). 예수님은 예루살렘에 올라가셔서 유대 종교 지도자들의 거짓된 위선을 매우 통렬하게 비판하였다. 마태복음 23장에는 "화 있을진저 외식하는 서기관들과 바리새인들이여"라는 표현이 7번씩이나 반복해서 나타난다. 예수님이 십자가에 달려 죽음을 당하신 직접적인 원인은 유대 종교 지도자들의 거짓된 위선을 신랄하게 책망하셨기 때문이다.

예수님은 거듭거듭, 은밀하게 보시는 하나님 앞에서 인정받는 의를 행하라고 말씀하셨다. "네 구제함을 은밀하게 하라 은밀한 중에 보시는 너의 아버지께서 갚으시리라"(마 6:4). "너는 기도할 때에 네 골방에 들어가 문을 닫고 은밀한 중에 계신 네 아버지께 기도하라 은밀한 중에 보시는 네 아버지께서 갚으시리라"(마 6:6). "너는 금식할 때에 머리에 기름을 바르고 얼굴을 씻으라 이는 금식하는 자로 사람에게 보이지 않고 오직 은밀한 중에 계신 네 아버지께 보이게 하려 함이라 은밀한 중에 보시는 네 아버지께서 갚으시리라"(마 6:17-18). 은밀하게 보시는 하나님 앞에서 인정받는 의는 외적 행위의 의가 아니라 내적 마음의 의이다. 그러므로 우리는 하나님 앞에서 우리의 외적 행위가 아니라 내적 동기와 마음과 존재 자체에 대하여 책임을 져야 한다. 그러나 과연 누가 하나님 앞에서 자신의 내적 동기와 마음과 존재 자체에 대하여 책임질 수 있는가? 누가 하나님 앞에서 의롭다고 인정받을 수 있는가? 그것은 불가능한 가능성(impossible possibility)이다.

## 죄인이면서 의인인 우리

바로 이 한계점에서 예수님은 우리를 새로운 실존으로, 다시 말하면 율법적 실존을 넘어서 영적 실존으로 인도하신다. 예수 그리스도 안에서 새롭게 열리는 영적 실존은 하나님 앞에서 자신의 외적인 행위에 대하여 책임을 지는 것이 아니라 내적인 동기, 마음, 존재 자체에 대하여 책임지는 것을 목표로 한다. 그런데 이것은 우리의 의지적 자아의 차원을 넘어서 있다. 우리가 우리 자신의 의지에 의존한다면 언제나 실패할 수밖에 없다. 그러므로 새로운 영적 실존은 자신의 의지적 자아에 의존하지 않는다.

오히려 우리는 자기 의지의 연약함과 무능함을 고백하고 하나님의 은혜를 구한다. 그렇게 할 때, 그리스도인의 새로운 영적 실존이 열린다. 영적 실존의 그리스도인은 하나님 앞에서 항상 자신의 행위뿐만 아니라 내적 마음과 존재의 연약함과 무능함과 죄와 허물을 고백한다. 우리는 하나님께 우리의 개별적 행위를 내놓기보다 우리의 존재 자체를 내놓아야 한다. 그렇게 함으로써 하나님으로부터 의롭다 하심을 얻는다. 하나님은 우리의 잘못된 개별적 행위들을 용서하실 뿐만 아니라 우리의 죄악 되고 허물 많고 연약하고 무능한 존재 자체를 용납하시며 의롭다고 칭하신다. 이 영적 실존에 있어서 우리는 하나님 앞에서 언제나 "죄인이면서 동시에 의인"(simul justus et peccator)이 된다. 이것이 루터가 말하는 이신칭의(justification by faith)이다. 여기서 '죄인'(peccator)은 우리의 존재 자체에 대한 우리 자신의 실존적 고백을 의미하며, '의인'(justus)은 우리의 존재 자체에 대한 하나님의 용납하시는 판결을 의미한다.

이 영적 실존에서는 더 이상 의지적 자아가 우리 주체성의 중심이 아니다. 기독론적으로 표현하면, 우리의 주체성의 중심은 내가 아니라 그리스도이다. 나는 그리스도와 함께 십자가에 못 박혔으며 따라서 내가 아니라 내 안에 그리스도가 사신다(갈 2:20). 성령론적으로 표현하면, 우리의 몸은 성령이 거하시는 전이다. 우리 몸은 하나님께로부터 받은 바 우리 가운데 계신 성령의 전이다. 우리는 우리 자신의 것이 아니다(고전 6:19). 여기서 성령이 거하는 몸은 단지 우리의 육체가 아니라 우리의 인격적 자아를 의미한다. 그리스도인의 영적 실존의 본질은 바로 하나님을 향해 온전히 열려 있는 자아, 즉 '자기 초월적 주체성'(self-transcendental subjectivity)에 있다.

이 영적 실존에 있어서 우리 그리스도인은 율법적 의로부터 자유로울 뿐만 아니라 동시에 율법적 정죄로부터도 자유롭다. 다시 말하면, 우리는 우리 자신의 외적인 행위에 의해 하나님 앞에서 의롭다고 인정받고자 하는 율법적 태도로부터 자유롭다. 또한 우리의 행위와 마음으로 저지르는 죄와 허물로 인한 정죄와 죄책으로부터도 자유롭다. 왜냐하면 하나님은 언제나 우리의 무능함과 연약함을 아시고 우리의 모든 죄와 허물에도 불구하고 우리를 의롭다고 인정해주시기 때문이다.

예수님의 이 비유가 바리새인 같은 사람들을 대상으로 한 비유인 것처럼, 이 비유를 주제로 하는 설교도 그러하다. 이 설교를 듣는 우리는 우리 자신이 세리와 같은 존재가 아니라 바리새인과 같은 존재임을 인식해야 한다. 사실상 우리는 바리새인이며 동시에 세리이다. 우리 안에는 바리새인과 세리가 함께 있다. 때로 우리는 세리처럼 겸손히 우리의 잘못을 회개하고 하나님의 자비를 구한다. "불쌍히 여기소서 나는 죄인이로소이다." 그러나 또 때로는 바리새인처럼 다른 사람과 비교하여 자신의 의로움을 내세우면서 하나님으로부터 인정받고자 한다. "이 세리와 같지 아니함을 감사하나이다."

실제적으로 우리 그리스도인의 삶 속에서 영적 실존과 율법적 실존은 거의 언제나 혼합되어 있다. 우리는 행위가 아니라 믿음으로 구원을 받는다고 고백한다. 그러나 종종 우리 그리스도인들에게 믿음은 또 다른 행위가 되곤 한다. 만일 우리가 믿음을 하나님의 은혜를 받기 위한 일종의 조건으로 생각한다면 믿음은 또 다른 율법적 행위가 되고, 그러면 더 크고 강한 믿음이 더 큰 하나님의 은혜를 불러오는 능력을 갖고 있는 것으로 오해한다.

만일 우리가 성경을 많이 읽고(어떤 사람들은 성경을 백독했다고 자랑하기도 한다), 새벽기도회를 열심히 가고, 금식기도를 하고, 십일조를 함으로써 다른 사람들보다 더 큰 하나님의 축복을 받을 수 있다고 생각한다면, 우리는 율법적인 그리스도인이다. 만일 우리가 기도를 많이 하고 영성이 깊어져서 기도를 많이 하지 않는 다른 사람들보다 더욱 큰 하나님의 은혜를 받을 자격이 있다고 생각한다면, 우리는 본문에 나오는 바리새인과 같은 그리스도인이다. 만일 우리가 그리스도인이 되었기 때문에 세상에서 시험과 고통을 당하지 않고 번영하는 삶을 살 수 있는 특권적 위치에 있다고 생각한다면, 또한 우리는 율법주의적인 바리새인이다.

그리스도인의 영적 실존의 특징은 모호성에 있다. 다시 말하면, 우리 그리스도인 안에는 바리새인과 세리가 함께 살고 있다. 우리의 영적 실존은 언제나 불완전하고 취약하다. 우리 안에는 아직도 율법적 실존이 완전히 극복되지 않은 채 남아 있다. 예수님의 이 비유는, 여전히 우리 안에 살아 있는 바리새인을 다시금 십자가에 못 박고 죽어 있는 세리를 살려내도록 요청한다. 우리는 우리 안에 아직도 남아 있는 율법적 실존을 폐하고 온전한 영적 실존을 이루어가야 한다. 날마다 우리 안에 있는 바리새인을 죽이고 세리를 살려내는 것, 날마다 우리 안에 있는 율법적 실존을 폐하고 더욱 온전한 영적 실존을 이루어가는 것, 이것이 그리스도인의 끊임없는 성화의 과정이다.

그리스도인의 영적 실존은 언제나 그 자리에 머물러 있는 것이 결코 아니다. 우리의 영적 실존은 성화의 과정 속에서 나선형을 그리면서 끊임없이 앞으로 전진하며, 위로 성장해 나아가야 한다. 영적 실존의 궁극적인 목표는 하나님처럼 온전하게 되는 것이다. 그래서 예수님은 "하늘에 계신 너희 아버지의 온전하심과 같이 너희도 온전하라"(마 5:48)고 말씀하셨다.

그러므로 그리스도인의 영적 실존은 종말론적 미래를 향해 열려 있다. 영적 실존의 특징은, '이미'(already)와 '아직 아니'(not yet)의 변증법적 관계 속에서 종말론적 미래의 완성을 향해 끊임없이 자신을(그리고 세상을) 창조적으로 변화시켜가는 데 있다. 사도 바울은 성화의 변증법적 과정을 이렇게 표현했다. "내가 이미 얻었다 함도 아니요 온전히 이루었다 함도 아니라 오직 내가 그리스도 예수께 잡힌 바 된 그것을 잡으려고 달려가노라 형제들아 나는 아직 내가 잡은 줄로 여기지 아니하고 오직 한 일 즉 뒤에 있는 것은 잊어버리고 앞에 있는 것을 잡으려고 푯대를 향하여 그리스도 예수 안에서 하나님이 위에서 부르신 부름의 상을 위하여 달려가노라"(빌 3:12-14). 그리스도 예수께 이미 잡힌 바 된 그것을 잡으려고 달려가는 삶, 이것이 칭의와 성화의 변증법 안에서 살아가는 그리스도인의 영적 실존이다.

그리스도 예수 안에서, 하나님이 부르신 부름의 상을 향해 끝까지 달려가는 우리 모두가 되기를 축원한다.

# 13

# 자기부정과
# 자기긍정

●
갈 2:16-20; 고후 12:7-10

　기독교는 자기부정과 자기부인의 종교이다. 예수님은 "누구든지 나를 따라오려거든 자기를 부인하고 자기 십자가를 지고 나를 따를 것이니라 누구든지 제 목숨을 구원하고자 하면 잃을 것이요 누구든지 나를 위하여 제 목숨을 잃으면 찾으리라"(마 16:24-25)고 말씀하셨다. 자기를 부인한다는 것은 무엇을 의미하는가? 자기를 부인한다는 것은 자신의 유익만을 추구하는 이기적 자아를 버리는 것을 의미한다. 또한 세상의 헛된 것들에 사로잡혀 있는 탐욕적 자아를 죽이는 것을 의미하며, 예수 그리스도와 하나님 나라의 복음을 위하여 자기 십자가를 지고 주님을 따르는 것을 의미한다.

자기를 부인하고 자기 십자가를 지고 주님을 따르다가 마침내 목숨을 잃는다면 어떻게 되는가? 그리하면 자기 목숨을 찾을 것이라고 예수님은 말씀하신다. "누구든지 제 목숨을 구원하고자 하면 잃을 것이요 누구든지 나를 위하여 제 목숨을 잃으면 찾으리라"(마 16:25). 살고자 하면 죽고, 죽고자 하면 사는 것, 이것이 예수님이 가르치신 자기부정을 통한 자기긍정의 길이다.

그런데 바울에게 있어서 자기부정은 율법에 대한 죽음을 의미한다. 갈라디아서 본문에서 바울은 말씀한다. "내가 율법으로 말미암아 율법에 대하여 죽었나니 이는 하나님에 대하여 살려 함이라"(갈 2:19). 바울에 따르면 사람이 의롭게 되는 것은 율법의 행위로써가 아니라 오직 예수 그리스도를 믿음으로써 말미암는다.


## 율법에 대해 죽음

그러므로 참된 그리스도인은 자신의 힘을 의지하는 율법적 자아는 죽고 오직 하나님의 은혜를 의지하는 믿음의 자아로 살아가는 사람이다. 이런 의미에서 바울은 자신이 십자가에서 죽고 그리스도를 믿는 믿음 안에서 살아간다고 고백한다. "내가 그리스도와 함께 십자가에 못 박혔나니 그런즉 이제는 내가 사는 것이 아니요 오직 내 안에 그리스도께서 사시는 것이라 이제 내가 육체 가운데 사는 것은 나를 사랑하사 나를 위하여 자기 자신을 버리신 하나님의 아들을 믿는 믿음 안에서 사는 것이라"(갈 2:20).

이 본문은 우리 믿음의 대상과 내용을 잘 보여준다. 믿음의 대상은 하나님의 아들 예수 그리스도이다. 그리고 믿음의 내용은 하나님의 아들 예수 그리스도가 나를 사랑하사 나를 위하여 자기 자신을 버리셨다는 것이다. 하나님이 나를 위해 그 아들을 버리시기까지 나를 사랑하셨다는 사실을 믿는 것, 즉 예수 그리스도 안에 나타난 하나님의 사랑을 믿는 것, 이것이 우리 믿음의 내용이다. 이 믿음은 우리에게 그 무엇보다도 강한 자기긍정을 가져다준다. "하나님이 나를 위해 그 아들을 십자가에 죽게 하시기까지 나를 사랑하신다." 이것이 기독교의 복음의 핵심이다. 이 복음보다 더 나를 강력하게 긍정하는 것이 세상에서 무엇이 있겠는가? 이 복음을 믿는 사람이 어떻게 자신을 하찮게 여기거나 비하할 수 있겠는가?

예수 그리스도 안에 나타난 하나님의 사랑을 믿는 믿음은, 내 자신이 의로운 사람이라고 믿거나 내 자신의 힘으로 어떤 일을 해낼 수 있다고 믿는 믿음과 대립된다. 이 믿음은 내 안에는 아무런 의가 없으며 의는 오직 하나님의 은혜로 주어진다는 것을 믿는 믿음이다. 또한 이 믿음은 하나님의 은혜와 도우심 없이 내 자신의 힘으로는 아무것도 할 수 없음을 고백하는 믿음이다. 그러나 이 믿음은 이 세상의 그 무엇과도 비교할 수 없는 가장 강력한 자기긍정을 가져온다.

기독교는 단지 자기부정의 종교가 아니라 그 어떤 종교보다도 강력한 자기긍정의 종교이다. 우리가 율법에 대하여 죽는 것은 하나님에 대하여 살기 위함이다. 자기부정의 목적은, 자기 힘을 의지하는 율법적 자아를 죽이고 하나님의 은혜만을 의지하는 믿음의 자아로 다시 사는 데 있다. 우리가 하나님 앞에서 "저는 죄인입니다"라고 고백할 때, 우리는 하나님으로부터 "너는 예수 그리스도의 의로 말미암아 의롭게 되었다"라는 선언을 받는다. 반대로 우리가 하나님 앞에서 "저는 의인입니다"라고 주장할 때, 우리는 하나님으로부터 "너는 죄인이다"라는 판결을 받는다.

그래서 예수님은 맹인을 고치신 후에 이렇게 말씀하셨다. "내가 심판하러 이 세상에 왔으니 보지 못하는 자들은 보게 하고 보는 자들은 맹인이 되게 하려 함이라"(요 9:39). 그리고 바리새인들을 향해서는 이렇게 말씀하셨다. "너희가 맹인이 되었더라면 죄가 없으려니와 본다고 하니 너희 죄가 그대로 있느니라"(요 9:41).

하나님의 자녀로, 특히 하나님의 일꾼으로 부름을 받은 그리스도인은 이 자기부정을 통한 자기긍정의 영성을 반드시 배워야 한다. 하나님 앞에서 우리가 "하나님, 저는 죄인입니다. 저는 무능하고 연약합니다. 하나님의 은혜와 도우심이 아니면 저는 아무것도 할 수 없습니다"라고 진심으로 고백할 때, 하나님은 말씀하신다. "아무것도 염려하지 마라. 내가 너와 함께 할 것이다. 내가 너를 도와줄 것이다. 내가 반드시 이룰 것이다." 자기를 의지하지 않고 철저히 하나님만을 의지하는 믿음은 놀라운 기적의 역사를 이룬다. 이 믿음을 통해 하나님의 능력이 우리 가운데 역사한다.

믿음이 능력 있다는 말은 우리가 가진 믿음 자체에 어떤 마술적인 힘이 있다는 뜻이 아니다. 하나님만을 의지하는 우리의 믿음을 통해 하나님이 능력으로 역사하신다는 뜻이다. 그러므로 믿음의 본질은 자신이 얼마나 연약하고 무력한 존재인지를 철저히 인식하고 오직 하나님의 은혜와 도우심만을 의지하는 데 있다. 하나님은 우리를 이러한 믿음에 이르도록 하기 위하여 때때로 광야로 내몰아 그곳에서 훈련시키신다.

## 내가 약한 그때

모세는 미디안 광야에서 40년 동안 이 훈련을 받았다. 젊은 시절의 그는 애굽 왕자로서 기백과 자신감이 넘치던 청년이었다. 그러나 그만 의분을 못 이겨 살인을 하고 미디안 광야로 도피해야 했다. 그는 황량한 광야에서 오랜 세월 동안 목자로 살면서 자기를 비우고 하나님만을 의지하는 법을 배웠다. 그가 광야에서 40년의 세월을 보내고 젊은 날의 기백과 자신감을 다 잃어버린 그때에 하나님은 모세를 부르셨다. 애굽에서 신음하는 이스라엘 민족을 구원하시기 위해 호렙산의 불붙는 떨기나무 가운데에서 그를 부르셨다. 그러나 그는 자기는 그런 큰 일을 감당할 수 없다고 몇 번씩이나 사양하면서 하나님의 도우심을 구했다. 그때 하나님은 모세에게 "내가 반드시 너와 함께 있을 것이며 반드시 이스라엘 백성을 애굽에서 인도하여낼 것이다"라고 약속하셨다. 그리고 약속하신 대로 이스라엘 민족을 구원해내시고 가나안으로 인도하셨다.

모세가 광야 생활을 통해 자기를 의지하던 그 자신감을 내려놓고 하나님만을 의지하는 사람으로 변화되기를, 하나님은 40년 동안이나 기다리셨다. 그리스도인이 하나님의 일을 할 때 가장 중요한 것은 자신의 힘을 빼는 것이다. 우리가 우리 자신의 야심과 욕망과 의지로 가득 차 있는 한, 결코 하나님의 일을 할 수 없다. 물론 우리는 우리 자신의 힘으로 다른 사람들 보기에 큰일을 할 수도 있다. 교회를 크게 부흥시킬 수도 있고, 사회적으로 놀라운 일들을 할 수도 있다. 그러나 실상 그 일들은 하나님의 일이 아니라 우리 자신의 일일 뿐이다. 주변에서 교회 안팎으로 문제를 일으키는 사람들을 보면, 거의 대부분 자기가 무엇을 할 수 없다고 생각하는 사람들이 아니라 자기가 무엇을 할 수 있다고 생각하는 사람들이다. 그리고 자신만이 가장 잘할 수 있다고 생각하는 사람들일수록 더욱 큰 문제를 일으키는 것을 보게 된다. 우리가 진정으로 하나님의 일을 하기 위해서는 우리 자신의 힘을 온전히 빼야 한다.

알바트로스라는 새가 있다. 이 새는 자기 혼자 힘으로는 날지 못한다. 물갈퀴 모양의 발로 걷는 모습이 우스꽝스럽고 사람들이 위협을 해도 뒤뚱뒤뚱 도망가기만 해서, 사람들은 이 새를 '바보새'라고 부른다. 그런데 이 새가 날 수 있을 때가 있는데 바로 폭풍이 몰려올 때이다. 폭풍이 몰려올 때 다른 동물들은 숨을 죽이지만 알바트로스는 절벽에서 뛰어내려 바람의 힘으로 날기 시작한다. 이 새는 6일 동안 날갯짓을 안 해도 계속 날 수 있으며, 두 달이면 지구를 한 바퀴 돈다고 한다. 알바트로스는 세상에서 가장 높이, 또 가장 멀리 날 수 있는 새이다. 이 새가 세상에서 가장 높이 또 가장 멀리 날 수 있는 것은 자신의 힘으로 날지 않고 바람을 타고 날기 때문이다. 자기 힘으로만 나는 새는 결코 높게, 멀리 날지 못한다. 벌새같이 작은 새는 떨어지지 않기 위해 초당 30-80번의 날갯짓을 한다고 한다. 이처럼 자기 힘으로만 나는 새는 낮은 높이에서 기껏해야 몇 백 미터를 날아갈 수 있을 뿐이다.

하나님이 나를 통해 일하시고자 할 때, 가장 큰 걸림돌은 내 힘이 여전히 너무 강하다는 데 있다. 하나님의 능력은 우리가 약할 때 우리 안에서 역사한다. 우리가 우리 자신의 힘을 온전히 뺐을 때, 성령의 바람은 우리로 하여금 높고 드넓은 은혜의 창공을 마음껏 비행할 수 있게 해준다. 그래서 하나님은 우리의 힘이 다 빠질 때까지 기다리시기도 하고, 때로는 질병과 실패 같은 시련들을 통해 우리를 약하게 만드시기도 한다.

하나님은 바울이 너무 자만하지 않게 하시려고 그에게 육체의 가시를 주셨다. 바울은 그 가시가 사라지기를 세 번이나 하나님께 간구했는데, 하나님은 바울에게 이렇게 말씀하셨다. "내 은혜가 네게 족하도다 이는 내 능력이 약한 데서 온전하여짐이라"(고후 12:9). 그래서 바울은 이렇게 고백하였다. "도리어 크게 기뻐함으로 나의 여러 약한 것들에 대하여 자랑하리니 이는 그리스도의 능력이 내게 머물게 하려 함이라 그러므로 내가 그리스도를 위하여 약한 것들과 능욕과 궁핍과 박해와 곤고를 기뻐하노니 이는 내가 약한 그때에 강함이라"(고후 12:9-10). 바울처럼 우리 그리스도인의 자랑은 우리의 강함이 아니라 우리의 약함에 있어야 한다. 왜냐하면 내가 약함으로써 그리스도의 능력이 내게 머물기 때문이다.

탈무드에 보면 "신은 부서진 것들을 사용하신다"는 말이 있다. 낱알 그대로인 밀을 가지고는 빵을 만들 수 없다. 밀은 부서져 밀가루가 되어야 비로소 맛있는 빵을 만들어낼 수 있다. 옥합이 깨져야 향유가 흐른다. 그러므로 부서지고 깨어지는 경험은 은혜의 경험이다. 실패와 좌절과 고통의 시간은 내가 부서지고 깨어지는 은혜의 시간이 될 수 있다. 이 시간들을 통해 나는 내 힘으로가 아니라 오직 하나님의 은혜로 살고, 성령의 능력 안에서 성령의 바람을 타고 나는 법을 배우는 것이다.

그러나 기독교의 자기부정은 결코 실패하고 상처받고 고통스럽던 과거의 부정적 경험에 사로잡히는 것을 의미하지 않는다. 우리 주위에는 과거의 실패와 상처의 기억에 사로잡혀 불행하게 사는 사람들이 적지 않다. 어쩌면 나 자신도 그들 가운데 하나일 수도 있다. 하나님 앞에서 자신의 연약함을 고백하고 하나님만을 의지하는 것과 과거의 부정적인 경험에 사로잡혀 있는 것은 전혀 다르다.

과거의 불행했던 시절, 실패와 상처로 인해 자신과 자신의 미래에 대하여 부정적인 생각에 사로잡히는 것은 마귀의 시험에 빠지는 것이다. '나를 사랑하사 나를 위하여 자기 자신을 버리신 하나님의 아들을 믿는 믿음' 안에 사는 사람은 결코 자기 비하적인 자기부정에 빠질 수 없다. 사도 바울은 "내게 능력 주시는 자 안에서 내가 모든 것을 할 수 있느니라"(빌 4:13)고 말씀하였다. 물론 이 말씀은 세상적인 성공이나 번영, 축복에 대한 것이 아니다. 바울은 자신이 "비천에 처할 줄도 알고 풍부에 처할 줄도 알아 모든 일 곧 배부름과 배고픔과 풍부와 궁핍에도 처할 줄 아는 일체의 비결을 배웠다"고 하면서 "내게 능력 주시는 자 안에서 내가 모든 것을 할 수 있느니라"고 말씀한 것이다. 바울처럼 우리도 우리에게 능력 주시는 주님 안에서 모든 것을 할 수 있다. 내게 능력 주시는 주님 안에서 우리는 과거의 실패와 상처를 극복하고, 용기와 희망을 가지고, 새로운 미래를 향해 나아갈 수 있다. 내가 하는 것이 아니라 내 안의 주님이 능력으로 역사하신다.

## 연주자 되시는 하나님

오래 전에 영국에서 있었던 일이다. 런던의 템스 강변에 많은 사람들이 나와서 산책을 즐기고 있었다. 그 한쪽 구석에서 한 거지 노인이 다 낡아빠진 바이올린을 들고 연주하면서 구걸을 하고 있었다. 그러나 낡아빠진 바이올린에서 나오는 음악 소리는 신통치 못했고, 따라서 지나가는 사람들이 별로 관심을 주지 않았다. 거지 노인이 벗어놓은 모자에 동전을 던져주는 사람도 없었다.

그런데 웬 낯선 한 외국인이 지나다가 잠시 걸음을 멈추고, 거지 노인이 열심히 연주하는 모습을 물끄러미 쳐다보았다. 거지 노인은 다 떨어진 외투를 입고 있었고 신발도 해져서 너덜너덜했다. 머리는 제대로 감지 못해서 헝클어져 있었고, 수염도 깎지 못해서 덥수룩한 상태였다. 참으로 처량해 보였다. 외국인은 그에게 가까이 다가가 측은한 마음으로 이렇게 말했다. "할아버지, 죄송하지만 지금 제 수중에 준비된 돈이 없습니다. 그러나 저도 바이올린을 좀 다룰 줄 압니다. 제가 할아버지를 대신해서 잠시 몇 곡만 연주해드려도 되겠습니까?" 거지 노인은 잠시 쉬기도 할 겸 해서 그 낯선 외국인에게 낡은 바이올린을 건네주었다.

외국인은 바이올린을 손에 쥐고 천천히 활을 움직이기 시작했다. 그러자 낡아빠진 바이올린에서 놀랍도록 아름다운 선율이 흘러나왔다. 그 소리를 듣고 지나가던 사람들이 한 사람씩 걸음을 멈추었고 그가 연주하는 음악에 매료되고 말았다. 점차 많은 사람이 모여들었고, 모두가 주머니에서 돈을 꺼내 노인의 모자에 넣었다. 순식간에 돈이 수북이 쌓였다.

마침내 연주가 끝나자 그곳에 있는 모든 사람이 뜨거운 박수를 쳤다. 그때였다. 연주를 듣던 사람들 가운데 한 사람이 큰소리로 외쳤다. "저 사람은 바로 파가니니다! 그 유명한 파가니니!" 이탈리아의 파가니니는 바이올린의 귀재, 바이올린의 마술사로 알려진 세계적인 바이올린 명연주자였다. 연주회를 하러 런던에 온 그가, 호텔에 머물러 있는 동안 잠시 시간을 내서 템스 강변을 산책하다가 불쌍한 거지 노인을 본 것이었다. 낡은 바이올린을 힘겹게 연주하는 것을 보고 측은한 마음이 들었고, 그래서 대신 몇 곡을 연주해주었던 것이다. 파가니니의 마음이 참 아름답지 않은가?

여기에는 우리가 더 깊이 생각해보아야 할 신앙적 교훈이 있다. 다 낡아빠진 바이올린이었지만, 그것이 누구의 손에 의해 연주되느냐에 따라서 그 소리에는 엄청난 차이가 있었다. 낡은 바이올린이 거지 노인의 손에 의해 연주될 때는 형편없는 소리를 냈지만, 파가니니의 손에서는 매우 아름다운 소리를 냈다. 우리 인생도 마찬가지다. 하나님 앞에서 우리는 보잘 것 없는 악기에 지나지 않는다. 내 손으로 내 인생을 연주하려 들지 말고 전능자의 손에 맡겨야 한다. 그러면 내 인생의 멜로디는 지극히 아름답게 만들어질 것이다. 명연주자이신 우리 주님께 우리 자신과 우리의 인생을 의탁하자. 그러면 주님은 우리 생애가 아름다운 소리로 울려나도록 연주해주실 것이다.

나 자신을 의지하지 않고 오직 하나님만을 의지하고, 그분께 나를 온전히 의탁하는 믿음, 이 믿음이 자신의 존재와 인생에 대한 가장 위대한 긍정을 가져온다. 바울은 말씀한다. "너희 안에서 착한 일을 시작하신 이가 그리스도 예수의 날까지 이루실 줄을 우리는 확신하노라"(빌 1:6). 바울의 이 확신이 바로 우리의 확신이 될 수 있기를 기원한다.

# 14/

## 엔게디 광야와
## 예루살렘 왕궁

삼상 24:1-12; 삼하 11:1-17

우리가 잘 아는 바와 같이, 이스라엘이 블레셋과의 전투에서 승리하고 돌아오자 온 백성이 골리앗을 쓰러뜨린 다윗의 이름을 연호하며 칭송하였다. "여인들이 뛰놀며 노래하여 이르되 사울이 죽인 자는 천천이요 다윗은 만만이로다"(삼상 18:7). 사울 왕은 이 소리를 듣고 몹시 불쾌하고 화가 났다. 성경에 이렇게 기록되어 있다. "사울이 그 말에 불쾌하여 심히 노하여 이르되 다윗에게는 만만을 돌리고 내게는 천천만 돌리니 그가 더 얻을 것이 나라 말고 무엇이냐 하고 그 날 후로 사울이 다윗을 주목하였더라"(삼상 18:8-9). 사울 왕은 다윗의 대중적 인기에 질투심을 느꼈을 뿐 아니라, 자신의 왕권을 다윗에게 빼앗길지도 모른다는 불안감에 사로잡히게 되었다. '그 날 이후로 사울이 다윗을 주목했다'는 것은, 사울이 다윗을 자신의 정치적 라이벌로 생각했다는 의미이다. 그 이후에 사울 왕은 시기심과 질투심이라는 악령에 사로잡혀 몇 번씩이나 다윗을 죽이고자 했다.

그리하여 결국 다윗은 사울 왕을 피해 광야로 도피하게 된다. 다윗의 광야 생활은 약 10년 동안 계속되었던 것으로 보인다. 광야에서 다윗은, 자신을 죽이려는 사울 왕의 추적을 피해 끊임없이 이곳저곳으로 옮겨다녀야 했다. 이 광야 생활은 다윗의 인생에서 가장 힘들고 어려운 시기였다. 다윗은 20대의 젊은 시기에 끊임없이 생명의 위협을 당했고, 여기저기로 도망다녔다. 시편 57편과 142편은 이 광야 생활을 하던 시기에 다윗이 쓴 시로 알려져 있다. 이 가운데 시편 142편을 읽어 보자.

"내가 소리 내어 여호와께 부르짖으며 소리 내어 여호와께 간구하는도다 내가 내 원통함을 그의 앞에 토로하며 내 우환을 그의 앞에 진술하는도다 내 영이 내 속에서 상할 때에도 주께서 내 길을 아셨나이다 내가 가는 길에 그들이 나를 잡으려고 올무를 숨겼나이다 오른쪽을 살펴보소서 나를 아는 이도 없고 나의 피난처도 없고 내 영혼을 돌보는 이도 없나이다 여호와여 내가 주께 부르짖어 말하기를 주는 나의 피난처시요 살아 있는 사람들의 땅에서 나의 분깃이시라 하였나이다 나의 부르짖음을 들으소서 나는 심히 비천하니이다 나를 핍박하는 자들에게서 나를 건지소서 그들은 나보다 강하니이다 내 영혼을 옥에서 이끌어내사 주의 이름을 감사하게 하소서 주께서 나에게 갚아주시리니 의인들이 나를 두르리이다"(시 142).


## 광야에서의 배움

아무도 의지할 이 없는 광야에서 다윗은 오직 하나님만을 의지하고 하나님께 자신을 건져달라고 호소하지 않을 수 없었다. 모세가 40년에 걸친 미디안 광야 생활을 통해서 자신의 모든 것을 내려놓고 철저하게 하나님만 의지하는 법을 배운 것처럼, 다윗도 10년의 광야 생활로 철저하게 하나님만 의지하는 법을 배웠다. 시시각각 생명이 위협당하는 상황에서 다윗은 여러 번 하나님의 도우심과 보호하심을 경험했다. 그러므로 역설적으로, 광야는 단순히 도피처가 아니라 살아계신 하나님의 현존을 경험하고 하나님과 동행하는 자리였다.

이 장의 첫 번째 본문은, 다윗이 엔게디 광야에서 도피 생활 하던 중에 일어났던 한 사건을 소개한다. 다윗과 그의 추종자들이 어느 동굴 속에 숨어 있을 때, 다윗을 찾아 헤매던 사울이 바로 그 동굴에 뒤를 보기 위해 들어왔다. 사울이 등을 보이고 앉아 있는 그 상황은 그를 죽일 수 있는 천금 같은 기회였다. 그러나 다윗은 사울을 죽이자는 추종자들을 저지하고 사울을 동굴 밖으로 나가도록 두었다. 그 후에 사울을 향해 말했다. "나는 내 손을 들어 내 주를 해하지 아니하리니 그는 여호와의 기름 부음을 받은 자이기 때문이라 하였나이다…왕은 내 생명을 찾아 해하려 하시나 나는 왕에게 범죄한 일이 없나이다 여호와께서는 나와 왕 사이를 판단하사 여호와께서 나를 위하여 왕에게 보복하시려니와 내 손으로는 왕을 해하지 않겠나이다"(삼상 24:10-12).

여기서 다윗은 두 가지를 말하고 있다. 하나는, 자신은 결코 하나님이 기름 부어 세우신 왕을 해하지 않겠다는 것이다. 다른 하나는, 하나님이 자기와 사울 사이를 판단하실 것이라는 것이다. 이러한 다윗의 모습은 그가 참으로 살아계신 하나님의 현존(Coram Deo) 앞에서 생각하고 행동하고 있음을 잘 보여준다. 엔게디 광야의 도피 생활을 통해 다윗은 오직 살아계신 하나님만을 의지하고 그분의 현존 앞에서 사는 법을 뼛속 깊이 체득했다.

광야에서의 10년에 걸친 도피 생활 끝에 다윗은 헤브론에서 왕이 되었고, 7년 6개월 동안 유다를 다스렸다. 이 시기에 다윗의 나이는 30대(대략 30-37세)였을 것이다. 그리고 마침내 다윗은 예루살렘으로 들어와 왕이 되었다. 이때 다윗의 나이가 37세였다. 예루살렘에서 왕이 된 후 33년 동안 이스라엘을 통치하였다.


### 왕궁에서의 패역

두 번째 본문은, 다윗이 왕이 되어 이스라엘을 통치하던 시기에 일어난 사건을 소개하고 있다. 다윗은 어느 날 궁전의 옥상에서 아래를 내려다보다가 한 아름다운 여인이 목욕하는 것을 보게 된다. 성경은 이 여인이 "심히 아름다워 보였다"고 소개한다. 다윗은 이 여인이 자기의 충성된 부하 우리아의 아내 밧세바인 것을 알게 되었음에도 불구하고 그녀를 왕궁으로 불러 동침한다. 이 일로 밧세바가 임신했다는 것을 다윗에게 알리자 그는 알리바이를 만들기 위해 전쟁터에 있는 우리아를 집으로 돌아오게 한다. 그러나 우리아는 집으로 가지 않고 예루살렘 왕궁 문에서 잠을 잔다. 그러자 다윗은 우리아를 집으로 돌아가도록 하기 위해 궁으로 불러서 먹고 마시고 취하게 만든다. 그런데도 우리아는 집으로 돌아가지 않았다.

다윗은 계획이 어긋나자 매우 당황했다. 물론 자신의 충성스런 부하인 우리아를 해할 마음은 애초에 전혀 없었을 것이다. 그러나 일이 계획대로 되지 않고 꼬이자 그는 어쩔 수 없이 우리아를 제거하기로 마음먹는다. 그래서 요압에게 편지를 보내어, 우리아를 전장의 선두에 서게 하고 다른 군사들은 다 뒤로 후퇴하게 함으로써 우리아를 전사하도록 만든다.

다윗이 이러한 일을 저지른 때가 언제였을까? 그가 33년 동안 이스라엘을 통치하고 70세에 죽자 곧 솔로몬이 왕이 되었는데, 이때 솔로몬의 나이가 21세였다. 그러니까 다윗은 50세에 솔로몬을 낳은 것이 된다. 다윗이 밧세바와의 부정한 관계를 통해 난 아기는 한 주 만에 죽고 그 후에 다윗이 곧 다시 밧세바와 동침하여 솔로몬을 낳았다고 하니까, 다윗이 밧세바와 부정한 관계를 가진 때는 49세 정도 되었을 때로 추정된다. 49세면 다윗이 37세에 왕이 된 이후 12년의 세월이 흐른 뒤였다.

이 시기의 다윗은 엔게디 광야에서 도피 생활을 하던 20대의 다윗과는 매우 다른 상황에 있었다. 이스라엘의 왕이 된 후에 다윗은 강력한 중앙집권 체제를 확립하고 무소불위의 힘을 가진 절대군주가 되었다. 그는 주변 국가들과의 전쟁에서 연전연승을 거두었고 영토를 크게 확장했으며, 이스라엘의 역사에서 가장 강대한 국가를 건설했다. 장차 메시아(왕)가 다윗의 후손에서 나올 것이라는 민족적 메시아 대망 사상이 형성될 만큼 다윗은 이스라엘의 역사 속에서 가장 이상적인 왕의 모델이 되었다.

당시에는 다윗이 직접 전쟁터에 나아가 싸우지 않아도 될 만큼 국가가 안정되고 군사력이 강해졌다. 그래서 그는 부하들이 전쟁터에서 싸우는 동안에도 홀로 궁전의 옥상을 거닐 수 있을 만큼 여유가 있었던 것이다. 그는 이제 자신이 원하면 못할 것이 없는, 무소불위의 힘을 가진 절대군주가 된 것이다. 그리하여 그는 밧세바를 불러 동침하고 결국은 충성스러운 부하 우리아를 죽음으로 내모는, 씻을 수 없는 과오를 저지르게 된다. 말하자면 그는 간음과 살인죄를 함께 범했다.

엔게디 광야에서 하나님만을 의지하고 살아계신 하나님의 현존 앞에서 판단하고 행동했던 다윗이, 자신을 죽이려고 혈안이 된 사울을 손쉽게 죽일 수 있었는데도 하나님이 기름 부어 세우신 왕이기에 해치지 않았던 그 정의롭던 다윗이, 어떻게 이렇게 불의한 죄악을 저지를 수 있는가? 이 다윗이 과연 그 다윗과 같은 사람인가? 예루살렘 왕궁의 이 49세 다윗이 과연 엔게디 광야의 그 20대 청년 다윗과 동일한 인물인가?

사람이란 고정된 불변의 존재가 아니라 끊임없이 변화하는 역사적 존재이다. 사람은 세월에 의해 변하고 환경에 의해 변한다. 다윗에 대한 이 두 본문은, 인간이 세월과 환경에 의해서 얼마나 크게 변할 수 있는 존재인지를 잘 보여준다. 한편으로는, 인간이 고난과 역경 속에서도 오히려 하나님만을 절대적으로 의지함으로써 살아계신 하나님의 현존을 경험하는 은혜를 누릴 수 있다는 점을 보여준다. 다른 한편으로는, 부귀와 영화 가운데에서 오히려 하나님을 잊어버리고 하나님 앞에서 범죄하기 쉬운 존재가 인간이라는 사실을 잘 보여준다. 이것은 다윗만의 모습이 아니라 모든 인간의 모습이고, 또한 바로 우리 자신의 모습이기도 하다. 우리 인생의 과정에 있어서, 엔게디 광야의 고난과 역경이 저주가 아니라 축복이 될 수도 있고 예루살렘 왕궁의 부귀와 영화가 축복이 아니라 저주가 될 수도 있다.

## 내 안에 있는 다윗

우리는 예루살렘 왕궁에서 일어난 이 사건에 대해 좀 더 숙고해볼 필요가 있다. 밧세바를 불의하게 취하고 우리아를 죽음으로 내몬 다윗의 죄는 참으로 막중한 죄가 아닐 수 없다. 그런데 다윗이 그러한 죄를 저지른 것이 과연 그가 당시에 도덕적으로 심히 타락해 있었기 때문인가? 우리는 그렇게 생각해서는 안 된다. 다윗이 그러한 죄를 저지른 것은 도덕적으로 심하게 타락했기 때문이라기보다는, 한 인간으로서 가진 근본적인 연약함으로 눈앞의 유혹을 뿌리칠 수 없었기 때문이다.

우리는 다윗의 부도덕성을 쉽게 정죄하지만, 그러한 다윗의 모습이 우리 안에도 있고 그러한 일이 우리에게도 얼마든지 일어날 수 있다는 사실에 대해서는 외면하는 경우가 많다. 만일 우리 자신이 무소불위의 힘을 가진 다윗 왕의 자리에 있었다면, 그리고 그와 같은 치명적인 유혹 앞에 서 있었다면 어떻게 행동했겠는가? 만일 우리 가운데 누가 "나는 결코 다윗과 같은 불의를 행하지 않았을 것이다"라고 장담한다면, 그는 다윗이 가졌던 절대 권력이 어떤 것인지 잘 모르거나, 밧세바가 얼마나 아름다운 여인인지 잘 모르거나, 아니면 무엇보다도 자기 자신에 대해서 잘 모르고 있기 때문이다(아니면 이 세 가지 다 해당될 수도 있다).

우리는 주위에서, 시작은 좋았지만 끝이 좋지 않은 사람들을 종종 본다. 교회 지도자들도 예외가 아니다. 그러나 사람들은 등장하는 앞모습이 아니라 퇴장하는 뒷모습을 오랫동안 기억한다. 그런데 퇴장할 때의 부끄러운 모습으로 인하여, 순수한 신앙적 열정과 소명감을 가지고 헌신했던 소중한 업적들조차 모두 거짓된 것으로 여겨지곤 한다. 이것은 너무도 가슴 아픈 일이다.

두 본문의 이야기는 그 누구보다도 나 자신과 직접 관련 있는 이야기이다. 내게도 다윗의 엔게디 광야와 같은 시기가 있었다. 날마다 눈물로 기도하며 하나님의 긍휼과 자비를 간구하던 20대 시절이 있었다.

지금도 나는 여전히 날마다 하나님의 긍휼과 자비를 베풀어달라고 기도한다. 아니 그 어느 때보다도 더 간절하게 간구한다. 왜냐하면 지금이 바로 예루살렘 왕궁에서의 다윗처럼 시험과 유혹에 넘어가기 쉬운 때임을 잘 알고 있기 때문이다. 또, 시험과 유혹 앞에서 내가 얼마나 무력하고 연약한 존재인지를 늘 절감하기 때문이다. 엔게디 광야에서의 적은 외부에 있지만 예루살렘 왕궁에서의 적은 자기 내부에 있다.

우리 안에 있는 육신적 욕망과의 싸움이 가장 어려운 싸움이다. 우리는 이 싸움에서 늘 패배한다. 늘 넘어지고 매일 실패를 반복한다.

위대한 사도인 바울조차도 자신의 모순적 실존으로 인해 이렇게 탄식하지 않았는가? "내가 원하는 바 선은 행하지 아니하고 도리어 원하지 아니하는 바 악을 행하는도다 만일 내가 원하지 아니하는 그것을 하면 이를 행하는 자는 내가 아니요 내 속에 거하는 죄니라 그러므로 내가 한 법을 깨달았노니 곧 선을 행하기 원하는 나에게 악이 함께 있는 것이로다 내 속사람으로는 하나님의 법을 즐거워하되 내 지체 속에서 한 다른 법이 내 마음의 법과 싸워 내 지체 속에 있는 죄의 법으로 나를 사로잡는 것을 보는도다 오호라 나는 곤고한 사람이로다 이 사망의 몸에서 누가 나를 건져내랴"(롬 7:19-24).

나는 내가 얼마나 미련하고 어리석고 연약한 인간인지 늘 하나님께 고백하고 하나님의 도우심을 구하지 않을 수 없다. 그래서 늘 "하나님 저를 불쌍히 여겨 구원해주시옵소서. 제 마음과 생각을 지켜주시옵소서. 저를 구원해주시옵소서"라고 기도한다.

우리 가운데 혹시 엔게디 광야와 같은 고난과 역경의 자리에 처해 있는 사람이 있는가? 이 광야에서 더욱 하나님께 의지함으로써 살아계신 하나님의 현존과 도우심과 구원을 경험하는 놀라운 은혜가 있기를 축원한다. 우리 가운데 예루살렘 왕궁까지는 아니더라도 세상적인 성공과 출세와 부요함과 안락함을 누리며 사는 사람이 있는가? 그러한 사람은 지금이 가장 위험한 때임을 깨달아야 한다. 왜냐하면 이때가 바로 사탄의 시험과 유혹에 넘어지기 가장 쉬운 때이기 때문이다. 그러므로 더욱더 경계하고 영적으로 깨어 있지 않으면 안 된다.

예수님은 제자들에게 "시험에 들게 하지 마시옵고"라고 기도하라고 가르치셨다. 또 "시험에 들지 않게 깨어 기도하라"고 몇 번씩이나 당부하셨다. 우리는 늘 깨어 기도해야 한다. 우리는 늘 하나님께 "저를 불쌍히 여겨주옵소서", "제게 긍휼과 자비를 베풀어주옵소서", "저를 시험과 유혹으로부터 구원해주옵소서"라고 간구해야 한다. 우리가 늘 이렇게 간절히 간구할 때, 하나님이 우리를 불쌍히 여기시고 우리에게 긍휼과 자비를 베풀어주시고 모든 시험과 유혹으로부터 구원해주실 것을 믿는다. 이러한 하나님의 은혜를 날마다 경험하며 사는 우리 모두가 되기를 주님의 이름으로 기원한다.

4부 /

인생의 열매는 이끄심을 따를 때 허락된다

結
(결)

●

거두어 끝맺음

# 15

## 다시 시작하는
## 인생

●
출 3:1-12; 요 21:15-18

　　하나님은 모세의 나이 80세 때 그를 부르셨다. 애굽에서 종살이 하며 고생하는 이스라엘 백성을 위해 모세를 바로에게 보내겠다는 하나님 말씀에 그는 이렇게 대답한다. "내가 누구이기에 바로에게 가며 이스라엘 자손을 애굽에서 인도하여내리이까"(출 3:11). "나 같은 늙은 목자가 어떻게 그런 큰일을 할 수 있겠습니까?" 하며 사양한 것이다. 그러자 하나님은 말씀하신다. "내가 반드시 너와 함께 있으리라 네가 그 백성을 애굽에서 인도하여낸 후에 너희가 이 산에서 하나님을 섬기리니 이것이 내가 너를 보낸 증거니라"(출 3:12). "내가 너와 함께 하고, 반드시 그 일을 이루게 할 것이다"라고 약속하신 것이다.

그러나 모세는 두 번째 다시 하나님께 묻는다. "내가 이스라엘 자손에게 가서 이르기를 너희의 조상의 하나님이 나를 너희에게 보내셨다 하면 그들이 내게 묻기를 그의 이름이 무엇이냐 하리니 내가 무엇이라고 그들에게 말하리이까?"(출 3:13) "나를 보낸 분이 누구라고 말해야 합니까"라고 묻는 것이다. 이에 하나님은 "나 여호와가 보내셨다고 하라"고 말씀하신다. "나는 스스로 있는 자이니라 또 이르시되 너는 이스라엘 자손에게 이같이 이르기를 스스로 있는 자가 나를 너희에게 보내셨다 하라…너는 이스라엘 자손에게 이같이 이르기를 너희 조상의 하나님 여호와 곧 아브라함의 하나님, 이삭의 하나님, 야곱의 하나님께서 나를 너희에게 보내셨다 하라"(출 3:14-15).

그러나 모세는 다시금 세 번째로, 그들이 자신을 믿지 않을 것이기 때문에 자신은 그 일을 행할 수 없다고 말한다. "그러나 그들이 나를 믿지 아니하며 내 말을 듣지 아니하고 이르기를 여호와께서 네게 나타나지 아니하셨다 하리이다"(출 4:1). 그러자 하나님은 모세의 지팡이가 뱀이 되었다가 다시 지팡이로 되는 표적, 그의 손이 나병에 걸렸다가 곧바로 낫는 표적을 보여주신다. 그리고 바로가 모세의 말을 듣지 않으면, 그가 떠온 나일강 물이 피로 변하는 기적을 나타내겠다고 말씀하신다.

이와 같은 하나님의 표징과 약속에도 불구하고, 모세는 자신이 말을 잘 하지 못하기 때문에 그런 일을 할 수 없다고 네 번째로 말한다. "오 주여 나는 본래 말을 잘 하지 못하는 자니이다 주께서 주의 종에게 명령하신 후에도 역시 그러하니 나는 입이 뻣뻣하고 혀가 둔한 자니이 다"(출 4:10). 이에 대해 하나님은 말씀하신다. "누가 사람의 입을 지었느냐 누가 말 못 하는 자나 못 듣는 자나 눈 밝은 자나 맹인이 되게 하였느냐 나 여호와가 아니냐 이제 가라 내가 네 입과 함께 있어서 할 말을 가르치리라"(출 4:11-12). 그러나 여전히 모세는 다른 사람을 보내시기를 간청한다. "오 주여 보낼 만한 자를 보내소서"(4:13). 결국 하나님은 노를 발하시면서 "네 형 아론이 있지 아니하냐···그가 너를 대신하여 백성에게 말할 것이니 그는 네 입을 대신할 것이요"(출 4:14-16)라고 말씀하신다.

## 팔십 세의 모세

그렇다면 모세는 왜 다섯 번씩이나 하나님의 명령을 거절했는가? 그는 본래 그렇게 소극적인 사람이 아니었다. 적어도 젊은 날의 모세는 그렇지 않았다. 젊은 날의 모세는 정의감과 동족애로 불탔던 청년이다. 그는 고통당하는 자기 민족을 구해야 한다는 불타는 사명감을 가지고 있었다. 애굽 사람이 자기 동족을 학대하는 것을 보자 의분을 참지 못하고 그를 살해했고, 그로 인해 화려한 왕궁에서의 왕자 생활을 청산하고 먼 미디안 광야로 피신해야 했다.

그러나 광야에서의 피신 생활은 기약 없는 것이었다. 거기서 모세는 고통 받는 자기 민족을 위해 아무 일도 할 수 없었다. 그는 미디안 제사장의 딸 십보라와 결혼하고 그 땅에서 이방인 나그네로 살았다. 그가 아들을 낳고 이름을 게르솜이라고 지었는데, 이는 '내가 타국에서 나그네가 되었음이라'는 뜻이었다. 모세의 미디안 광야 생활은 40년이나 계속되었다. 그리고 그의 나이 80세가 되었다. 젊은 날에 가졌던 열정, 정의감, 사명감은 이제 다 사라졌고 몸은 늙었으며 기력은 쇠하여졌다. 그는 이제 광야의 모진 바람에 패이고 주름진 얼굴로, 근근이 하루하루 양을 치며 살아가는 늙은 목자일 뿐이었다.

그런데 바로 그러한 모세를 하나님이 찾아오셨다. 그러한 모세를 통해 하나님은 이스라엘을 해방시키시는 그분의 계획을 이루고자 하셨다. 사실상 40년 동안이나 참고 기다리셨던 분은 하나님이었다. 하나님은 모세의 혈기와 야망이 오랜 광야 생활의 풍상을 통해 모두 씻겨나가고 깎여나가고 고갈되기를 기다리셨다. 이 40년의 세월은 모세를 변화시켰다. 그는 "하나님, 나를 보내주십시오. 제가 하나님의 일을 하겠습니다"라고 자원하는 모세가 아니라 "하나님, 나는 할 수 없습니다. 다른 사람을 보내십시오"라고 말하는 모세로 바뀌었다. 그렇기 때문에 그는 이런 저런 이유를 대면서 다섯 번씩이나 하나님의 명령을 거절했던 것이다.

이 광야 40년의 세월이 모세에게 있어서 결코 헛되이 버려진 시간들은 아니었다. 그 세월 동안 모세가 단지 쓸모없고 노쇠하고 소극적인 인간으로 변한 것만은 아니었다. 그 세월은 하나님이 모세를 하나님의 일꾼으로 변화시키기 위해 훈련시키신 치열한 단련의 기간이었다. 무엇보다도 모세는 광야에서 자기를 내려놓는 법을 배웠다. 그리고 오직 하나님만을 절대적으로 의존하는 믿음을 배웠다. 그 광야 생활에서 모세는, 하나님이 함께 하시고 도우시지 않으면 자신은 아무것도 할 수 없다는 사실을 철저히 배웠다. 다섯 번에 걸친 모세의 거절도, 그 내용을 살펴보면 결국 "하나님께서 저와 함께 하시고 도와주시고 인도해 주시지 않으면 저는 결코 아무것도 할 수 없습니다"라는 말이다.

광야 생활을 통해 모세가 체득한 또 하나의 귀중한 덕목이 있다. 그 것은 온유함이다. 모세는 본래 다혈질적인 사람이었다. 그는 매질 당하 는 자기 동족을 보고 분을 참지 못해서 애굽인을 죽일 만큼 성격이 급 하고 혈기가 강한 사람이었다. 그러나 광야 40년의 세월은 그의 급한 혈기를 다 소진시켰다. 양이란 짐승은 본래 말을 잘 안 듣기로 유명하 다. 그래서 양들을 돌보는 목자에게는 인내와 사랑이 요구된다. 오랜 기간의 목자 생활은 모세를 온유한 사람으로 변화시켰다. 민수기 저자 는 이렇게 기록했다. "이 사람 모세는 온유함이 지면의 모든 사람보다 더하더라"(민 12:3). 광야 생활 40년 동안, 하나님은 모세가 온유함을 몸 에 익히도록 훈련시키셨다.

온유함은 이스라엘 민족을 출애굽 시키고 그들을 약속의 땅으로 인 도해가는 과정에서 가장 중요한 지도자의 덕목이었다. 이스라엘 백성 은 출애굽 과정과 광야 생활 중에 끊임없이 지도자 모세를 원망하고 불평하고 편을 가르고 분열하였다. 이렇게 완악한 백성을 통솔하고 이 끌기 위해서는 온유한 리더십이 가장 필요했던 것이다. 모세가 시내산 에 올라가 하나님께로부터 십계명을 받아 내려왔을 때, 이스라엘 백성 은 금송아지를 만들고 우상숭배를 하고 있었다. 하나님이 이들의 모습 에 진노하여 그들을 멸하시고자 할 때, 모세는 이렇게 간구하였다. "슬 프도소이다 이 백성이 자기들을 위하여 금 신을 만들었사오니 큰 죄 를 범하였나이다 그러나 이제 그들의 죄를 사하시옵소서 그렇지 아니하시오면 원하건대 주께서 기록하신 책에서 내 이름을 지워버려 주옵소서"(출 32:31-32). 이와 같이 자기 백성을 온유한 사랑으로 품고 껴안는 모세의 위대한 리더십은, 미디안 광야에서의 목자 생활을 통해 형성된 것이다.

그러므로 실패와 좌절의 시간은, 진정한 하나님의 일꾼으로 거듭나는 가장 소중한 시간이 될 수 있다. 왜냐하면 그 시간에 우리는 자신이 얼마나 연약하고 무력한 존재인지를 절실히 깨닫고 하나님만을 의지하게 되기 때문이다. 고통과 인고의 시간 속에서 우리는 자만과 혈기를 버리고 온유하고 겸손한 마음을 배울 수 있다.

## 언제든 부르심에 따라

예수님은 부활 후에 디베랴 호숫가에서 고기 잡는 제자들에게 나타나셨다. 예수님은 특히 베드로를 향하여 '네가 나를 사랑하느냐'고 세 번씩이나 물으셨다. 이 물음에 대하여 베드로는 두려운 마음으로 조심스럽게 "내가 주님을 사랑하는 줄을 주님께서 아시나이다"라고 대답하였다. 그때의 그는, 다른 사람은 다 주를 버릴지라도 자기는 주님을 따르겠다고 호언장담하던 과거의 베드로가 아니었다. 예수님을 세 번씩이나 부인한 후에, 자신이 얼마나 연약한 존재이며 자신의 결심이 얼마나 무력한 것인지를 가슴 깊이 깨달은 베드로였다. 예수님은 바로 이러한 베드로에게 다시 찾아오셔서 "내 양을 먹이라"는 귀한 사명을 주신다.

우리 가운데 어떤 사람은 "나는 이제 나이가 많아서 새로운 일을 시작하기에 늦었다"고 생각할 수도 있다. 그러나 하나님이 찾아오셔서 하나님의 일꾼으로 쓰시고자 한다면, 그리고 우리가 그 부르심에 응답해서 하나님의 일꾼으로 쓰임 받기를 원한다면, 늦은 나이란 없다.

예수님의 '포도원 일꾼' 비유를 보면, 제11시 즉 오후 5시에 부름을 받은 일꾼들 이야기가 나온다. 포도원의 일과는 6시에 끝난다. 남들은 일을 마무리하면서 퇴근 준비할 시간에 부름을 받은 것이다. 그러나 이들은 감사의 마음을 가지고 포도원에서 일을 함으로써 먼저 온 사람들과 똑같이 한 데나리온의 품삯을 받았다. 예수님은 이 비유를 들려주시고 이렇게 말씀하셨다. "이와 같이 나중 된 자로서 먼저 되고 먼저 된 자로서 나중 되리라"(마 20:16). 주님의 일꾼으로 부름 받는 데 있어서 늦은 시간이란 없다. 이런 말이 있다. "새로운 일을 하기에 늦은 것이 아니라 꿈을 버리기에 너무 젊을 뿐이다." 우리에게는 나이를 먹을수록 더욱 젊어지는 꿈이 있다. 우리의 참된 꿈은 인생이 다 지나가기 전에 주님의 일꾼으로 쓰임 받는 것이다. 바울은 이렇게 말씀했다. "그러므로 우리가 낙심하지 아니하노니 우리의 겉사람은 낡아지나 우리의 속사람은 날로 새로워지도다"(고후 4:16).

문제는 우리가 모세처럼 광야에서 자기를 내려놓고 하나님만 의지하는 법을 배웠는가 하는 것이다. 그랬다면 하나님은 우리 나이에 관계없이 우리를 하나님 나라의 일꾼으로 사용하실 것이다. 우리가 자신을 내려놓고 하나님만 의지하는 법을 배웠다면, 젊은 날의 혈기를 버리고 온유한 마음을 가지게 되었다면, 언제라도 우리는 하나님의 일꾼으로 쓰임 받을 수 있다.

예수님은 베드로에게 '내 양을 먹이라'고 하신 후에 이렇게 말씀하셨다. "네가 젊어서는 스스로 띠 띠고 원하는 곳으로 다녔거니와 늙어서는 네 팔을 벌리리니 남이 네게 띠 띠우고 원하지 아니하는 곳으로 데려가리라"(요 21:18). 요한복음 저자는 이 말씀에 대하여 다음과 같은 설명을 달았다. "이 말씀을 하심은 베드로가 어떠한 죽음으로 하나님께 영광을 돌릴 것을 가리키심이러라"(요 21:19). 베드로처럼 우리의 앞날도 우리 손에 있는 것이 아니라 주님의 손에 있다. 우리가 베드로처럼 죽을 수만 있다면, 그것은 가장 큰 영광이요 축복이 될 것이다. 물론 우리의 연약함을 아시는 하나님은 베드로 같은 끔찍한 죽음을 우리에게 요구하지는 않으실 것이다.

나의 사돈되는 정 장로님에 관한 이야기를 하고자 한다. 정 장로님은 교직에 계시다가 나이 60세에 하나님의 부르심을 받으셨다. 부친께서 일찍이 인도에 병원을 건립하고 구호 사업을 했는데, 아들인 정 장로님이 이것을 돕다가 아예 교회로부터 선교사로 파송을 받은 것이다. 정 장로님은 인도에 법인(IPCT)을 설립하고 10여 년째 선교, 교육, 사회봉사와 구제 등 다양한 사역들을 해오고 있다. 그동안 수십 개의 교회를 개척했으며, 매달 목회자들을 위한 세미나를 열어 교육을 하고 있다. 가난하고 비참한 삶을 살아가는 집시들에게도 복음을 전하고 구호사업을 하고 있다. 또 잉글리시코칭센터라는 교육 시설을 여러 곳에 만들어 가난으로 인해 배울 기회가 없는 어린이들을 교육하고 있다.

인도에 오가는 데는 편도 20여 시간이 걸린다고 한다. 정 장로님 부부는 일 년에 몇 번씩 이 먼 길을 오가면서 선교 사역을 하고 있다. 인간적으로 보면, 그분들이 하는 고생은 이루 말할 수 없다. 교회의 재정 지원이 있기는 하지만 턱없이 부족해서 본인들이 직접 선교 후원금을 모금하고 사재를 털어 충당하고 있다. 다른 사람들은 60세가 되면 은퇴하고 여생을 편안하게 사는 것이 소망인데, 정 장로님은 결코 젊지 않은 나이에 엄청난 고생을 사서 하고 있다. 그러나 그분은 인도에서 선교하고 봉사하다가 순교할 각오로 기쁘게 그 모든 일들을 감당하고 있다.

은퇴를 앞두거나 이미 은퇴를 한 이들은, 남은 인생을 어떻게 살아야 하나 많은 생각을 하게 된다. 설문조사에 따르면, 사람들은 늙을수록 꼭 필요한 것이 돈이라고 생각한다고 한다. 돈이 있어야 남은 인생을 걱정 없이 편안하고 안락하게 살 수 있기 때문이다. 그러나 돈을 마음껏 쓰면서 여행 다니고 맛있는 음식 먹고 즐겁고 행복하게 사는 것이 우리 남은 생애의 꿈이 될 수는 없다. 물론 즐겁고 행복하게 살다가 죽는 것도 하나님의 축복일 수 있다. 그러나 하나님 보시기에 가장 큰 축복은 주님의 일을 위해 애쓰다가 어려움도 당하고 어쩌면 죽음도 당할 수 있는 것이다.

하나님이 부르시면, 우리는 언제든 인생을 새롭게 설계하고 다시 시작해야 한다. 하나님 앞에서 겸손하게 순복함으로써 귀하게 쓰임 받는, 영광되고 축복된 인생이 되기를 축원한다.

# 16

## 성령의 인도하심을
## 따라 사는 삶

●
행 16:6-15, 20:22-24

　바울은 세 번에 걸쳐 전도여행을 한 것으로 알려져 있다. 본문은 바울의 2차 전도여행(AD 50-52)의 초반부에 관한 이야기다. 이 2차 전도여행은 처음부터 어려움이 있었다. 1차 전도여행 때 바울은 바나바, 마가와 동행했었는데, 도중에 마가가 이들을 떠났었다. 그래서 2차 전도여행에 마가를 데리고 가는 문제로 바나바와 바울이 심하게 다투었다. 바나바는 마가를 데리고 가자고 했고 바울은 이에 반대했다. 그리하여 바울과 바나바는 결국 갈라서게 되었다. 바나바는 마가를 데리고 구브로로 갔고, 바울은 실라를 택하여 안디옥을 떠나 더베와 루스드라로

갔다.

그런데 웬일인지 성령은 소아시아(지금의 터키 서부) 지역에서는 말씀을 전하지 못하게 하셨다. 그래서 바울은 브루기아와 갈라디아 지역을 지나 무시아에 이르렀다. 무시아 앞에서 바울은 동쪽 방향에 있는 비두니아로 가고자 했다. 비두니아는 지금의 터키 북부 지방이다. 그러나 예수의 영, 즉 성령이 허락하지 않으셨다. 그래서 바울은 무시아를 지나 드로아로 내려갔다. 그런데 이 드로아에서 하나님은 바울에게 환상을 보여주셨다. 그것은 마게도냐 사람 하나가 바울에게 나타나 마게도냐로 건너와서 자기들을 도와달라고 청하는 환상이었다. 이 환상은 기독교 복음이 동방 세계인 아시아가 아니라 서방 세계인 유럽으로 전파되는 결정적 전환점이 되었다.

바울과 실라는 드로아에서 배를 타고 사모드라게와 네압볼리를 거쳐 드디어 마게도냐 지방의 첫 성인 빌립보에 이르렀다. 여기서 바울은 안식일에 기도할 곳을 찾아 강가로 나갔다가 거기 모여 있는 여자들에게 복음을 전하였는데, 그들 중에 자색 옷감 장사를 하는 루디아라는 여자가 바울이 전하는 복음을 듣고 영접하였다. 그리고 그 여인과 그 집이 다 세례를 받게 되었다. 이 루디아는 후에 바울이 빌립보교회를 세우는 데 가장 핵심적인 역할을 하게 된다.

우리는 본문을 통해서 왜 사도행전이 성령행전이라고 불리는지 이해하게 된다. 바울의 전두여행은 한마디로 성령의 인도하심을 따라가는 여행이었다. 본문에서 성령의 인도하심은 다섯 차례에 걸쳐 나타난다.

첫째, 사울과 바나바가 마가의 문제로 다투고 헤어진 것도 알고 보면 성령의 인도하심에 의한 것이라고 할 수 있다. 하나님은 1차 전도여행보다 훨씬 더 멀고 위험한 2차 전도여행을 성공적으로 잘 수행하기 위해서는 바울이 바나바, 마가와 헤어지는 것이 좋다고 보셨음이 틀림없다. 그리하여 성령은 바나바와 마가는 가까운 구브로로 인도하시고 바울과 실라는 먼 더베와 루스드라 지방으로 인도하셨다. 둘째, 성령은 소아시아 지방에서 말씀을 전하지 못하게 바울을 막으심으로써 곧장 무시아 지방으로 가게 하셨다. 셋째, 성령은 바울이 무시아에서 비두니아 지방으로 가는 것을 허락하지 않으셨다. 넷째, 하나님은 드로아에서 바울에게 마게도냐 사람의 환상을 보여주심으로써 바울을 마게도냐 지역으로 가도록 인도하셨다. 다섯째, 빌립보에 간 바울은 나중에 빌립보 교회를 세우는 데 핵심적인 역할을 하게 될 루디아를 만난다. 이 모든 것은 성령의 놀라운 인도하심이었다.

## 인도하시고 막으시는 뜻

우리는 성령의 인도하심이 사람이 계획한 것과는 매우 다르게 이루어지는 것을 볼 수 있다. 성령이 왜 그렇게 하셨는지 우리는 이유를 알 수 없지만, 하나님의 신비로운 뜻이 있었던 것만은 분명하다.

이 본문에 나타나는 일련의 사건들을 통해 우리가 확인할 수 있는 사실은, 하나님의 인도하심이 인간의 계획과 일치하지 않는다는 것이다. 잠언 기자는 말씀한다. "마음의 경영은 사람에게 있어도 말의 응답은 여호와께로부터 나오느니라…사람이 마음으로 자기의 길을 계획할지라도 그의 걸음을 인도하시는 이는 여호와시니라"(잠 16:1, 9). 그리스도인의 삶은 한마디로 성령의 인도하심을 따라 사는 삶이다. 성령의 인도하심을 따라 사는 사람은 인생의 주권이 자신에게 있지 않고 오직 하나님께 있다는 사실을 날마다, 순간마다, 고백하는 사람이다. 내가 계획하고 내가 노력해서 일을 이루는 것 같지만, 하나님의 인도하심이 없으면 내 모든 계획과 노력은 일순간에 허사가 된다.

하나님은 우리의 길을 인도하시기 위해 때때로 우리의 길을 막으신다. 우리의 계획이 하나님의 뜻과 다를 때, 하나님은 우리의 계획을 좌절시키신다. 하나님의 백성이 하나님이 원하시지 않는 길을 자신들이 가야 할 길로 잘못 확신하고 가려고 할 때 그 길을 막으신다. 성령은 바울이 바나바와 함께 2차 전도여행 가는 것을 막으셨고, 소아시아에서는 말씀 전하는 것을 막으셨고, 비두니아 지역으로 가는 것을 막으셨다.

하나님이 우리의 길을 막으실 때, 대부분의 경우 우리는 왜 길을 막으시는지 이유를 알지 못한다. 그러나 하나님은 우리보다 더 크고 놀라운 계획을 가지고 계신다. 바로 이 사실을 우리는 믿어야 한다. 하나님이 우리의 길을 막으시는 것은, 우리가 좋다고 생각했던 길보다 더욱 좋은 길을 열어주시기 위해서이다. 새로운 길로 인도하심으로써 우리를 통해 하나님의 더 크고 놀라운 계획을 이루고자 하신다. 성령이 바울의 길을 막으신 것도 새로운 길을 열어주시기 위해서였다. 그리고 바울로 하여금 마게도냐의 첫 성인 빌립보로 가서 거기서 교회를 세우고, 빌립보 교회를 전초기지로 삼아 전 유럽에 복음을 전파하도록 하기 위해서였다. 하나님은 이 놀라운 유럽 선교의 비전 안에서, 성령을 통해 바울의 선교 여정을 인도하셨다.

우리 인간은 어떤 길이 궁극적으로 우리 자신에게 정말 좋은 길인지 올바로 분별하지 못할 때가 많다. 최상이라고 선택한 길이 오히려 우리를 불행과 파멸로 인도하는 길이 될 수도 있다. 롯의 경우가 대표적인 사례다. 롯은 아브라함과 서로 땅을 나누어 갖기로 했을 때, 소돔과 고모라가 있는 요단 지역을 택했다. 왜냐하면 그 지역은 '온 땅에 물이 넉넉하고' '여호와의 동산 같고 애굽 땅과 같았기' 때문이다(창 13:10). 그러나 롯은 그 땅에 사는 사람들이 얼마나 악한 사람들인지 미처 보지 못했다. 그곳이, 죄악이 관영하여 얼마 뒤에는 불로 심판당할 운명에 처한 곳이라는 사실을 알지 못했다. 롯은 영적인 눈이 멀어 육신적인 눈으로 판단했던 것이다. 우리는 무엇이 정말 좋은 길인지를 육신의 눈이 아니라 영의 눈으로 판단해야 한다. 영적인 눈이란 성령의 인도하심을 따라 분별하는 눈이다.

나의 지난 생을 돌아보면, 하나님이 여러 번 나의 길을 막으셨다. 나는 롯처럼 세상적인 육신의 눈으로 가장 좋은 길이 무엇인지 판단하고 그 길을 가려고 했다. 하나님은 그럴 때마다 그 길을 막으셨다. 그럼에도 나는 어리석고 미련해서 하나님이 막으시는 길을 가고자 계속 고집했었다. 하나님이 막으시는 길을 계속 가고자 고집하면 결국 절망에 이르게 될 뿐이다. 그러나 감사하게도 하나님은 나를 절망에서 구원해주시고 새로운 길을 열어주셨다. 진정으로 좋은 길, 영광스러운 길로 나를 인도하셨다. 시편 기자가 노래한 것처럼 '내 잔이 넘치는' 은혜를 베풀어주셨다.

우리가 시편 기자처럼 '내 잔이 넘치는' 하나님의 은혜를 누리며 살려면, 성령의 인도하심에 민감하게 응답하는 삶을 살아야 한다. 영적으로 깨어 있는 삶, 성령의 음성에 귀 기울이는 삶, 날마다 하나님과 동행하는 삶을 살아야 한다. 하나님과의 동행에 있어서 한발 앞서 나가지 말고, 그분이 이끄시는 대로 뒤를 따라가야 한다. 이스라엘 민족이 광야에서 낮의 구름기둥과 밤의 불기둥으로 인도함 받아 앞으로 나아간 것처럼, 하나님이 인도하시는 대로 나아가야 한다.

하나님은 어떤 방법으로 우리 인생의 길을 인도하시는가? 물론 오늘날 하나님은 구름기둥과 불기둥으로 인도하시지는 않는다. 본문에서 우리는 성령이 바울을 여러 가지 방법으로 인도하신 것을 보게 된다. 첫째, 성령은 불가항력적 상황을 통해서 인도하셨다. 바울이 바나바와 헤어질 수밖에 없는 상황을 만드셨고, 바울이 소아시아 지방에서 말씀을 전할 수 있는 상황을 허락하지 않으셨다. 둘째, 성령은 바울의 마음에 음성을 들려주시고 마음을 감동시킴으로써 인도하셨다. 바울이 비두니아 지역으로 가지 않고 드로아로 가도록 그의 마음을 움직이셨다. 셋째, 성령은 환상을 통해 인도하셨다. 드로아에서 바울에게 마게도냐 사람의 환상을 보여주심으로써 마게도냐 지방으로 인도하셨다. 넷째, 성령은 전혀 예상하지 못한 사건을 통해 인도하셨다. 바울은 전혀 예상하지 못했던 장소에서 루디아를 만나 복음을 전했고, 그녀와 함께 빌립보 교회를 세웠다.

이처럼 성령은 다양한 방식으로 우리에게 간섭하시고 우리 인생의 길을 인도하신다. 성령의 인도하심을 따라 살기 위해서는 우리의 마음, 생각이 성령의 마음, 생각과 하나가 되도록 해야 한다. 사도 바울은 말씀한다. "아무것도 염려하지 말고 다만 모든 일에 기도와 간구로, 너희 구할 것을 감사함으로 하나님께 아뢰라 그리하면 모든 지각에 뛰어난 하나님의 평강이 그리스도 예수 안에서 너희 마음과 생각을 지키시리라"(빌 4:6-7). 여기서 바울은 우리가 하나님께 구하면 그 구하는 것을 다 들어주실 것이라고 말씀하지 않는다. 바울은, 감사함으로 하나님께 우리 구할 것을 아뢰면 하나님의 평강이 그리스도 안에서 우리 마음과 생각을 지키신다고 말씀한다.

하나님이 평강으로 우리의 마음과 생각을 지키시는 것, 이것이 우리의 기도에 대한 하나님의 응답이다. 왜냐하면 하나님의 평강이 우리의 마음과 생각을 지키신다는 것은, 우리의 마음과 생각이 하나님의 마음과 생각과 같게 되도록 만드신다는 의미이기 때문이다. 그리스도 안에서 우리의 마음과 생각이 하나님의 마음과 생각과 일치될 때 우리에게는 평강이 임한다. 이렇게 될 때 평안한 마음으로 성령의 음성을 올바로 듣고 그 음성을 따라갈 수 있다.

우리들 가운데 걱정과 불안과 두려움 가운데 있는 사람이 있는가? 성령이 우리 마음과 생각을 지켜주시기를 축원한다. 우리들 가운데 길이 막혀 절망하고 있는 사람이 있는가? 성령이 새 길을 열어주시기를 축원한다. 사방이 벽으로 막혀 있는 막다른 길에서 성령이 시온의 대로와 같은 새 길을 열어주시기를 축원한다.

## 고난으로 인도하실지라도

그런데 성령이 인도하시는 길이 언제나 평탄하고 안락한 길은 아니다. 때로 그 길은 하나님의 뜻을 이루기 위해 감당해야 할 고난과 역경의 길이 될 수도 있다. 바울은 2차 전도여행을 마치고 얼마 후에 다시 3차 전도여행을 하였다. 이 3차 전도여행의 최종 종착지는 예루살렘이었다. 성령은 바울을 예루살렘으로 인도하셨다. 사도행전은, 예루살렘으로 간 바울이 붙잡혀서 종교 지도자들과 총독 앞에서 재판을 받고 가이사에게 상소를 하여 죄인 신분으로 로마로 압송되는 과정을 자세히 보여주고 있다. 바울은 로마에서 AD 60년대 중반에 순교 당한 것으로 전해진다. 이 마지막 여정도 성령이 인도하셨으며, 바울은 이 인도하심에 끝까지 순종하였다.

이 3차 전도여행의 마지막 단계에서 바울은, 예루살렘으로 가기 전에 에베소 장로들을 청하여 그들에게 마지막 고별 설교를 하였다. 사도행전 20장이 이 설교의 내용이다. 이때 바울은 자신이 '성령에 매여' 예루살렘으로 간다고 말한다. 그런데 성령은 '결박과 환난이 기다린다'고 말씀하셨다고 한다. 그럼에도 불구하고 성령의 인도하심에 순종하여 예루살렘으로 가겠다는 것이다. 자신이 예수께 받은 사명, 곧 복음 증언하는 일을 위해서 목숨을 내어놓았다고 말한다. "내가 달려갈 길과 주 예수께 받은 사명 곧 하나님의 은혜의 복음을 증언하는 일을 마치려 함에는 나의 생명조차 조금도 귀한 것으로 여기지 아니하노라"(행 20:24).

이와 같은 바울의 모습은, 공생애 마지막 시기에 "그러나 오늘과 내

일과 모레는 내가 갈 길을 가야 하리니 선지자가 예루살렘 밖에서는 죽는 법이 없느니라"(눅 13:33)고 말씀하시면서 십자가를 지기 위해 예루살렘으로 올라가시던 예수님의 모습을 연상시킨다.

성령의 인도하심의 목적은 하나님의 뜻을 이루기 위함이다. 궁극적으로 내가 세상에서 성공하고 출세하고 내 이름을 높이기 위함이 아니다. 나를 통해서 하나님의 뜻을 이루고 하나님께 영광을 돌리도록 하기 위함이다. 하나님의 뜻은 이 땅에 예수 그리스도의 복음이 전파되고 하나님 나라가 구현되는 것이다. 우리 인생이 이 하나님의 뜻을 이루기 위한 도구로 사용될 때, 비록 결박과 환난이 기다리고 있다 할지라도 그 길은 가장 축복된 길이 된다.

성령을 따라 사는 삶은, 하나님께 받은 사명을 위해 죽기까지 충성하는 삶을 말한다. 이러한 삶이야말로 가장 영광스러운 삶이다. 왜냐하면 훗날 영광스러운 생명의 면류관이 주어질 것이기 때문이다. 서머나 교회를 향한 말씀은 오늘 우리를 향한 말씀이다. "네가 죽도록 충성하라 그리하면 내가 생명의 관을 네게 주리라"(계 2:10). 사도 바울처럼 성령의 인도하심을 따라 끝까지 사명에 충성함으로써, 훗날 주님 앞에 섰을 때 영광스러운 생명의 면류관을 받아 쓰는 우리 모두가 되기를 축원한다.

# 17

## 하나님의
## 포도원 일꾼

●
마 20:1-16

　이 본문은 예수님이 하나님 나라의 비유로 들려주신 이야기이다. 포도원을 경작하는 어떤 농장 주인이 자기 포도원에서 일할 일꾼을 구하기 위해 아침 일찍 장터로 나갔다. 장터란 요즘 말로 하면 인력시장이라고 할 수 있다. 그곳에서는 노동자들이 모여서 자신들을 일꾼으로 써줄 고용자를 기다리고 있었다. 그런데 경제가 매우 어려워서 일터를 찾는 것이 하늘의 별 따기였다. 아마도 요즘의 우리 현실과 비슷하지 않았을까 생각된다.

　포도원 주인은 해가 뜨는 아침 6시경 시장에 나가, 하루 임금으로 한

191

데나리온씩 주기로 하고 일꾼들을 포도원에 데려왔다. 당시 한 데나리온은 한 가족이 하루를 사는 데 필요한 액수였다. 그리고 포도원 주인은 9시경 다시 시장에 나가 놀고 있는 일꾼들을 불러 같은 조건으로 자기 포도원에서 일하도록 했다. 그 후 이 주인은 12시와 오후 3시에도 시장에 나가 아직 일터를 구하지 못한 사람들을 포도원으로 불러들였다.

그리고 이 주인은 오후 5시에 다시 시장에 나갔다. 이제 불과 한 시간 후인 6시가 되면 해가 지고 하루의 일과는 끝나게 되어 있었다. 그런데 그때까지도 일자리를 찾지 못한 노동자들이 있었다. 그들은 매우 어둡고 슬픈 얼굴로 그곳에 있었다. 그들은 이제 곧 가족의 끼니를 걱정하면서 집으로 돌아가야 했다. 농장 주인이 그들에게 물었다. "당신들은 왜 종일토록 놀고 여기에 서 있습니까?" 그들은 대답했다. "우리를 일꾼으로 써주는 사람이 없기 때문입니다." 농장 주인은 그들에게 말했다. "여러분도 우리 포도원에 들어와 일을 하십시오." 그들은 이제 일할 시간이 1시간밖에 남지 않았지만 기쁜 마음으로 포도원에 들어갔다.

이윽고 오후 6시가 되어 포도원의 하루 일과를 마치는 시간이 되었다. 포도원 주인은 임금을 지불하기 위해 일꾼들을 불러모았다. 그런데 주인은 아침 일찍부터 일한 사람들에게 먼저 주지 않고 늦게 일하러 온 사람들부터 주었다. 주인은 오후 5시에 와서 일한 사람들에게 임금을 주었다. 그런데 놀랍게도 주인은 이 사람들에게 한 데나리온씩을 주었다. 이것을 보고 일꾼들은 모두 놀랐다. 한 데나리온은 아침부터 일한 사람들에게 주기로 약속된 임금이 아닌가? 그래서 아침 일찍부터 와서 일한 사람들은 자신들이 당연히 더 많은 임금을 받을 것을 기대하였다. 그러나 막상 주인은 이들에게도 똑같이 한 데나리온씩을 주었다. 그러자 먼저 온 자들이 포도원 주인을 원망하면서 이렇게 말했다. "나중 온 이 사람들은 한 시간밖에 일하지 아니하였거늘 그들을 종일 수고하며 더위를 견딘 우리와 같게 하였나이다"(마 20:12).

먼저 온 일꾼들의 이런 항의에 대하여 주인은 이렇게 대답했다. "친구여 내가 네게 잘못한 것이 없노라 네가 나와 한 데나리온의 약속을 하지 아니하였느냐 네 것이나 가지고 가라 나중 온 이 사람에게 너와 같이 주는 것이 내 뜻이니라 내 것을 가지고 내 뜻대로 할 것이 아니냐 내가 선하므로 네가 악하게 보느냐 이와 같이 나중 된 자로서 먼저 되고 먼저 된 자로서 나중 되리라"(마 20:13-16).

## 보상 의식을 버리라

예수님이 이 포도원 이야기를 들려주신 의도를 이해하기 위해서는 이 이야기의 배경이 되는 19장 27-30절을 읽어보아야 한다. 19장 27절에서 베드로가 예수님께 이렇게 물었다. "우리가 모든 것을 버리고 주를 따랐사온대 그런즉 우리가 무엇을 얻으리이까." 베드로는 예수님께 자신이 모든 것을 다 포기하고 주님을 따르는 데 대한 보상이 무엇인가를 물었다. 이 물음에 대하여 예수님은, 장차 주님과 함께 영광의 보좌에 앉아 이스라엘을 심판할 것이며, 지금 포기한 것의 몇 배의 보상을 받고 영생을 얻을 것이라고 말씀하셨다. 이 말씀의 의미를 설명하시기 위해서 포도원 일꾼 이야기를 들려주셨던 것이다. 예수님은 이 비유의 마지막에 결론적으로 이렇게 말씀하셨다. "이와 같이 나중 된 자로서 먼저 되고 먼저 된 자로서 나중 되리라"(마 20:16).

'먼저 된 자가 나중 되고 나중 된 자가 먼저 될 것'이라는 말의 뜻은 무엇인가? 그것은 잘못된 동기를 가지고 주님을 따르는 자는 아무리 먼저 부름 받더라도 나중에 부름을 받은 자보다 못하게 될 것이라는 말이다. 잘못된 동기는 어떤 것인가? 그것은 자신의 행위와 수고에 대해 대가를 바라는 '보상 의식'이다. 우리는 베드로의 말 속에서 이 보상 의식을 발견하게 된다. "모든 것을 버리고 주님을 따르는 우리에게, 그 희생에 상응하는 어떤 보상이 있어야 하지 않습니까?"

그러므로 본문의 포도원 일꾼 이야기는 잘못된 동기, 즉 보상 의식을 가지고 예수님을 따르는 자들을 깨우치기 위한 것이다. 이 이야기는 인간의 사회적 정의를 주제로 하는 것이 아니다. 일한 시간이나 성과만큼 보수를 지급하는 것은 사회적 정의이다. 사회적 정의에 따르면 일꾼은 자신이 일을 한 만큼의 보수를 요구할 권리가 있다. 그리고 동일한 직장, 동일한 조건에서 같은 직급의 다른 사람보다 더 오래 더 많이 일했는데도 더 적은 보수를 받았을 경우 이에 대하여 이의를 제기할 수 있다. 그러나 이 이야기의 주제인 하나님 나라는 이러한 것과는 아무런 관계가 없다.

예수님은 포도원 일꾼 이야기를 통해서 주님의 제자로 부름 받은 우리들, 다시 말하면 하나님 나라의 일꾼으로 부름 받은 우리들이 가져야 할 근본적인 태도가 어떠해야 하는지 말씀하시고자 한다. 이 비유에서 포도원은 하나님 나라를, 포도원 주인은 하나님을 상징하고, 포도원 일꾼들은 하나님 나라의 일꾼으로 부름 받은 주님의 제자들을 상징한다. 예수님은 이 이야기를 통해 하나님 나라의 일꾼으로 부름 받은 제자들은 하나님 앞에서 자신의 수고와 노력에 대한 대가를 바라는 보상 의식을 가질 수 없다고 하신다. 또한 보상을 요구할 수 있는 권리도 없다고 말씀하신다.

이 포도원 이야기의 초점은, 나중에 온 일꾼들이 아니라 먼저 온 일꾼들에게 맞추어져 있다. 왜냐하면 이들이 바로 잘못된 동기, 즉 보상 의식을 가지고 있었기 때문이다. 이들은 어떤 사람들이었는가? 새벽부터 인력시장에서 자기를 고용해줄 고용주를 기다리던 사람들이었다. 누군가 자신들을 불러서 일을 시켜주지 않으면 사랑하는 가족의 하루 끼니도 해결할 수 없는, 매우 절박한 형편에 있던 사람들이었다. 다른 사람들보다 일찍 선택받아서 포도원에서 일할 수 있었다는 것은 이들에게 크나큰 행운이었다. 그것은 하나님의 은혜였다. 이들은 부름을 받았을 때 기쁘고 감사한 마음으로 포도원에 들어와 일을 시작했다. 그런데 한낮의 뜨거운 태양 아래에서 종일토록 일하는 동안 이들의 마음에는 점차 처음의 감사와 감격이 사라졌다. 감사한 마음 대신에, 하루 종일 땀 흘리고 일했으니 당연히 농장 주인으로부터 임금을 받을 권리가 있다는 생각만이 자리잡게 되었다.

이들과 달리 포도원에 늦게 부름을 받은 사람들의 마음에는 감사와 감격이 있었다. 하루를 공친 이들은, 돈을 벌어오기를 기다리고 있는 가족들에게 빈손으로 돌아가야 하는 절박한 순간에 처해 있었다. 그때 일꾼으로 부름을 받았다는 사실 자체가 너무도 기쁘고 감사했다. 그리하여 이들은 자신들이 임금을 얼마 받게 될지 묻지도 않고 포도원에 들어와 열심히 일했다. 이들에게는 감사와 감격이 있었다. 바로 이 점에 있어서 먼저 온 일꾼들과 나중 온 일꾼들이 달랐다. 먼저 온 일꾼들의 근본적인 문제점은 처음의 감사와 감격을 상실했다는 데 있다. 하나님 나라의 일꾼이 하나님의 은혜에 대한 감사와 감격의 마음을 상실하면, 자신의 수고와 노력에 대한 보상을 요구하는 삯꾼이 된다.

보상 의식은 비교 의식과 경쟁의식으로 연결된다. 포도원에 먼저 온 일꾼들은 단지 보상을 요구했을 뿐만 아니라 나중에 부름 받은 사람들과 비교하여 자신들이 더 많은 보상을 받아야 한다고 주장했다. 그들은 자신들보다 늦게 와서 한 시간밖에 일하지 않은 사람들이 한 데나리온을 받는데, 하루 종일 일한 자신들도 한 데나리온을 받는 것은 부당하다고 생각했다. 그리하여 그들은 포도원 주인을 원망하며 항의했다.

그러나 포도원 주인은 사회적 정의의 관점에서도 부당한 일을 행한 것이 아니었다. 왜냐하면 그들은 포도원 주인과 한 데나리온 받기로 약속을 하고 일을 시작하였기 때문이다. 포도원 주인은 결코 고용 계약을 어기지 않았다. 포도원 주인이 늦게 온 일꾼들에게 한 데나리온의 임금을 준 것은 부정의를 행한 것이 아니라 오히려 선을 베푼 것이다. "내 것을 가지고 내 뜻대로 할 것이 아니냐 내가 선하므로 네가 악하게 보느냐"(마 20:15). 이 선은 바로 하나님의 은혜의 행동을 의미한다. 하나님의 선하신 은혜의 행동은 사회적 정의를 무시하는 것이 아니라 그것을 초월한다. 포도원에 먼저 온 일꾼들과 나중에 온 일꾼들의 공통점은 이들이 모두 하나님의 은혜로 부름을 받았다는 사실에 있다. 이 사실 자체가 하나님의 은혜의 선물이요 축복이었다.


## 사랑을 위한 자유

하나님의 은혜는 어떻게 주어지는가? 그것은 하나님의 자유와 사랑 안에서 주어진다. 하나님의 은혜는 철저히 하나님의 자유에 의한 것이다. 하나님은 인간의 요구에 얽매이지 않으신다. 주인은 말씀한다. "내 것을 가지고 내 뜻대로 할 것이 아니냐?" 하나님은 인간의 사회적 정의에도 얽매이지 않으신다. 하나님의 행동은 동일한 성과에 대한 동일한 임금이라는 원칙에도 얽매이지 않는다. 하나님은 하나님의 자유로운 뜻 안에서 은혜를 베푸신다. 이것이 하나님의 주권적 섭리이다. 그러나 이 하나님의 자유에는 내적 원리가 있다. 그것은 사랑이다. 즉 하나님의 자유로운 행위의 내적 원리는 사랑이다. 하나님의 자유는 '사랑을 위한 자유'(freedom for love)이다.

오후 5시에 포도원에 들어와 일을 시작한 일꾼들에게 한 데나리온의 임금을 준 것은 주인의 선한 마음, 즉 사랑에 의한 것이었다. 그것은 긍휼과 자비의 마음이었다. 사실상 하루의 일과가 다 끝나가는 오후 5시에 일꾼을 부른 것 자체가 상식적으로 맞지 않는 일이었다. 그것 자체가 긍휼과 자비였다.

그러나 포도원에 먼저 온 일꾼들은, 나중에 온 사람들에게 주인이 긍휼과 자비를 베푼 것에 대하여 원망했다. 왜 그랬을까? 그것은 그들이 다른 사람들에게 주어지는 행운에 대해 질투했기 때문이다. 이웃의 잘됨을 함께 기뻐할 수 있는 마음이 그들에게는 없었다. 이것이 그들의 문제였다. 다른 사람과의 비교 의식과 경쟁의식, 시기심과 질투, 다른 사람이 잘되는 것이 내게 기쁨이 되기보다는 오히려 괴로움이 되는 것, 이것이 그들의 문제였다. 그리고 이것은 단지 포도원에 먼저 온 일꾼들만의 문제가 아니라, 모든 인간의 근본적인 문제이며, 또한 바로 우리 자신의 문제이기도 하다.

포도원 일꾼 이야기와 탕자 비유는 유사점을 갖고 있다. 탕자의 비유에서도 초점은, 재산을 탕진하고 돌아온 둘째 아들이 아니라 그 아들을 환대하는 아버지를 원망하고 동생을 질투하는 첫째 아들에 있다고 할 수 있다. 이 첫째 아들은 하나님의 은혜에 대한 감사와 감격을 잃어버리고 율법주의에 빠진 당시의 유대교 종교인들을 암시한다. 포도원 일꾼 이야기에서는 먼저 부름을 받은 일꾼들이 그들이라고 할 수 있고, 오늘 우리의 상황에 적용하자면 일찍 부르심을 받고 하나님의 자녀가 된 그리스도인들이라고 할 수 있다.

경쟁의식과 시기심과 질투는 바로 가인이 자기 동생 아벨을 살해한 원인이었다. 우리 인간은 모두 가인의 후손이다. 경쟁의식과 시기심과 질투는 때로 사회적 정의라는 가면을 쓰고 나타나기도 한다. "아무도 나보다 못해서는 안 된다"는 참된 평등 정신 대신에 "아무도 나보다 낫게 되어서는 안 된다"는 왜곡된 평등 이데올로기가 인간 마음 깊은 곳에 도사리고 있다. 우리가 이러한 왜곡된 평등 이데올로기에 지배당하면, 내가 어렵게 사는 것은 가진 자들 때문이고 따라서 가진 자들을 타도해야 평등한 사회를 건설할 수 있다는 마르크스 사상이 득세하게 된다. 수년 전 서울에서 일어났던 살인 사건이 있다. 피의자가 술을 마시고 길을 가다가 다세대 옥탑방에서 새어나오는 가족들의 웃음소리를 듣고 그 집으로 들어가 묻지마 살인을 한 사건이다. 살해 동기를 묻는 질문에 그는 "나는 세상을 이렇게 어렵게 사는데 다른 사람은 행복하게 산다는 것이 매우 불쾌하고 견디기 어려웠다"고 대답했다. 다른 사람의 행복이 나의 불행이 되고 다른 사람의 불행이 나의 행복이 되는 것이 인간의 악한 본성이다.

교회 밖 세상에서뿐만 아니라 교회 안에서도 마찬가지다. 다른 사람과의 비교 의식, 경쟁의식, 시기심과 질투는 교회 안의 분열과 분쟁을 초래한다. 사탄과 싸워야 할 기독교인들이 서로 총을 겨루는 것이 오늘 우리 교회, 바로 우리가 속해 있는 공동체의 현실이기도 하다. 어떤 의미에서 가장 견디기 힘든 싸움은 우리 밖에 있는 적과의 싸움이 아니라 우리 안에서의 동료들 간의 싸움이다. 하나님 나라의 포도원 안에서 한마음으로 동역해야 할 일꾼들이 서로 물고 뜯고 싸우는 것은 크나큰 비극이 아닐 수 없다.


## 기억해야 할 감사와 기쁨

결론적으로, 포도원 일꾼 이야기를 통해 우리는 두 가지를 깨닫고 마음에 새겨야 한다. 첫 번째로, 우리를 포도원 일꾼으로, 주님의 제자로, 하나님 나라의 일꾼으로 불러주신 하나님의 은혜에 대한 감사와 감격을 잃지 말아야 한다. 부르심을 받기 전에 얼마나 절망스러운 상황 속에 있었는지를 항상 새롭게 기억해야 할 필요가 있다. 아무 소망이 없었던 과거의 그 곤고한 시간들, 그 절망의 시간들, 눈물로 하나님께 호소하던 그 시간들을 잊지 말아야 한다. 이 시간들을 잊고 하나님의 은혜에 대한 감사와 감격을 잃어버리는 순간, 우리는 자신의 수고와 노력에 대한 보상을 요구하는 율법주의자로 전락하게 된다.

과연 포도원에 일찍 부름 받아 하루 종일 일한 일꾼들은 나중에 부름을 받은 일꾼들보다 더 많은 일을 했기 때문에 손해 본 것인가? 결코 그렇지 않다! 그들은 일터를 찾지 못해 가족의 끼니를 걱정하면서 온종일 시장에서 방황했던 일꾼들에 비하면, 포도원에서 일하면서 행복한 하루를 보내지 않았는가? 우리에게 일할 수 있는 일터가 주어졌다는 것, 그리고 이 일터가 다름 아닌 하나님의 포도원이라는 사실은 얼마나 큰 은총이요 특권인가? 우리가 하나님 나라의 일꾼으로 부름 받고 주님의 제자로 살아간다는 사실은 얼마나 큰 축복이요 영광인가? 우리는 한 순간도 이 사실에 대한 감사와 감격의 마음을 잃지 말아야 한다.

본문의 포도원 일꾼 이야기로부터 우리가 깨달아야 할 두 번째 진리는, 우리가 다른 사람의 잘됨을 진정으로 함께 기뻐할 때 하나님이 기뻐하시는 진정한 하나님의 자녀요 하나님 나라의 일꾼이 된다는 사실이다. 우리는 하나님의 호의가 다른 사람에게 주어지는 것을 보고 진정으로 함께 기뻐할 수 있는 마음을 가져야 한다. 다른 사람의 복락을 간절히 바라는 마음이 없다면 어떻게 우리가 다른 사람의 영혼을 구원하는 복음의 전도자가 될 수 있겠는가? 올림픽이나 월드컵 축구대회 등이 열리면, 온 국민이 함께 우리 선수들의 선전과 승리를 기원하고 기뻐한다. 이것은 우리 국민이 한마음이 되었다는 것을 의미한다. 다른 사람의 기쁨이 내 기쁨이 될 때 우리의 기쁨은 배가 될 것이며, 그러할 때 우리는 하나가 된 진정한 공동체를 이룰 수 있다. 우리가 주님으로부터 부름 받아 함께 일하는 포도원이 이와 같은 한마음의 공동체가 될 때, 우리의 포도원은 행복과 평화와 기쁨이 넘치는 하나님 나라가 될 것이다. 사도 바울은 하나님 나라를 이렇게 정의한다. "하나님의 나라는 먹는 것과 마시는 것이 아니요 오직 성령 안에 있는 의와 평강과 희락이라"(롬 14:17).

다른 사람을 향한 하나님의 호의를 시기하고 질투하는 사람은, 자신이 하나님의 은혜로 구원 받고 포도원의 일꾼으로 부르심을 받았다는 사실에 대한 진정한 깨달음과 감격이 없는 사람이라고 할 수 있다. 이러한 깨달음과 감격이 있는 사람은, 다른 사람 역시 하나님의 은혜로 구원을 받고 포도원의 일꾼으로 부르심 받았다는 사실을 진정으로 기뻐할 수 있다.

"먼저 된 자로서 나중 되고 나중 된 자로서 먼저 될 자가 많으니라"는 주님의 말씀은, 이웃을 향한 하나님의 긍휼과 자비를 진정으로 함께 기뻐하지 못하고 오히려 경쟁의식과 시기심과 질투에 사로잡혀 있는 사람에 대한 경고이다. 하나님의 일꾼으로 먼저 부름 받은 이들은 이 경고의 말씀을 깊이 새기고 늘 자신을 돌아보아야 한다.

# 18 /

## 은혜와
## 열매

●
마 18:21-35

우리의 구원은 오직 하나님의 은혜로 말미암는다. 구원은 결코 우리 자신의 공로에 의해서가 아니라 전적인 하나님의 은혜에 의해서 선물로 주어진다. 인간을 구원하시는 하나님의 은혜가 결정적으로 나타난 곳이 예수 그리스도의 십자가이다. 이 십자가에서 하나님은 인간의 모든 죄와 그 죄로 인한 죽음의 운명을 친히 대신 담당하셨다. 하나님은 예수 그리스도로 하여금 인간이 당해야 할 심판을 대신 받고 죽게 하심으로써, 그리고 하나님 자신이 아들을 죽음으로 내어주는 고통을 함께 당하심으로써, 인간을 심판하시고 동시에 구원하셨다. 예수 그리스도 안에서 우리의 모든 죄와 죽음을 대신 담당하심으로써 하나님의 의와 생명을 우리에게 부여해주셨다. 이것이 바로 '즐거운 교환'이라고 불리는 구속의 내용이다.

하나님의 은혜는 값없이 선물로 주어지지만, 결코 값싼 은혜가 아니다. 하나님의 은혜가 값이 없다는 것은 '값싼 것'이라는 뜻이 아니라 값을 매길 수 없을 정도로 값비싸다는 것을 의미한다. 영어로 '값없다'(priceless)는 말은 'invaluable'(매우 귀중하다)와 동의어이다. 어떤 값도 매길 수 없을 정도로 값비싼 예수 그리스도의 십자가 죽음을 통한 하나님의 구원이 우리에게 은혜의 선물로 값없이 주어졌다. 그것은 그 십자가가 인간을 향한 하나님의 무한한 사랑의 궁극적 표현이기 때문이다.


## 은혜와 율법

하나님의 은혜는 값없이 주어지지만 상거래적인 의미에서의 'free'(공짜)는 아니다. 상업적인 거래에서는 값을 치르든지 아니면 공짜(free)로 재화를 주고받으면 그것으로 거래 관계가 끝난다. 그러나 하나님과 인간의 관계는 이와 같은 상업적인 거래 관계와 다르다. 하나님은 우리에게 은혜를 베푸시는데 그 은혜에 상응하는 우리의 응답을 요구하신다. 하나님이 애굽에서 종살이 하던 이스라엘 민족을 구원하신 것은 철저하게 하나님의 은혜에 의한 것이었다. 하나님은 이스라엘 민족을 구원해내시고 그들을 하나님의 백성으로 삼으셨다.

그런데 이야기는 여기서 끝나는 것이 아니라 이제부터 시작이다. 이스라엘 민족을 자기 백성으로 택하신 하나님과, 하나님 은혜로 구원을 받고 그분의 백성이 된 이스라엘 민족 간의 계약의 역사가 이제부터 시작된다. 이제부터 이스라엘 민족은 하나님의 백성답게 살아야 한다. 하나님이 이스라엘과 맺으신 계약에 신실하신 것처럼 이스라엘도 계약에 신실해야 한다. 하나님은 이스라엘 민족이 하나님의 백성으로서 어떻게 살아야 할지를 십계명을 통해 말씀하셨다. 물론 이스라엘 민족이 십계명을 지켜야만 하나님의 백성이 되는 것은 아니다. 그들은 이미 하나님의 은혜로 하나님의 백성이 되었다. 그러나 하나님의 백성이 된 이상, 하나님의 백성답게 살아야 한다. 거룩하신 하나님처럼 거룩한 백성이 되어야 하며, 하나님의 계명을 준수해야 한다.

이것이 율법의 본래 정신이다. 율법의 본래 정신은, 하나님의 은혜로 구원 받은 하나님의 백성이 하나님의 백성답게 살아야 한다는 것이다. 이런 의미에서 은혜와 율법은 대립 관계에 있지 않다. 우리는 예수님이 "내가 율법이나 선지자를 폐하러 온 줄로 생각하지 말라 폐하러 온 것이 아니요 완전하게 하려 함이라 진실로 너희에게 이르노니 천지가 없어지기 전에는 율법의 일점 일획도 결코 없어지지 아니하고 다 이루리라"(마 5:17-18)고 하신 말씀의 의미를 올바로 깨달아야 한다. 율법이 은혜에 기초하고 있듯이, 은혜는 율법을 요구한다.

구약성서의 역사서는 신명기 사관에 의해 기록되었다. 신명기 사관에 따르면, 개인적으로나 민족적으로 하나님의 말씀을 잘 준행하면 복을 받고 말씀에 불순종하면 저주를 받는다. 신명기, 사무엘, 열왕기, 역대기 같은 역사서들은 이 신명기 사관에 의해 기록되었다. 신명기 사관은 특히 신명기 28장에 가장 잘 나타난다. 신명기 28장은 순종하여 받는 복과 불순종하여 받는 저주를 잘 보여준다.

순종하여 받는 복은 28장 1-6절에 나타난다. "네가 네 하나님 여호와의 말씀을 삼가 듣고 내가 오늘 네게 명령하는 그의 모든 명령을 지켜 행하면 네 하나님 여호와께서 너를 세계 모든 민족 위에 뛰어나게 하실 것이라 네가 네 하나님 여호와의 말씀을 청종하면 이 모든 복이 네게 임하며 네게 이르리니 성읍에서도 복을 받고 들에서도 복을 받을 것이며 네 몸의 자녀와 네 토지의 소산과 네 짐승의 새끼와 소와 양의 새끼가 복을 받을 것이며 네 광주리와 떡 반죽 그릇이 복을 받을 것이며 네가 들어와도 복을 받고 나가도 복을 받을 것이니라." 여기서 복을 받는 조건은 '네 하나님 여호와의 말씀을 삼가 듣고 내가 오늘 네게 명령하는 그의 모든 명령을 지켜 행하면'이란 조건절에 잘 나타난다.

다른 한편, 불순종하여 받는 저주는 20-22절에 나타나는데, 여기서 저주가 내리는 조건은 '악을 행하여 하나님을 잊는 것'이다. 이제 하나님의 백성이 되었기 때문에, 하나님의 말씀을 잘 듣고 그 명령을 지켜 행하면 복을 받고 하나님을 잊고 악을 행하면 저주를 받는다는 것이다. 이와 같은 신명기 사관에 근거해서, 구약성서 저자는 이스라엘이 앗수르와 바벨론에 의해 멸망한 것은 그들이 하나님을 잊고 악을 행했기 때문이라고 기록하고 있다.

하나님은 값없이 은혜를 베풀어주신다. 그런데 이 하나님의 은혜를 싸구려 은혜로 만들지 않기 위해서는 인간이 그 은혜에 상응하는 삶을 살아야 한다. 하나님의 은혜에 상응하는 삶은 하나님의 말씀과 명령을 지켜 행하는 삶을 말한다. 하나님은 우리가 이러한 삶을 살 때 더 큰 은혜와 복을 내려주시고, 우리가 이러한 삶을 살지 못할 때 징계하시고 심판하신다. 이것은 단지 구약성서뿐만 아니라 신구약성서 전체를 관통하는 일관된 메시지다.

마태복음 18장 21-35절은 우리가 너무도 잘 아는 이야기로, 이 비유의 주제는 용서다. 어떤 종이 자기 주인(임금)에게 만 달란트(수십조 원) 빚을 탕감 받았는데, 자기에게 백 데나리온(백만 원)의 빚을 진 동료의 빚을 탕감해주지 않고 옥에 가두었다. 이 소식을 들은 주인이 노하여 그를 다시 잡아다가 옥에 가두었다는 이야기이다.

여기서 주인은 다음과 같이 말한다. "악한 종아 네가 빌기에 내가 네 빚을 전부 탕감하여주었거늘 내가 너를 불쌍히 여김과 같이 너도 네 동료를 불쌍히 여김이 마땅하지 아니하냐"(32-33절). 그리고 예수님은 결론적으로 이렇게 말씀하신다. "너희가 각각 마음으로부터 형제를 용서하지 아니하면 나의 하늘 아버지께서도 너희에게 이와 같이 하시리라"(35절).

이 이야기에서 임금(주인)은 하나님을 가리키고 종은 죄인 된 인간을 가리킨다. 핵심 내용은, 하나님이 우리에게 큰 은혜를 베풀어주셨고 우리의 모든 악한 죄를 용서해주셨고 우리를 구원해주셨으므로 우리도 이웃의 죄를 용서해주어야 한다는 것이다. 우리가 이웃의 죄를 용서해주지 않으면 하나님도 우리의 죄를 다시 물으시고 심판하실 것이다. 하나님의 은혜는 값없이 거저 주어지지만, 그에 상응하는 우리의 삶을 요구한다.

## 은혜에 응답하는 삶

하나님의 은혜에 상응하는 우리의 삶이란 어떤 것인가? 신명기서는 하나님의 말씀을 듣고 그 명령을 지켜 행하라고 한다. 여기서 하나님의 말씀과 명령이란 십계명과 십계명에 기초한 율법을 말한다. 따라서 율법을 잘 지켜 행하라는 것이고, 결국 하나님의 은혜에 상응하는 삶이란 율법을 잘 준행하는 삶이다. 그러면 이것은 율법주의를 의미하는가? 그렇지 않다. 하나님의 은혜에 대한 응답으로서 율법을 잘 지켜 행하는 삶은 율법주의와 구별된다. 그러면 이 둘은 어떻게 구별되는가?

율법주의란 율법적 행위가 구원의 조건이 된다는 것이다. 율법주의는 자신의 율법적 행위를 통해 자기의 의를 드러냄으로써 하나님 앞에서 의롭다고 인정받고자 하는 태도를 의미한다. 율법주의자의 특징은 의로운 행위를 통해 하나님으로부터 의롭다고 인정받을 수 있을 만큼 자신이 의로운 존재라는 자기인식에 있다. 한마디로 율법주의자는 자기 의(self-righteousness)에 사로잡혀 있고 겉으로 드러나는 행위를 중요시한다.

우리는 우리의 행위가 아니라 오직 하나님의 은혜에 의해 믿음으로 말미암아 구원을 받는다. 하나님의 은혜에 대한 응답으로써 율법을 준행하는 사람은 율법주의자와 같지 않다. 그에게는 자기 의가 없다. 그는 자신이 의로운 행위를 통해 하나님으로부터 의롭다고 인정받을 수 있을 만큼 의로운 존재라고 생각하지 않는다. 그가 율법을 지켜 행하는 동기는 단 하나이다. 그것은 그가 하나님의 은혜를 입었기 때문이다. 그의 행동의 유일한 동기는 하나님의 은혜에 대한 감사와 감격이다. 그가 자기에게 백 데나리온을 빚진 동료의 빚을 탕감해준다면, 그것은 그가 하나님으로부터 만 달란트보다 더 큰 구원의 은혜를 받았기 때문이다. 그는 의로운 행동을 함으로써 하나님과 사람들 앞에서 의로운 인간으로 인정받는 것에는 관심이 없다. 왜냐하면 허물과 죄에도 불구하고 하나님의 은혜로 말미암아 이미 의롭다고 인정받고 하나님의 자녀가 되었기 때문이다.

하나님의 율법을 지키는 우리의 행위가 하나님의 은혜에 응답하는 행위가 아니라 자기 의를 드러내려는 행위가 될 때, 그리고 내면의 감사와 감격을 상실하고 겉으로 드러나는 행위에 치중할 때, 그 행위는 율법주의적 행위로 전락한다. 율법주의자의 보다 근본적인 문제는 하나님의 은혜에 대한 감사의 마음을 잃어버리고 자기 의를 드러내고자 하는 것이다. 이러한 율법주의적 인간은 유대교에만 있는 것이 아니라 우리 기독교 안에도 얼마든지 있을 수 있다.

한번은 예수님이 사마리아와 갈릴리 사이로 지나가시는데, 한 마을에서 나병환자 열 명이 멀리 서서 "예수 선생님이여, 우리를 불쌍히 여기소서" 하고 소리쳤다. 예수님은 그들에게 "가서 제사장에게 너희 몸을 보이라"고 말씀하셨다. 이 말은 너희가 가는 도중에 곧 병이 나을 테니까 제사장에게 가서 병이 나았다는 공식적인 판정을 받으라는 의미였다. 정말 그들은 제사장에게 가는 도중에 병이 나았다. 그런데 그 중에 사마리아인 한 사람만이 하나님께 영광을 돌리며 돌아와 예수의 발아래 엎드려 감사를 표했다. 이때 예수님은 말씀하셨다. "열 사람이 다 깨끗함을 받지 아니하였느냐 그 아홉은 어디 있느냐 이 이방인 외에는 하나님께 영광을 돌리러 돌아온 자가 없느냐"(눅 17:17-18).

나병으로부터 깨끗함을 받은 것은 전적으로 은혜에 의한 것이다. 이 은혜를 얻기 위해 치른 대가는 아무것도 없다. 그러나 이 은혜를 받은 자에게는 그에 상응하는 응답이 요구된다. 그 응답은 무엇인가? 감사의 표현이다. "그 아홉은 어디 있느냐?"라고 물으시는 예수님의 물음에는 은혜에 감사할 줄 모르는 인간들에 대한 책망이 함축되어 있다.

하나님의 은혜를 받은 하나님의 자녀는 은혜의 원리에 따라 살아야 한다. 은혜의 원리란 무엇인가? 주인이 종의 빚 만 달란트를 거저 탕감해준 것처럼 종도 동료의 빚 백 데나리온을 거저 탕감해주는 것을 말한다. 내가 은혜를 입은 것처럼 나도 다른 사람에게 은혜를 베푸는 것이다. 이웃에게 사랑을 베풀 때 그것을 내 자랑이나 의로 여기지 않고, 하나님의 크신 은혜를 입은 자로서 그 은혜에 만분의 일이라도 보답하기 위한 지극히 당연한 행동이라고 여기는 것이다.

예수님은 누가복음 13장에서 열매 맺지 못하는 무화과나무 이야기를 들려주셨다. 어떤 사람이 포도원에 무화과나무를 심었는데 열매를 얻지 못했다. 그래서 포도원지기에게 이렇게 말했다. "내가 삼 년을 와서 이 무화과나무에서 열매를 구하되 얻지 못하니 찍어버리라 어찌 땅만 버리게 하겠느냐"(7절). 그러자 포도원지기가 이렇게 대답했다. "주인이여 금년에도 그대로 두소서 내가 두루 파고 거름을 주리니 이후에 만일 열매가 열면 좋거니와 그렇지 않으면 찍어버리소서"(눅 13:8-9). 무화과나무는 열매를 맺어도 되고 맺지 않아도 되는 나무가 아니라, 반드시 열매를 맺어야 한다. 포도원 주인이 열매를 찾을 때가 반드시 있다.

이 이야기에서 열매는 무엇을 의미하는가? 은혜의 원리를 실천하는 삶을 의미한다. 예수님은 이렇게 말씀하셨다. "아름다운 열매를 맺지 아니하는 나무마다 찍혀 불에 던져지느니라 이러므로 그들의 열매로 그들을 알리라 나더러 주여 주여 하는 자마다 다 천국에 들어갈 것이 아니요 다만 하늘에 계신 내 아버지의 뜻대로 행하는 자라야 들어가리라"(마 7:19-21). 이와 같은 맥락에서 야고보는 이렇게 말씀했다. "아아 허탄한 사람아 행함이 없는 믿음이 헛것인 줄을 알고자 하느냐 우리 조상 아브라함이 그 아들 이삭을 제단에 바칠 때에 행함으로 의롭다 하심을 받은 것이 아니냐…이로 보건대 사람이 행함으로 의롭다 하심을 받고 믿음으로만은 아니니라…영혼 없는 몸이 죽은 것같이 행함이 없는 믿음은 죽은 것이니라"(약 2:20-26).

과연 우리의 믿음은 행함이 있는 살아있는 믿음인가? 우리는 하나님의 그 크신 은혜를 입고 살면서도 이웃에게 은혜를 베풀지 못하는 우리 자신의 모습을 회개하지 않을 수 없다. 우리는 하나님의 은혜에 대한 감사와 감격을 상실한 채, 자기 의와 세상적인 자기 자랑을 추구하는 우리 자신의 모습을 회개하지 않을 수 없다.

참으로 감사한 것은, 우리가 진정으로 회개하고 하나님의 뜻을 행하기 위해 최선을 다한다면 하나님이 있는 그대로의 우리를 받아주신다는 사실이다. 우리가 육신의 연약함으로 인해 때때로 실패하고, 우리가 맺은 열매가 매우 초라할지라도 말이다. 하나님은 우리를 격려해주시고 우리가 더 좋은 열매를 맺을 수 있도록 새로운 성령의 능력을 부어주신다. 이것은 은혜 위의 은혜라고 할 수 있다. 성령이 우리 한 사람

한 사람 마음속에 오셔서, 하나님의 은혜에 대한 감사과 감격이 새로워지게 해주시기를 바란다. 우리로 하여금 그 크신 은혜에 만분의 일이라도 보답하고자 하는 결심을 새롭게 하게 해주시기를 바란다. 그리하여 하나님으로부터 은혜로 받은 것을 이웃에게 거저 베풀고 나누는 삶을 실천함으로써, 풍성한 열매를 맺는 우리 모두가 되기를 주님의 이름으로 축원한다.

# 19/

## 우리의
## 마지막 싸움

●
마 4:1-11

본문 말씀은 예수님이 공생애를 시작하시기 전에 광야에서 마귀에게 시험을 받은 이야기다. 이 시험은 비단 예수님만이 당한 시험이 아니라 모든 인간이 다 겪게 되는 시험이고, 오늘을 살아가는 우리도 피할 수 없는 시험이다. 그러므로 예수님의 시험을 묵상하는 것은 우리에게 매우 중요한 의미가 있다.

예수님은 마귀에게 세 가지의 시험을 받았다. 첫 번째 시험은 돌로 떡을 만들라는 것이었다. 예수님이 40일 동안 금식을 하고 매우 허기져 계신 때인지라 돌을 떡으로 만들라는 시험은 예수님에게 매우 실존적인 시험이었다. 이 시험은 인간의 생존에 있어서 가장 기본적인 문제, 즉 먹고 사는 문제, 물질 문제, 경제 문제에 대한 시험이다. 이것은 메시아가 백성의 물질적, 경제적 문제를 해결해주어야 한다는 당시의 대중적인 메시아니즘을 반영한다. 그러나 예수님은 이 시험을 "사람이 떡으로만 살 것이 아니요 하나님의 입으로부터 나오는 모든 말씀으로 살 것이라"(마 4:4)는 신명기 8장 3절에서 온 말씀으로 물리치셨다.

예수님이 하나님 나라를 위한 공생애 사역을 하실 때, 수많은 사람들은 예수님이 굶주림의 문제를 해결하고 경제적인 풍요를 가져다줄 것으로 믿고 예수님 주위에 모여들었다. 요한복음 6장에는 오병이어 사건이 기록되어 있는데 이 이적 사건 이후에 예수님은 말씀하셨다. "내가 진실로 진실로 너희에게 이르노니 너희가 나를 찾는 것은 표적을 본 까닭이 아니요 떡을 먹고 배부른 까닭이로다 썩을 양식을 위하여 일하지 말고 영생하도록 있는 양식을 위하여 하라"(요 6:26-27).

두 번째 시험은 성전 꼭대기에서 뛰어내려서 천사들로 하여금 받게 하라는 것이었다. 이 시험은 세상에서의 인기와 명예에 관한 시험이다. 기적과 같은 초자연적 능력을 행함으로써 메시아의 표적을 보여달라는 대중의 요구와 기대를 반영한다. 만일 예수님이 높은 예루살렘 성전에서 뛰어내려 땅에 사뿐히 내려섰다면, 초자연적 능력을 지닌 신적 존재로 간주되고 대중의 인기와 환호를 한 몸에 받는 메시아가 되었을 것이다. 그러나 예수님은 이 시험을 신명기 6장 16절에서 온 "주 너의 하나님을 시험하지 말라"는 말씀으로 물리치셨다.

예수님이 공생애 사역을 하실 때, 예수님은 수많은 병자들을 고치셨다. 그러나 예수님은 자신을 드러내지 않기를 원하셨다. 예를 들면, 예수님이 한 나병환자를 고치셨을 때, 아무에게도 말하지 말고 오직 제사장에게만 보여 깨끗하게 된 것을 확인받으라고 말씀하셨다. 그러나 병 고침을 받은 사람이 이 일을 전파하여 널리 퍼지게 되자 예수님은 한적한 곳으로 몸을 피하셨다(막 1:40-45; 마 8:1-4; 눅 5:12-16). 예수님은 세상 사람들의 세속적 관심과 인기가 자신의 메시아 사역에 도움이 되는 것이 아니라 오히려 방해가 된다는 사실을 잘 아셨다.

한번은 서기관과 바리새인들이 예수님께 나아와 "당신이 메시아라는 표적을 보여달라"고 요구했다. 이에 예수님은 이렇게 대답하셨다. "악하고 음란한 세대가 표적을 구하나 선지자 요나의 표적밖에는 보일 표적이 없느니라 요나가 밤낮 사흘 동안 큰 물고기 뱃속에 있었던 것 같이 인자도 밤낮 사흘 동안 땅 속에 있으리라"(마 12:39-40, 참고 막 8:11-12; 눅 11:29-32). 이 요나의 표적이란 예수님의 십자가 죽음을 가리키는 것이다.

세 번째 시험은 마귀에게 엎드려 경배하면 천하만국과 영광을 주겠다는 시험이었다. 이 시험은 권력에 대한 욕구와 삶에서의 우선순위에 대한 시험이다. 인간의 권력욕은 자신의 신앙과 영혼을 팔아서라도 쟁취하고자 할 만큼 강한 유혹이라는 것을 함축한다. 또한 이 세상을 지배하는 세속적 권력을 지닌 메시아를 기대하는 당시의 왕적 메시아니즘을 반영한다. 그러나 예수님은 이 시험을 신명기 6장 13절에서 온 "주너의 하나님께 경배하고 다만 그를 섬기라"는 말씀으로 물리치셨다.

예수님 당시에 왕적 메시아 사상을 가지고 있었던 것은 일반 대중만이 아니었다. 예수님의 제자들도 예수님이 장차 왕이 되실 것이라는 생각을 가지고 예수님을 따랐다. 심지어 예수님의 공생에 마지막 시기까지 그러했다. 공생애 마지막 시기에, 예수님이 예루살렘으로 올라가실 때 야고보와 요한이 예수님께 나아와 하나는 주의 우편에, 하나는 좌편에 앉게 해달라고 요청한다. 이때 예수님은 이렇게 말씀하셨다. "이방인의 집권자들이 그들을 임의로 주관하고 그 고관들이 그들에게 권세를 부리는 줄을 너희가 알거니와 너희 중에는 그렇지 않을지니 너희 중에 누구든지 크고자 하는 자는 너희를 섬기는 자가 되고 너희 중에 누구든지 으뜸이 되고자 하는 자는 모든 사람의 종이 되어야 하리라 인자가 온 것은 섬김을 받으려 함이 아니라 도리어 섬기려 하고 자기 목숨을 많은 사람의 대속물로 주려 함이니라"(막 10:42-45, 참고 마 20:20-28).

## 오늘날 닥쳐오는 시험

이 세 가지 시험은 예수님이 메시아로서의 공생애를 시작하시기 전에 당하셨던 시험이라는 점을 우리는 기억해야 한다. 즉 이 시험 이야기는 예수님이 어떤 메시아여야 하는가에 대한 기독론적, 신학적 의미를 함축하고 있다. 즉 참된 메시아가 지녀야 할 조건을 세 가지 부정적인 방식으로 표현한다. 그것은 곧 비물질주의, 비인기주의, 비권력주의이다. 그런데 이 세 가지 시험은 바로 오늘 하나님의 일꾼으로 부름을 받은 우리에게도 끊임없이 닥쳐오는 시험들이다. 우리는 항상 물질주의, 황금만능주의, 경제지상주의의 가치관과 사고방식에 의해 시험을 받는다. 우리는 항상 세상적인 인기와 명예를 얻기 위해서 세상 풍조에 영합하고자 하는 시험을 받는다. 우리는 항상 자신의 양심을 마비시켜서라도 수단 방법을 가리지 않고 권력을 갖고자 하는 시험을 받는다.

그런데 사실 이 세 가지 시험은 외부로부터 오는 것이라기보다는 우리 마음 안에 있는 육신적 욕심으로부터 비롯되는 것이다. 우리 안에 있는 물질욕, 명예욕, 권력욕, 이 세 가지 욕심이 바로 우리를 유혹하고 파멸로 이끄는 마귀의 정체이다. 결국 우리는 우리 자신의 욕심에 의해 시험을 받고 또한 그 시험에 넘어가는 것이다.

내가 장로회신학대학에서 교직 생활을 한 지도 벌써 30년이 되어 은퇴할 날이 가까웠다. 나이가 들어갈수록 세월이 더 빨리 지나간다는 말이 더욱 실감난다. 지난 30년이 이처럼 빨리 지난 것을 생각하면 앞으로 남은 날들은 더욱 순식간에 지나갈 것이라는 생각이 든다. 그래서 요즘은 '인생을 어떻게 마무리해야 하는가'라는 생각을 늘 하게 된다. 몇 년 전에 중국 북경에 갔었는데, 붓글씨를 써서 족자로 만들어 파는 노인이 있었다. 그래서 그에게 고린도후서 12장 9절의 말씀 "내 은혜가 네게 족하도다"(我的恩典夠你用了) 구절을 써서 족자로 만들어달라고 부탁했다. 나는 이 족자를 우리 집 거실 벽에 걸어놓고 수시로 보면서 스스로 "내 은혜가 네게 족하다"는 말을 되뇌고 있다.

아무런 쓸모도 없고 어리석기 한이 없는 나에게 귀한 직분을 맡겨주신 하나님의 은혜는 생각할수록 과분한 축복이 아닐 수 없다. 그렇기 때문에 나는 '하나님의 은혜가 내게 족하다'는 사실을 망각하는 것은 하나님께 대한 큰 배신과 죄라고 생각한다. 그럼에도 불구하고 이 사실을 부지불식간에 망각하고 여전히 세상적인 욕심에 이끌리고 있는 나 자신을 때때로 발견하곤 한다. 그래서 마치 불교에서 염불을 외우듯이 '내 은혜가 네게 족하다'라는 구절을 수시로 되뇌면서 자신을 일깨우고 있다.

세상적인 욕심을 버리고 자신을 비우는 것, 이것이 내가 훗날 하나님 앞에 부끄럼 없이 서기 위해서 인생의 후반부에 반드시 배우고 실천해야 할 지혜다.

그러나 실제로 이러한 지혜를 실천하며 사는 것이 결코 말처럼 쉽지가 않다. 자기 욕심을 버리고 하나님의 뜻을 따른다고 말하지만 실상은 우리 자신의 욕심과 하나님의 뜻을 혼동할 때가 많다. 또 자신의 욕심을 하나님의 뜻이라고 믿고 스스로 속는 경우도 있다. 그리하여 '하나님의 영광을 위해서'라는 대의를 표방하는 우리의 열심이 오히려 다른 사람들에게 고통과 상처를 주고 공동체에 해악을 끼치는 경우도 있다. 우리의 신앙적 열정은 종종 자기 혼자 의롭다고 믿는 독선이 되기도 한다. 그리하여 다른 의견과 사고를 가진 사람들은 불의하다고 단정짓고 정죄하기도 한다. 이것이 하나님을 가장 잘 믿는다고 자부하는 기독교인들, 그리고 종교 지도자들이 빠지기 쉬운 바리새적 독선의 덫이다.

우리가 하나님의 이름으로 아무리 많은 일을 했더라도 "하나님의 영광을 위해서"라는 슬로건 아래에 우리 자신의 이기적인 욕심이 숨어 도사리고 있다면, 실상 주의 일을 한 것이 아니라 우리 자신의 일을 한 것이다. 예수님은 이렇게 말씀하셨다. "나더러 주여 주여 하는 자마다 다 천국에 들어갈 것이 아니요 다만 하늘에 계신 내 아버지의 뜻대로 행하는 자라야 들어가리라 그 날에 많은 사람이 나더러 이르되 주여 주여 우리가 주의 이름으로 선지자 노릇 하며 주의 이름으로 귀신을 쫓아내며 주의 이름으로 많은 권능을 행하지 아니하였나이까 하리니 그때에 내가 그들에게 밝히 말하되 내가 너희를 도무지 알지 못하니 불법을 행하는 자들아 내게서 떠나가라 하리라"(마 7:21-23). 만일 하나님의 이름으로 우리 자신의 일을 한다면, 그것은 바로 불법을 행하는 것이라는 말씀이다.


## 자신과의 영적 싸움

우리는 평소에 존경하던 명망 높은 목사님들이 은퇴할 때 자식에게 교회를 물려주거나, 은퇴 후에도 교회에 계속 영향력을 행사하는 모습을 종종 목도한다. 그런 모습을 보면, 그분이 평생 하나님의 이름으로 한 모든 목회와 설교가 실상은 그 자신의 욕망을 투사한 것이 아니었을까 하는 생각이 든다. 혹자는 시골에서 가난하게 살아 공부도 제대로 할 수 없었는데, 하나님이 일꾼으로 부르셔서 교회를 성장시키고 유명한 목사가 되게 하셨다고 간증하기도 한다. 하지만 이런 간증은 세상에서의 출세와 성공을 자랑하는 세속적인 자랑과 다르지 않기에 바람직하지 않다.

하나님의 사도로 부름을 받은 바울은 자신의 자랑에 대하여 이렇게 간증하였다. "그러나 내게는 우리 주 예수 그리스도의 십자가 외에 결코 자랑할 것이 없으니 그리스도로 말미암아 세상이 나를 대하여 십자가에 못 박히고 내가 또한 세상을 대하여 그러하니라"(갈 6:14). 바울은 자신이 그리스도의 복음을 전하다가 얼마나 많은 갖가지 형태의 고난을 당했는지 열거한 후에 이렇게 말씀하였다. "내가 부득불 자랑할진대 내가 약한 것을 자랑하리라"(고후 11:30). 하나님의 일꾼에게 있어서 진정한 자랑은 예수 그리스도의 십자가 외에는 없다. 그리스도의 십자가에서 그리스도와 더불어 자신의 자아가 죽어졌다는 것 외에는 없다. 자신이 지금 그리스도의 복음을 위해 고난당하고 있다는 사실 외에는 없다.

그러면 우리 자신은 어떠한가? 우리는 과연 얼마나 내 안에 있는 이기적 욕심과 세속적 야심으로부터 자유로운가? 우리는 우리 안에 도사리고 있는 세속적 욕심을 꿰뚫어 보시는 주님 앞에 있는 모습 그대로 내어놓아야 한다. 이 욕심으로부터 구원해달라는 간구를 끊임없이 드려야 한다.

비행기가 비행할 때 '마의 11분'(11minutes of crisis)이라는 것이 있다고 한다. 이는 비행 중에 가장 위험한 시간을 의미하는 것으로 이륙할 때의 3분, 착륙할 때의 8분을 일컫는 말이다. 실제로 항공 사고의 74퍼센트가 이 '마의 11분'에 발생한다는 통계를 보아도 이때가 가장 위험한 시간임을 알 수 있다. 이것을 인생의 시기에 비해보면, 이륙할 때의 3분이 청소년기이고 착륙할 때의 8분은 노년기라고 할 수 있다. 착륙할 때가 이륙할 때보다 더 위험하다는 것은 시간의 길이로도 확인이 된다. 즉 이륙할 때는 3분 동안 위험하지만 착륙할 때는 그 세 배 가까이 되는 8분 동안 위험하다는 것이다. 마찬가지로 인생은 전반부보다 후반부가 더 위험하다. 특히 인생의 후반부에 겪게 되는 명예욕과 권력욕의 시험이 가장 어려운 시험이다. 이 마지막 시험에서 이기면 우리 인생은 하나님 앞에서 성공한 인생이 되고, 시험에서 지면 우리의 인생 전체가 하나님 앞에서 실패한 인생이 된다.

그리스도인의 싸움은 결국 하나님 앞에서 자신과의 영적 싸움이다. 이 싸움은 하나님 앞에서 끊임없이 자신을 있는 그대로 내어놓고 자복하고 회개하고 나 자신과 내 안의 욕심을 죽이는 싸움이다. 우리는 늘 십자가 앞에서 자신을 쳐서 죽여야 한다. 바울은 자기에게 유일한 자랑이 있다면 그것은 자신이 날마다 죽는 것이라고 고백하였다. "형제들아 내가 그리스도 예수 우리 주 안에서 가진 바 너희에 대한 나의 자랑을 두고 단언하노니 나는 날마다 죽노라"(고전 15:31).

자기와의 싸움, 이기적인 욕망의 자아를 죽이기 위한 이 싸움이 우리가 평생 경주해야 할 영적 싸움이며, 특히 인생의 후반부에서 맞이하는 가장 어려운 마지막 싸움이다. 이 싸움에서 이기기 위해서는 날마다 성령의 도우심을 간구하지 않을 수 없다. 이 영적 싸움, 이 마지막 싸움에서 반드시 승리함으로써 불원간 주님 앞에 설 때 부끄러움 없이 주님을 뵐 수 있는 우리 모두가 되기를 기원한다.

5부 /

십자가를 기억한다면 광야는 영광의 문이다

합(합) ● 마지막을 하나님께

# 20

## 세상 나라와
## 하나님 나라

●
막 10:35-45

루터는 두 왕국론에서 세상 나라와 그리스도의 나라, 세속 정부와 영적 정부를 구별했다. 세상 나라는 시민적 법률과 칼에 의해 다스려진다. 그러나 그리스도의 나라는 하나님의 말씀과 성령에 의해 다스려진다. 그리스도의 나라는 하나님의 나라이다. 초기에 루터는 세상 나라와 그리스도의 나라를 대립 관계로 보았다. 세상은 사탄의 지배를 받고 있으며 죄악으로 가득 차 있다고 보았다. 때문에 그리스도 안에 있는 참 신자들은 하나님 나라에 속해 있고 다른 모든 사람들은 세상 나라에 속해 있다고 보았다. 그러나 후에 루터는 세상 나라 안에도 자연, 결혼, 가정, 예술, 학문 등 죄나 타락과는 관계없는 영역이 있음을 인정했다.

따라서 그는 그리스도의 나라와 세상 나라를 대립 관계로 보는 초기의 이원론적인 입장을 다소 완화했다. 그는 이 두 나라가 모두 하나님의 통치 아래 있으며, 영적 정부와 세속 정부는 하나님의 이중적 통치 방식을 나타낸다고 보았다. 그러나 세상 나라와 하나님 나라는 혼동될 수 없다. 세상 나라는 율법과 칼이 지배하고, 하나님 나라는 복음과 은혜에 의해 다스려진다.

## 세상 나라의 하나님 백성

그리스도인은 이 세상 나라에 살고 있는 하나님 나라의 백성이다. 우리는 세속 정부의 통치 아래 있으면서 동시에 그리스도의 통치 아래 있다. 우리는 물론 세상 나라의 좋은 시민이 되어야 한다. 우리는 가능한 한 세속 정부의 합법적 통치에 순응해야 하며 시민적 법률을 잘 준수해야 한다. 바울도 "각 사람은 위에 있는 권세들에게 복종하라 권세는 하나님으로부터 나지 않음이 없나니 모든 권세는 다 하나님께서 정하신 바라"(롬 13:1)고 말씀했다. 그러나 현실적으로 칼로 통치하는 세상 나라와 세속 정부는 파괴적이고 폭력적인 성향을 지니고 있다. 역사가 기록된 이래 전쟁이 일어나지 않았던 때는 겨우 몇 십 년밖에 되지 않는다. 20세기에만 2억 명이 넘는 사람들이 정치적 분쟁과 전쟁으로 죽었다. 세상 나라는 타락한 인간들이 위에서 지배하는 강제력에 의존한다. 세상 나라들은 각기 자국의 이기적 목적을 민족주의 또는 국가주의의 이름으로 정당화하며 이를 위해 애족심 또는 애국심에 호소한다. 세상 나라들 사이에서 이기적 목적이 서로 충돌할 때, 그들은 서로 상대국을 악마로 규정하고 무력으로 제압하고자 한다. 따라서 세상 나라에서는 폭력과 전쟁이 그치지 않는다. 그레고리 보이드(Gregory A. Boyd)는 그의 저서 《십자가와 칼》(The Myth of a Christian Nation, 한언)에서 하나님 나라와 세상 나라의 차이점을 다섯 가지로 요약했다(67-68p). 첫째, 세상 나라는 칼의 힘을 믿지만, 하나님 나라는 십자가의 힘을 믿는다. 세상 나라는 '위에 서는 힘'으로 부흥하지만, 하나님 나라는 '아래에서 섬기는 힘'으로 부흥한다.

둘째, 세상 나라는 행동을 통제하려고 하지만 하나님 나라는 내면으로부터 삶을 변화시키려 한다. 세상 나라는 개인의 이기심과 의지를 지키는 데 중점을 두지만, 하나님 나라는 자신이 가진 것을 희생해서라도 하나님의 의지를 실천하는 것을 중요하게 여긴다.

셋째, 세상 나라는 자신이 속한 민족에만 관심을 둔다. 그리고 자신이 속한 그룹과 국가와 개인의 윤리 의식, 자신의 상태, 자신의 종교와 이데올로기, 정치적 계획을 옹호하는 데 많은 투자를 한다. 그렇기 때문에 세상 나라에서는 갈등이 반복된다. 그러나 하나님 나라는 하나님의 사랑을 닮은 사랑, 조건 없는 사랑을 중심에 둔다. 하나님 나라의 사람들은 자기 안에 있는 세상 나라 식의 민족적, 국가적 한계를 초월하는 사랑을 실천해야 한다.

넷째, 세상 나라는 복수의 나라다. 세상 나라의 좌우명은 '눈에는 눈, 이에는 이'다. 그러나 하나님 나라 사람들은 악을 선으로 갚고, 한쪽 뺨을 맞으면 다른 쪽 뺨을 내밀며, 원수를 사랑하고 그들을 위해 기도한다.

다섯째, 세상 나라는 이 땅의 원수들과 대적하기 때문에 전쟁을 벌인다. 그러나 하나님 나라의 원수는 이 땅에 없다. 하나님 나라는 '혈과 육을 상대하는 것이 아니요 통치자들과 권세들과 이 어둠의 세상 주관자들과 하늘에 있는 악의 영들을 상대'(엡 6:12)하는 것이다.

본문은 예수님과 제자들이 예루살렘에 올라가는 도중에 일어난 일에 대한 기록이다. 본문에 보면 야고보와 요한이 예수님께 나아와 예루살렘에서 예수님이 왕이 되시면 자신들에게 우의정, 좌의정 같은 높은 직위를 달라고 부탁하고 있다. 제자들은 각각, 예수님이 예루살렘에서 왕이 되시면 자신이 다른 제자들보다 더 높은 자리를 차지할 수 있을 것이라는 기대를 품고 예루살렘에 올라갔다. 그들은 서로 자신이 다른 사람보다 위에 있어야 한다고 생각했기 때문에, 저녁 만찬 때에도 다른 사람의 발을 씻기려고 하지 않았다. 누가복음에 보면, 만찬 후에 제자들은 누가 더 높은 자리에 있어야 하는지에 대해 서로 다투며 논쟁했다고 기록되어 있다(눅 22:24-27).

예수님은 누가 높으냐를 두고 다투는 제자들에게 이렇게 말씀하셨다. "이방인의 집권자들이 그들을 임의로 주관하고 그 고관들이 그들에게 권세를 부리는 줄을 너희가 알거니와 너희 중에는 그렇지 않을지니 너희 중에 누구든지 크고자 하는 자는 너희를 섬기는 자가 되고 너희 중에 누구든지 으뜸이 되고자 하는 자는 모든 사람의 종이 되어야 하리라 인자가 온 것은 섬김을 받으려 함이 아니라 도리어 섬기려 하고 자기 목숨을 많은 사람의 대속물로 주려 함이니라"(막 10:42-45). 이 말씀을 통해 예수님은 하나님 나라와 세상 나라의 차이점을 분명히 하셨다.

하나님 나라는 세상 나라와 전혀 다른 방식으로 다스려진다. 세상 나라의 통치 원리는 권력에 의한 강제적 지배력에 있다. 이 지배력은 위로부터 아래로 향한다. 그러나 하나님 나라의 통치 원리는 자기를 낮추고 비우는 섬김에 있다. 이 섬김은 아래로부터 위로 향한다. 하나님 나라의 통치는 자기희생적인 사랑의 힘에 의존한다. 예수님은 자신이 위에서 군림하는 왕이 아니라 아래에서 섬기는 종으로 오셨다고 말씀하셨다. "인자가 온 것은 섬김을 받으려 함이 아니라 도리어 섬기려 하고 자기 목숨을 많은 사람의 대속물로 주려 함이니라"(막 10:45).

예수님의 선포의 핵심은 하나님 나라다. 예수님은 "때가 찼고 하나님의 나라가 가까이 왔으니 회개하고 복음을 믿으라"(막 1:15)고 선포하셨다. 이 선포는 예수님의 공생애의 전 사역을 관통하는 일관된 메시지였다. 그런데 예수님이 가까웠다고 선포하신 하나님 나라는 바로 예수님 자신의 섬김 사역과 십자가의 죽음을 통해 이 세상에 선취적으로 도래했다. 예수님은 사회적으로 소외된 자들, 나병 환자, 소경, 귀신 들린 자, 가난한 자, 창녀, 세리와 같은 자들에게 특별한 관심과 사랑을 베풀어주셨다. 사마리아인이나 이방인과 함께 하심으로써 인종차별의 벽을 허무셨다. 또 여성을 남성과 동등한, 고귀한 한 인간으로 존중하고 대우하심으로써 성차별의 벽을 허무셨다. 최종적으로 예수님은 십자가에서 우리 인간의 죄를 대신 지고 죽으심으로써 하나님과 인간, 그리고 모든 인간 사이의 벽을 허무시고 이 땅에 하나님 나라를 가져오셨다.

에베소서에서 바울은 이렇게 선언한다. "그는 우리의 화평이신지라 둘로 하나를 만드사 원수 된 것 곧 중간에 막힌 담을 자기 육체로 허시고, 법조문으로 된 계명의 율법을 폐하셨으니 이는 이 둘로 자기 안에서 한 새 사람을 지어 화평하게 하시고, 또 십자가로 이 둘을 한 몸으로 하나님과 화목하게 하려 하심이라 원수 된 것을 십자가로 소멸하시고"(엡 2:14-16).

우리 그리스도인들은 예수님의 섬김 사역과 십자가의 죽음을 통해 도래한 하나님 나라를 이 땅에 확장하도록 부름 받은 사람들이다. 우리는 어떻게 하나님 나라를 확장할 수 있는가? 그것은 예수님의 본을 받아 그분의 뒤를 따르는 것이다. 예수님은 제자들에게 이렇게 기도하라고 하셨다. "아버지의 나라가 오게 하시며, 아버지의 뜻이 하늘에서와 같이 땅에서도 이루어지게 하소서." 우리는 주님이 가르쳐 주신 대로 날마다 이 땅에 하나님의 뜻이 이루어지는 하나님의 나라가 임하도록 기도하면서 노력해야 한다. 그럼 어떻게 해야 하나님 나라가 이 땅에 이루어질 수 있는가? 그것을 알기 위해서는 하나님 나라를 구현하는 힘의 본질, 하나님 나라의 통치력의 본질에 대해서 분명히 깨달아야 한다.


## 섬김과 희생의 나라

이 땅에 하나님 나라를 구현하는 힘은, 다른 사람 위에서 군림하고 지배하는 강제력이 아니라 다른 사람 아래에서 섬기며 자신을 희생하는 힘이다. 이 힘이 바로 예수 그리스도의 십자가에 나타난 하나님의 구원의 능력이다. 바울은 "십자가의 도가 멸망하는 자들에게는 미련한 것이요 구원을 받는 우리에게는 하나님의 능력이라"(고전 1:18)고 말씀했다. 칼의 힘은 다른 사람을 강제로 지배하고 처벌할 수 있지만, 그 사람의 마음을 변화시킬 수는 없다. 오직 자리를 낮추는 섬김과 자기희생적인 사랑의 힘만이 다른 사람의 마음을 변화시키고 진정으로 세상을 변화시킬 수 있다. 예수님은 오히려 "칼을 가지는 자는 다 칼로 망하느니라"(마 26:52)고 말씀하셨다. 그러나 예수님의 가르침과 달리, 기독교가 로마 제국의 종교로 공인된 이후 기독교는 아래에서 섬기는 힘이 아니라 위에서 지배하는 권력이 되곤 했다. 로마 군대는 전쟁에 나갈 때 깃발과 방패에 십자가를 그려넣고 나갔다. 중세에 교회는 수백만 명의 여성들을 마녀로 몰아 처형했다. 훗날 아메리카에 정착한 기독교인들은 수백만의 원주민들을 학살하는 데 가담했다. 수백만의 아프리카인들을 아메리카로 끌고가서 노예로 삼은 이들도 기독교인들이었다.

세상 나라에는 정치적, 사회적으로 언제나 우파와 좌파, 보수주의와 진보주의(자유주의) 사이의 갈등과 투쟁이 있다. 인간은 자신이 속해 있는 전통과 공동체와 삶의 세계(Lebenswelt)에 의해 막대한 영향을 받는 존재이기 때문에, 우리의 입장은 불가피하게 그 영향 아래 형성된다. 이것을 가다머(Hans-Georg Gadamer, 1900-2002)는 '영향사'(역사의 영향, history of effect)라고 불렀다. 그렇기 때문에 우리는 내 입장이 언제나 절대적으로 타당한 것이라는 확신을 갖고 나와 다른 입장을 가차 없이 정죄하는 일을 매우 경계해야 한다. 많은 경우에 있어서, 우리 인간은 확신이 없어서가 아니라 지나친 확신 때문에 과오를 범하고 다른 사람들을 불행에 빠뜨린다. 자기 입장을 절대화하고 자기와 다른 입장을 가차 없이 정죄하는 것은, 세상 나라의 폭력적 투쟁의 악순환을 불러일으키는 한 요인이 될 수 있다.

예수님은 세리 마태와 가나안인 시몬을 함께 제자로 부르셨다. 정치적으로 보면, 세리 마태는 극우파(친 로마파)였고, 시몬은 극좌파(젤롯당)였다. 그러나 그들은 예수님의 하나님 나라 공동체 안에서 서로 불화하거나 충돌하지 않았다. 예수님이 몸소 실천으로 보여주신 하나님 나라의 삶의 방식, 즉 자기를 낮추고 비우는 섬김과 자기희생적 사랑 안에서 우파와 좌파, 보수주의와 진보(자유)주의는 자기 입장이 절대적이라고 주장하거나 상대방을 정죄하지 않고 화목하게 함께 갈 수 있다. 이러한 하나님 나라의 삶의 방식이, 세상의 그 어떤 우파나 좌파의 정책보다도 강력하고 효과적으로 세상을 변혁시키는 길이다.

우리가 예수님을 주님이라고 고백하는 것은 무엇을 의미하는가? 그것은 단지 죽은 후에 천당 가는 표를 사전에 확보했다는 것을 의미하지 않는다. 예수님을 주님이라고 고백하는 것은 예수님을 하나님 나라의 통치자로 인정하는 것이다. 따라서 이 고백은 하나님 나라 통치자이신 그분의 통치에 순복하겠다는 서약을 포함한다. 그분의 통치에 순복하지 않는 주되심의 고백은 공허한 것이다. 예수님을 주님으로 믿는다는 것은 그분의 계명을 지키는 삶으로 나타나야 한다. 예수님의 계명은 무엇인가? "내 계명은 곧 내가 너희를 사랑한 것같이 너희도 서로 사랑하라 하는 이것이니라"(요 15:12). 이어서 예수님은 말씀하셨다.

"사람이 친구를 위하여 자기 목숨을 버리면 이보다 더 큰 사랑이 없나니"(요 15:13). 하나님 나라는 자기를 희생하는 사랑이 실천되는 곳에서 이루어진다.


## 정죄와 비판이 없는 나라

세상 나라는 율법으로 죄를 처벌하지만, 하나님 나라는 정죄하지 않는다. 예수님은 간음하다 붙잡혀 온 여인을 정죄하지 않으셨다. 여인을 끌고 온 무리에게 너희 중에 죄 없는 자가 먼저 돌로 치라고 말씀하심으로써 그녀를 보호하셨다. 예수님은 우물가에서 만난 사마리아 여인, 과거에 남편이 다섯 명 있었고 지금 함께 사는 남자도 남편이 아닌 그 여인을 정죄하지 않고 있는 그대로 받아주셨다. 오히려 그녀에게 생수(영생)를 주겠다고 말씀하셨다. 예수님은 탕자의 비유를 통해 하나님 아버지의 사랑이 어떠한 사랑인지 보여주셨다. 하나님의 사랑은, 우리가 하나님께 돌아오기만 하면 과거의 잘못을 책망하거나 정죄하지 않고 무조건적으로 용서하시는 사랑이다.

그러므로 예수님은 제자들에게 이렇게 당부하셨다. "너희 아버지의 자비로우심 같이 너희도 자비로운 자가 되라 비판하지 말라 그리하면 너희가 비판을 받지 않을 것이요 정죄하지 말라 그리하면 너희가 정죄를 받지 않을 것이요 용서하라 그리하면 너희가 용서를 받을 것이요"(눅 6:36-37). 예수님은 우리가 하나님으로부터 거저 용서함을 받았으므로 이웃을 거저 용서하라고 명령하신다.

또 원수까지도 사랑해야 한다고 말씀하신다. "너희 원수를 사랑하며 너희를 미워하는 자를 선대하며 너희를 저주하는 자를 위하여 축복하며 너희를 모욕하는 자를 위하여 기도하라⋯너희가 만일 너희를 사랑하는 자만을 사랑하면 칭찬받을 것이 무엇이냐 죄인들도 사랑하는 자는 사랑하느니라 너희가 만일 선대하는 자만을 선대하면 칭찬받을 것이 무엇이냐 죄인들도 이렇게 하느니라⋯오직 너희는 원수를 사랑하고 선대하며 아무것도 바라지 말고 꾸어주라 그리하면 너희 상이 클 것이요 또 지극히 높으신 이의 아들이 되리니 그는 은혜를 모르는 자와 악한 자에게도 인자하시니라"(눅 6:27-35).

얼마 전에 영국의 R.T 켄달(Robert Tillman Kendall, 1935-현재) 목사가, 요셉이 자신을 팔아넘겼던 형들을 용서하는 본문을 중심으로 설교하면서 이렇게 말하는 것을 들은 적이 있다. "나는 내게 악을 행한 원수 같은 사람들 리스트를 만들어놓고, 그들을 위해 기도하면서 용서하고 축복합니다." 참 훌륭한 그리스도인이다. 사랑은 비판하지 않고 감싸주고 덮어준다. 사랑은 정죄하지 않고 일흔 번씩 일곱 번이라도 용서한다. 용서하는 사랑이 있는 곳에 사랑이신 하나님이 계시고 하나님 나라가 현존한다.

예수님은 하나님 나라 사람들의 궁극적 관심이 어디에 있어야 하는지에 대해서도 말씀하신다. "그러므로 염려하여 이르기를 무엇을 먹을까 무엇을 마실까 무엇을 입을까 하지 말라 이는 다 이방인들이 구하는 것이라 너희 하늘 아버지께서 이 모든 것이 너희에게 있어야 할 줄을 아시느니라 그런즉 너희는 먼저 그의 나라와 그의 의를 구하라 그리하면 이 모든 것을 너희에게 더하시리라"(마 6:31-33). 하나님을 믿는 우리의 관심은 의식주가 아니라 먼저 하나님 나라와 그의 의를 구하는 데 있어야 한다. 그럼, 하나님 나라와 그 의를 구하는 삶은 어떤 삶인가? 그것은 거창한 것이 아니라 지극히 작은 자를 섬기는 삶에 있다. 예수님은 선한 사마리아인의 비유를 통해 불행한 일을 당한 이웃에게 긍휼과 자비를 베푸는 것이 영생의 길이라고 말씀하셨다. 마지막 심판의 날에 하나님은 지극히 작은 자에게 사랑과 긍휼을 베풀었는지 여부에 따라 의인과 악인을 가르실 것이라고 하셨다.

"이에 의인들이 대답하여 이르되 주여 우리가 어느 때에 주께서 주리신 것을 보고 음식을 대접하였으며⋯너희가 여기 내 형제 중에 지극히 작은 자 하나에게 한 것이 곧 내게 한 것이니라⋯이 지극히 작은 자 하나에게 하지 아니한 것이 곧 내게 하지 아니한 것이니라 하시리니 그들은 영벌에, 의인들은 영생에 들어가리라 하시니라"(마 25:37-46). 내가 내 굶주린 배를 채우는 것은 육적인 삶이지만, 굶주린 내 이웃의 배를 채워주면 그것은 영적인 삶이요, 바로 하나님 나라와 그 의를 구하는 삶이다.

오직 하나님 나라와 그 의를 구하고 이루기 위해 애쓰는 것, 이것이 하나님 나라를 이루고 살아가는 우리의 궁극적 관심이요 삶의 목적이어야 한다. 하나님은 우리에게 열심히 공부하고 일해서 얼마나 많은 돈을 벌었는가 묻지 않으실 것이다. 열심히 공부하고 일해서 번 돈을 어떻게 썼는가 물으실 것이다. 가난하고 굶주린 자를 위해서 사용했느냐고 물으실 것이다. 하나님은 우리에게 사회에서 얼마나 출세하고 성공했느냐를 묻지 않으실 것이다. 우리가 얻은 지위와 권력을 힘없고 억눌리고 소외된 이웃들을 위하여 사용했느냐고 물으실 것이다. 하나님은 우리에게 얼마나 교회에 열심히 나왔느냐를 묻지 않으실 것이다. 하나님 나라와 의를 위해 과연 무엇을 했느냐고 물으실 것이다. 하나님의 이 물음들 앞에서 우리는 부끄럽지 않게 대답할 말이 있어야 한다.

우리 그리스도인은 세상 안에서 살아가지만, 이 세상에 속해 있지는 않다. 예수님은 제자들을 위한 기도에서 이렇게 말씀하셨다. "내가 세상에 속하지 아니함 같이 그들도 세상에 속하지 아니하였사옵나이다"(요 17:16). 우리는 세상 안에서 살아가지만, 하나님 나라 백성으로서의 분명한 정체성을 가지고 살아가야 한다. 우리는 하나님 나라의 첫 열매로서 우리의 삶을 통해 하나님 나라가 확장되고 성장하도록 해야 한다. 우리는 이 땅에 하나님 나라의 강물이 흐르게 하는 수로가 되어야 한다.

예수님이 몸소 보여주신 자기를 낮추는 섬김과 자기희생적인 사랑이 실천되는 곳에 하나님 나라가 임한다. 예수님처럼 우리가 세리나 창기와 함께 하고, 병들고 가난한 이들을 섬기고, 우리에게 악을 행하는 대적자들을 용서하고 사랑한다면 우리는 이 땅에 하나님 나라를 확장하고 있는 것이다. 예수님이 가르치신 대로 "아버지의 뜻이 하늘에서와 같이 땅에서도 이루어지게 하소서"라고 기도하면서 사랑과 용서를 실천함으로써, 이 땅에 하나님 나라를 확장하고 하나님께 영광을 돌리는 우리 모두가 되기를 기원한다.

# 21

## 십자가의 스캔들과
## 어리석음

●
고전 1:18-25

장로회신학대학교의 교육 이념은 "예수 그리스도의 복음 전파와 하나님 나라의 구현"이다. 예수 그리스도의 복음을 전파하고 하나님 나라를 구현하는 것을 구별해서 말해야 하는 경우도 물론 있지만, 이 둘은 서로 다른 것이 아니라 본질적으로 같은 것이다. 왜냐하면 예수님이 선포하고 실천하신 복음이 바로 하나님 나라의 복음이기 때문이다. 마태는 예수님의 하나님 나라 복음 사역을 이렇게 요약했다. "예수께서 모든 도시와 마을에 두루 다니사 그들의 회당에서 가르치시며 천국 복음(하나님 나라 복음)을 전파하시며 모든 병과 모든 약한 것을 고치시니라"(마 9:35). 또 예수님 스스로 이렇게 말씀하셨다. "율법과 선지자는 요한의 때까지요 그 후부터는 하나님 나라의 복음이 전파되어 사람마다 그리로 침입하느니라"(눅 16:16).

예수님이 전파하신 하나님 나라의 복음이란 무엇인가? 그 복음의 핵심은 무엇인가? 그것은 바로 하나님 나라가 가까이 왔다는 것이다. "하나님 나라가 가까웠다." 이것이 예수님이 선포하신 복음의 핵심이다. "이 때부터 예수께서 비로소 전파하여 이르시되 회개하라 천국이 가까이 왔느니라 하시더라"(마 4:17). 하나님 나라가 가까이 왔다는 것이 왜 복음인가? 하나님 나라가 가까이 왔다는 것은 하나님의 통치가 가까이 임했다는 것이고, 따라서 이 땅에 하나님의 뜻이 곧 이루어지게 된다는 의미이기 때문이다.

하나님의 통치가 이루어지는 나라, 하나님 나라가 도래하면 이 땅에 샬롬, 즉 진정한 평화가 이루어진다. 로마 황제의 강압적 통치에 의한 '팍스 로마나'(Pax Romana)가 아니라, 그리스도의 통치에 의한 '팍스 크리스티나'(Pax Christina)가 이 땅에 이루어진다. 예수님은 단지 죽어서 가는 내세의 천당을 복음의 주제로 삼지 않으셨다. 예수님의 주된 관심은 어떻게 하면 이 땅에 하나님의 통치가 이루어지고 참된 평화가 실현될 수 있는가 하는 데 있었다. 하늘에서는 이미 영원 전부터 하나님의 뜻이 이루어지고 있기 때문에 문제될 것이 없다. 문제는 이 땅이다. 이 땅에서는 하나님의 뜻이 어그러지고 있다. 그러므로 어떻게 하면 이 땅에 하나님의 뜻이 이루어지게 할 수 있는가 하는 것이 예수님의 주된 관심사였다. 따라서 예수님의 메시아적 사역은 여기에 집중되었다.

예수님은 공생애를 시작하시면서 나사렛 회당에서 이사야서 61장의 글을 읽으셨다. 이 글은 말하자면 예수님이 메시아로서의 사역을 처음 시작하시면서 공표하는 취임사 같은 것이었다. "주의 성령이 내게 임하셨으니 이는 가난한 자에게 복음을 전하게 하시려고 내게 기름을 부으시고 나를 보내사 포로된 자에게 자유를, 눈 먼 자에게 다시 보게 함을 전파하며 눌린 자를 자유롭게 하고 주의 은혜의 해를 전파하게 하려 하심이라"(눅 4:18-19).

## 예언자로서의 예수님

예수님이 펼치신 하나님 나라 복음 사역의 핵심은 가난한 자에게 복음을 전하는 것, 다시 말하면 포로된 자, 억눌린 자에게 자유를 주고, 눈 먼 자를 다시 보게 하고, 하나님의 은혜를 전파하는 것이었다. 이와 같은 사역은 무엇보다도 예언자적인 사역이었다. 예수님 안에는 예언자로서의 자의식이 있었다. 그래서 예수님은 십자가를 지기 위해 예루살렘에 올라가시면서 이렇게 말씀하셨다. "그러나 오늘과 내일과 모레는 내가 갈 길을 가야 하리니 선지자가 예루살렘 밖에서는 죽는 법이 없느니라"(눅 13:33). 예수님의 십자가 죽음은 이 땅에 하나님 나라의 복음, 즉 하나님의 통치를 실현하기 위한 예수님의 예언자적인 메시아 사역의 최종적 귀결이었다.

예수님의 예언자적인 메시아 사역의 핵심 내용은 두 가지로 요약할 수 있다. 예수님의 십자가 죽음도 바로 이 두 가지 요인에 의해 초래되었다. 첫째는 예수님의 종교 비판이다. 구약 시대의 예언자들처럼, 예수님은 당시의 제도화되고 율법주의화된 유대교에 정면으로 도전하셨으며, 부패한 유대교 지도자들을 통렬하게 비판하셨다. 예수님은 마지막으로 예루살렘에 올라가셔서 이른바 성전 숙청 사건을 감행하셨다. 이것은 구약 시대에 형식주의에 빠진 성전 제의를 강력히 비판했던 예레미야나 미가와 같은 예언자들이 보여준 것과 동일한 예언자적 행동으로서, 당시의 종교 권력에 대한 공개적이고 정면적인 도전을 의미했다. 또한 예수님은 예루살렘에서 공개적으로 유대교 종교 지도자들을 통렬하게 비판하셨다. 마태복음 23장은 한 장 전체가 서기관들과 바리새인들을 책망하는 내용으로 채워져 있다. 여기서 예수님은 무려 7번씩이나 "화 있을진저 외식하는 서기관과 바리새인들이여" 하시면서 그들의 위선적인 모습들을 하나씩 비판하신다. 이러한 예수님의 종교 비판은 종교 지도자들의 분노와 증오를 불러일으켰으며, 결국 십자가의 죽음을 촉발시키는 직접적 요인이 되었다.

십자가 죽음을 초래한 두 번째 요인은, 예수님이 갈릴리에서 보여주신 하나님 나라 복음 사역의 내용 그 자체에 있다. 예수님은 이사야 61장의 말씀처럼 가난한 자, 억눌린 자, 병든 자, 사회로부터 죄인으로 징죄 받은 자, 천대받는 여인들을 찾아다니면서 그들에게 하나님 나라의 구원을 약속하셨다. 누가복음에 따르면 예수님은 이렇게 말씀했다. "너희 가난한 자는 복이 있나니 하나님의 나라가 너희 것임이요 지금 주린 자는 복이 있나니 너희가 배부름을 얻을 것임이요 지금 우는 자는 복이 있나니 너희가 웃을 것임이요…그러나 화 있을진저 너희 부요한 자여 너희는 너희의 위로를 이미 받았도다 화 있을진저 너희 지금 배부른 자여 너희는 주리리로다"(눅 6:20-25). 이 본문에 따르면, 마치 가난한 자들이 하나님 나라의 특권을 가지고 있는 것처럼 나타난다.

또한 예수님은 당시 죄인으로 정죄당하고 경멸의 대상이 되었던 세리와 매춘부 같은 사람들과 교제하셨다. 서슴없이 그들과 함께 식사를 하시면서 그들의 친구가 되셨다. 이것은 당시의 사회적 통념을 깬 것일 뿐만 아니라 율법적 관행 자체를 파괴하는 행위였다. 게다가 예수님은 하나님 나라가 바로 그와 같은 자들의 것이라고 말씀하고 계신다. 바리새인과 서기관들이 예수님과 제자들에게 "너희가 어찌하여 세리와 죄인과 함께 먹고 마시느냐"라고 항의하자, 예수님은 이렇게 말씀하셨다. "건강한 자에게는 의사가 쓸 데 없고 병든 자에게라야 쓸 데 있나니 내가 의인을 부르러 온 것이 아니요 죄인을 불러 회개시키러 왔노라"(눅 5:31-32).

이와 같은 예수님의 복음 사역의 특징을 잘 보여주는 대표적 사례 가운데 하나가 안식일에 병자를 고치신 사건이다. 사람들이 예수를 고발하기 위해서 "안식일에 병 고치는 것이 옳으니이까" 하고 묻자 예수님은 "너희 중에 어떤 사람이 양 한 마리가 있어 안식일에 구덩이에 빠졌으면 끌어내지 않겠느냐 사람이 양보다 얼마나 더 귀하냐 그러므로 안식일에 선을 행하는 것이 옳으니라" 하시면서 손 마른 사람을 고쳐주셨다(마 12:10-13). 예수님은 당시의 안식일에 관한 율법 조항을 정면으로 위반하고 계신 것이다. 그래서 바로 그 다음절인 14절을 보면, "바리새인들이 나가서 어떻게 하여 예수를 죽일까 의논하거늘"이라고 기록되어 있다. 이와 같은 예수님의 사역, 즉 당시 율법주의자들이 정죄하던 죄인인 세리와 매춘부 같은 사람들을 섬기시면서 율법적 관행들에 도전하는 하나님 나라 복음 사역이 예수님을 십자가 죽음으로 몰고 간 주된 요인이었다.

누가복음에는 유대인들이 예수님을 빌라도에게 끌고 가서 고발한 죄목이 기록되어 있다. "우리가 이 사람을 보매 우리 백성을 미혹하고 가이사에게 세금 바치는 것을 금하며 자칭 왕 그리스도라 하더이다"(눅 23:2). 이 죄목은 종교적이라기보다는 사회 정치적인 죄목이다. 백성을 미혹하여 사회를 혼란시키고, 로마 황제에게 세금 바치는 것을 거부함으로써 로마 제국의 조세법을 위반하였으며, 스스로 왕이라고 주장함으로써 로마 권력에 도전하였다는 것이다. 유대인들이 이와 같은 사회 정치적인 죄목으로 예수님을 빌라도에게 고발한 까닭은, 종교적인 죄목으로는 예수님을 로마 법정에 세울 수 없었기 때문이다. 그러므로 예수님은 결국 사회 정치적인 죄목, 즉 로마 제국에 대한 반역죄로 십자가형을 당하셨다. 물론 예수님의 십자가 죽음의 근본적 원인이 유대 종교 지도자들과의 충돌에 있었다는 것은 두말할 나위가 없다.


## 십자가 복음의 역설

기독교의 복음은 무엇인가? 기독교의 복음은 예수님이 선포하고 실천하신 하나님 나라가 바로 예수님 자신의 십자가 죽음을 통해 이 땅에 도래했다는 사실이다. 예수 그리스도의 십자가 사건이 바로 우리에게 죄 용서와 구원을 가져오는 대속적 사건이라는 말이다. 저주의 상징이었던 십자가가 구원의 상징이 되었다. 본문인 고린도전서에서 바울은, 예수님의 십자가 죽음의 구원론적 의미를 설명한다. 22-23절에서 바울은 "유대인은 표적을 구하고 헬라인은 지혜를 찾으나 우리는 십자가에 못 박힌 그리스도를 전하니 유대인에게는 거리끼는 것이요 이방인에게는 미련한 것이로되"라고 말씀한다. 예수님의 십자가가, 표적을 구하는 유대인들에게는 거리끼는 것이라는 말이다.

여기서 '거리끼는 것'이란, 영어로 'stumbling block'로 번역되었는데 우리말로는 '걸림돌'이라고 하는 것이 적당할 듯하다. 그런데 이 단어의 원어인 헬라어는 '스캔달론'이다. 즉 영어로 '스캔들'이다. 왜 표적을 구하는 유대인들에게는 십자가가 스캔들과 걸림돌이 되었는가? 그것은 예수님의 죽음이 그들의 기대를 저버린 너무 무력하고 허무한 죽음으로 보였기 때문이다. 유대인들은 그 옛날의 다윗 왕처럼 로마군을 쳐부수고 솔로몬처럼 놀라운 기적을 행하는 메시아의 표적을 기대했다. 그래서 많은 사람들이 예수님을 따랐고 제자들도 예외가 아니었다. 그러나 예수님은 무력하고 허무하게 십자가에서 죽음을 당하셨다. 그래서 십자가는 유대인들에게 스캔들이 되었다.

그러면, 지혜를 찾는 이방인 즉 헬라인들에게는 왜 십자가가 미련한 것인가? 그것은 예수님이 플라톤과 아리스토텔레스처럼 논리적이고 사변적인 철학(philosophy, 지혜 사랑)을 가르치지 않았기 때문이다. 또한 세상의 현실을 변혁시키고 이 땅에 하나님 나라를 구현하기 위해 기존의 종교 제도와 사회 정치질서에 무모하게 도전하다가 비참한 최후를 맞았기 때문이다. 예수님의 행동은 마치 계란으로 바위를 치는 것처럼 무모하고 미련한 행동으로 보였다.

그러나 본문 24-25절에서 바울은 이렇게 선포한다. "오직 부르심을 받은 자들에게는 유대인이나 헬라인이나 그리스도는 하나님의 능력이요 하나님의 지혜니라 하나님의 어리석음이 사람보다 지혜롭고 하나님의 약하심이 사람보다 강하니라." 바울은 예수님이 무력하게 죽음 당하신 그 십자가의 스캔들이 바로 하나님의 능력이며, 또한 세상 사람들이 미련하다고 조롱하는 그 십자가의 어리석음이 바로 하나님의 지혜라고 선언한다. 이것이 기독교의 십자가 복음의 역설이다. 결론적으로 바울은 18절에서 이렇게 선언한다. "십자가의 도가 멸망하는 자들에게는 미련한 것이요 구원을 받는 우리에게는 하나님의 능력이라." 예수님의 십자가가 세상이 보기에는 미련하고 어리석은 것이지만 구원을 얻는 우리에게는 가장 강력하고 유일무이한 하나님의 구원의 능력이다.

십자가가 어떻게 세상을 구원하는 하나님의 능력이 될 수 있는가? 교회의 역사 속에서 그동안 다양한 구속 교리가 발전되었다. 그러나 가장 본질적인 것은, 예수 그리스도의 십자가에 나타난 하나님의 자기 희생적 사랑이 가장 강력한 힘을 가진 하나님의 구원의 능력이라는 것이다. 인간을 구원하시는 하나님의 전능하신 능력은 초자연적인 기적을 일으키는 물리적 힘에 있지 않다. 하나님의 구원의 능력은 가난하고 헐벗은 사람들, 병들고 힘없는 사람들, 소외되고 멸시받는 죄인들을 찾아가서 구원하시는 예수님의 자기희생적인 섬김과 사랑의 삶 속에 분명히 계시되었다. 예수님의 십자가 죽음은 바로 이러한 자기희생적인 섬김과 사랑의 삶의 최종적 귀결이었으며, 인간을 구원하는 하나님의 능력이 바로 여기에 있다.

오늘도 이 세상에서 예수 그리스도의 십자가는 스캔들이 되고 어리석음이 된다. 왜냐하면 세상의 눈으로 볼 때 언제나 십자가는 지극히 연약하고 미련한 것이기 때문이다. 그러나 십자가의 연약함이 곧 하나님의 능력이고 십자가의 어리석음이 곧 하나님의 지혜임을 믿는 것이 바로 기독교 신앙의 핵심적 본질이다. 세상에서는, 예수 그리스도의 십자가가 옛날이나 지금이나 스캔들이고 어리석은 것이다. 그러므로 십자가를 전하는 그리스도인들이 세상에서 미움과 조롱과 배척을 받는 것은 이상한 일이 아니다. 예수님은 바로 세상 법정인 빌라도 법정에서 사회 정치적 죄목으로 십자가형을 당하셨다. 그러나 예수님의 십자가 죽음을 초래한 보다 실질적인 원인은 당시의 제도화되고 율법주의화된 유대 종교였다. 하나님 나라 복음을 위한 예수님의 사역은, 무엇보다도 당시의 유대교 종교 지도자들에게 가장 골치 아픈 스캔들 즉 걸림돌이었다. 이 사실을 우리는 잊지 말아야 한다.

오늘날 정말 심각한 문제는 십자가가 세상에서 어리석은 것이 되었다는 데 있지 않다. 옛날 유대교에서처럼 오늘 교회 안에서 스캔들이 되어가고 있다는 사실에 있다. "예수님은 하나님 나라의 복음을 전파했다. 그런데 그 후 어떻게 되었는가? 불행하게도 교회가 되었다"라는 말을 한 신학자가 있다. 이 말은 오늘날 교회가 예수님이 선포하신 하나님 나라의 복음을 상실했음을 표현한다. 하나님 나라의 복음을 상실했을 뿐만 아니라, 하나님 나라의 복음과 예수 그리스도의 십자가가 오히려 교회 안에서 스캔들과 걸림돌이 되고 있다.

오늘날 교회는 예수님 당시의 유대교처럼 제도화되고 율법주의화되어가고 있다. 오늘날 많은 교회 지도자들이 유대교 지도자들처럼 자기의 욕심과 야심을 추구하는 직업 종교인이 되어가고 있다. 또 오늘날 교회는 번영신학에 사로잡혀 가난하고 소외되고 억눌리고 병든 자들, 사회에서 멸시당하는 죄인들에 대한 관심을 잃어버리고 있다. 최근에 가톨릭교회의 프란시스 교황이 이런 말을 했다. "나는 자신 안에 갇혀 있고 자신의 안전에 매달리기 때문에 건강하지 못한 교회보다, 길거리에 나와 있기 때문에 멍이 들고 상처받고 더러워진 교회를 좋아한다." 오늘날 교회는 자신 안에 갇혀 자신의 안전에 매달리면서 병들어가고 있다.

우리는 사도 바울을 통해 들려주시는 하나님의 음성을 다시 한 번 되새겨 들어야 한다. "그리스도는 하나님의 능력이요 하나님의 지혜니라. 하나님의 어리석음이 사람보다 지혜롭고, 하나님의 약하심이 사람보다 강하니라." 우리는 십자가의 스캔들이 하나님의 능력이며, 십자가의 어리석음이 하나님의 지혜임을 다시 한 번 깊이 되새겨야 한다. 십자가에 나타난 하나님의 자기희생적인 섬김과 사랑 외에는, 세상을 구원할 수 있는 그 어떤 전능하심도 없다는 사실을 새롭게 깨달아야 한다.

우리는 그리고 한국 교회는 다시금 십자가의 스캔들과 어리석음을 회복해야 한다. 십자가의 스캔들과 어리석음이 바로 하나님의 능력과 지혜이다. 우리는 예수님이 선포하고 실천하셨던 가난하고 병들고 억눌리고 소외된 자들을 향한 하나님 나라의 복음을 회복해야 한다. 우리는 예수님이 가르쳐주신 대로, 하나님의 뜻이 이 땅에서 이루어지기를 간절히 기도하면서 하나님 나라와 그 의를 구하는 삶을 살아야 한다. 우리는 예수 그리스도의 십자가에 나타난 하나님의 자기희생적인 섬김과 사랑의 능력을 회복해야 한다. 그렇게 할 때 한국 교회가 다시 살고, 이 민족이 다시 살고, 하나님이 통치하시는 하나님 나라가 가까이 오게 될 것이다. 우리는 하나님 나라의 복음과 십자가의 도를 위해 부름 받은 일꾼들이다. 오늘날 위기에 처한 한국 교회를 새롭게 하고 이 세상을 변화시키는 사명을 받은 일꾼들로서, 그 부르심에 신실하게 응답하고 충성을 다하는 우리 모두가 되기를 간절히 축원한다.

# 22 /

# 마지막 만찬,
# 성만찬

●
막 14:17-26; 마 26: 17-30; 눅 22:14-23;
요 6:52-58; 고전 11:23-29

　신약성서에는 공관복음서와 요한복음과 고린도전서에 성만찬, 즉 예수님과 제자들의 마지막 만찬 이야기가 기록되어 있다. 그런데 각각의 책들에 기록된 내용들과 주제들은 같지 않다. 이 기록들은 각기 그것들이 쓰인 신앙 공동체의 삶의 자리를 반영한다. 공관복음서, 즉 마태, 마가, 누가복음에 기록된 마지막 만찬 이야기의 공통된 특징은, 이 만찬의 자리에서 예수님이 임박하게 도래하는 종말론적 하나님 나라에서의 구원 잔치를 약속하고 계신다는 점이다. "진실로 너희에게 이르노니 내가 포도나무에서 난 것을 하나님 나라에서 새것으로 마시는 날까지 다시 마시지 아니하리라"(막 14:25). "그러나 너희에게 이르노니 내가 포도나무에서 난 것을 이제부터 내 아버지의 나라에서 새것으로 너희와 함께 마시는 날까지 마시지 아니하리라"(마 26:29). "내가 너희에게 이르노니 내가 이제부터 하나님의 나라가 임할 때까지 포도나무에서 난 것을 다시 마시지 아니하리라"(눅 22:18).

'하나님 나라에서 새것으로 마시는 날까지', '내 아버지의 나라에서 새것으로 너희와 함께 마시는 날까지', '하나님의 나라가 임할 때까지', 이러한 구절들은 임박한 미래에 도래하는 종말론적 하나님 나라에 대한 비전을 예수님이 가지고 계셨음을 보여준다. 따라서 제자들과 나누는 마지막 만찬은 장차 도래할 하나님 나라에서의 영광스런 식탁의 예표이다. 예수님은 자신이 이제 곧 십자가에 달려 죽음을 당하게 될 것이지만, 곧 다시 하나님 나라에서 제자들과 만나 풍성한 식사를 함께 하게 될 것을 약속하시면서 제자들에게 위로와 소망을 주신다.

그런데 우리가 성만찬 예식을 행할 때 통상적으로 함께 읽는 고린도전서 11장에는, 임박한 종말론적 하나님 나라의 도래와 그 나라에서의 풍성한 식탁에 대한 약속이 언급되지 않는다. 이것은 임박한 종말론적 의식이 약화되고 있는 당시 교회의 예전적 삶의 자리를 반영하는 것으로 보인다. 고린도전서 11장 26절에서 바울은, 이제 곧 도래하는 하나님 나라에서 제자들이 예수님과 함께 영광스런 식탁에 참여하게 될 것이라는 예수님의 약속을 기록하는 대신 다음과 같이 기록하고 있다. "너희가 이 떡을 먹으며 이 잔을 마실 때마다 주의 죽으심을 그가 오실 때까지 전하는 것이니라."

'그(예수님)가 오실 때'는 종말론적 미래를 의미한다. 그러나 그때가 언제가 될지는 아무도 모른다. 단지 우리는 성만찬에 참여함으로써, 예수님이 다시 오실 때까지 그분의 죽으심, 즉 예수님 십자가의 대속적 죽음에 의한 구원의 복음을 전하는 사명을 부여받는 것이다. 그러므로 여기서는 임박한 종말론적 의식이 약화되는 대신 선교적 사명이 강조된다. 다시 말하면, 바울의 본문에서는 성만찬이 종말론적인 하나님 나라에서 참여하게 될 영광스런 잔치에 대한 소망과 연결되지 않고, 이세상에서 그리스도의 복음을 전해야 하는 선교적 명령과 연결된다.

한편, 요한복음은 예수님이 잡히시기 전날 밤의 마지막 식사를 성만찬 예식과 연결시키고 있지 않다. 요한복음 13장에 기록된 '최후의 만찬'의 본문은 예수님이 제자들의 발을 씻기시는 이야기만을 소개하고 있다. 요한복음은 13-17장에 걸쳐서 예수님이 제자들에게 남기신 마지막 말씀들, 다락방 강화라고 불리는 말씀들을 소개하고 있다. 요한복음은 마지막 만찬을 성만찬 예식과 연결시키지 않는 대신, 갈릴리에서의 예수님의 초기 사역에 관한 기록들 가운데 하나인 6장 52-58절에 성만찬 이야기를 소개한다.

우리가 아는 바와 같이 요한복음 5장에는 예수님이 물고기 두 마리와 떡 다섯 개로 오천 명을 먹이신 오병이어 이야기가 기록되어 있고, 이어서 6장에는 생명의 떡이신 예수님에 관한 강화가 기록되어 있다. 예수님이 하늘에서 내려온 참 떡이요 양식이라는 것이 6장에서 말씀하고자 하는 중심 메시지이다.

바로 이러한 맥락에서 오늘날 우리가 성만찬에서 늘 봉독하는 구절들이 나타난다. "예수께서 이르시되 내가 진실로 진실로 너희에게 이르노니 인자의 살을 먹지 아니하고 인자의 피를 마시지 아니하면 너희 속에 생명이 없느니라 내 살을 먹고 내 피를 마시는 자는 영생을 가졌고 마지막 날에 내가 그를 다시 살리리니 내 살은 참된 양식이요 내 피는 참된 음료로다"(요 6:53-55). 이 구절은, 요한복음이 기록된 AD 100년경에 이미 교회의 예전적 삶의 자리에서 예수님의 살과 피를 상징하는 떡과 포도주를 먹고 마시면서 예수님을 기념하는 성만찬이 시행되었음을 암시적으로 보여준다.

요한복음 본문에서 사용된 '생명'(조에), 또는 '영생'(조에 아이오니스)이란 단어는 공관복음에서는 나타나지 않는 요한복음만의 독특한 구원 개념을 표현한다. "마지막 날에 내가 그를 다시 살리리니," 이 구절에서 '마지막 날'이란 공관복음에서와 같이 임박하게 도래하는 종말론적 미래를 의미한다기보다는, 미래의 어느 시점에 닥쳐올 개인적 종말이나 임박하지는 않지만 그때를 알 수 없는 어떤 시기에 도래할 종말론적 미래를 의미하는 것으로 보인다. 그러므로 요한복음에서의 종말론적 구원은 공관복음에서처럼 임박하게 도래하는 종말론적 하나님 나라에서 참여하게 될 풍성한 잔치라기보다는, 언제인지 알 수 없는 미래에 육체적인 죽음 이후 부활하여 저 천국에서 영원한 생명을 누리는 것을 의미한다. 죽음과 부활 이후의 영원한 생명, 이것이 바로 성만찬에 참예함으로써 우리가 받게 되는 구원의 은혜요 약속이다. 요한복음 저자는 종말론적 하나님 나라의 임박한 도래에 대하여 언급하는 대신, 예수의 살과 피를 먹고 마심으로써 지금 여기서 생명(영생)을 얻고, 훗날 죽었다가 다시 부활하여 영생을 누리게 될 것이라고 말씀하고 있다.

예수님이 제자들과 함께 나누었던 최후의 만찬이 훗날 교회의 성만찬 성례전이 되었다. 우리는 성만찬 예식을 거행하고 함께 참예함에 있어서 무엇보다도 먼저, 예수님과 제자들이 예루살렘의 어느 조그만 다락방에서 마지막 만찬을 가졌던 역사적 상황을 기억할 필요가 있다.


## 죽음 직전의 만찬

성만찬 예식은 과거에 대한 역사적 기억(anamnesis)으로부터 시작된다. 예수님은 공생애 사역의 마지막 시기에 유월절을 맞아 예루살렘으로 올라가기로 결심하셨다. 예수님은 이 예루살렘으로의 길이 자기 공생애의 마지막 길이 될 것을 예감하셨다.

예수님은 예루살렘을 향한 행진을 시작하기 직전에 가이사랴 빌립보에서 제자들과 마지막 시간을 보내셨다. 이때 예수님은 제자들에게 "너희는 나를 누구라고 생각하느냐"라고 물으셨다. 베드로는 "주는 그리스도시요 살아계신 하나님의 아들입니다"라고 고백했다. 베드로의 이 신앙 고백 이후에, 예수님은 자신이 예루살렘으로 올라가서 고난을 당하게 될 것을 말씀하셨다. 베드로는 그런 일은 결코 일어날 수 없다고 만류하였다. 이때 예수님은 베드로를 심하게 책망하시면서 곧 "누구든지 나를 따라오려거든 자기를 부인하고 자기 십자가를 지고 나를 따를 것이니라"(마 16:24)고 말씀하셨다.

예루살렘으로 올라가는 길에서 예수님은 자신이 이제 곧 어떤 일을 당할지 제자들에게 여러 차례 말씀하셨다. "예루살렘으로 올라가는 길에 예수께서 그들 앞에 서서 가시는데 그들이 놀라고 따르는 자들은 두려워하더라 이에 다시 열두 제자를 데리시고 자기가 당할 일을 말씀하여 이르시되 보라 우리가 예루살렘에 올라가노니 인자가 대제사장들과 서기관들에게 넘겨지매 그들이 죽이기로 결의하고 이방인들에게 넘겨주겠고 그들은 능욕하며 침 뱉으며 채찍질하고 죽일 것이나 그는 삼 일 만에 살아나리라 하시니라"(막 10:32-34).

종교 지도자들이 가룟 유다와 공모하여 예수를 체포할 계획을 세우고 그 계획을 실행에 옮기고 있었던 바로 그 시간에, 예수님은 겟세마네 동산 근처의 은신처에서 제자들과 마지막 만찬을 나누고 계셨다. 그러므로 우리는 오늘날 교회가 행하는 성만찬 예식의 역사적 원형이, 죽음의 운명을 눈앞에 둔 예수님이 제자들과 가졌던 최후의 고별 만찬이었음을 기억해야 한다. 이제 운명의 시간은 다가오고 있었다. 예수님과 제자들의 마지막 만찬은 원수들에게 붙잡혀 재판을 받고 고초를 당하고 십자가에서 돌아가시기 불과 몇 시간 전의 절박한 순간에 행하여졌다. 이 식사 시간은 죽음의 그림자가 다가오고 있는 음산한 시간이었으며, 삶과 죽음의 갈림길에서 결단을 해야 하는 비장한 시간이었다. 우리는 주님의 성찬에 임할 때 최후의 만찬이 이와 같은 절박한 상황 속에서 행해졌음을 기억해야 하며, 우리도 우리 자신의 생명을 내어놓고 결단하는 비장한 마음으로 성만찬에 임해야 한다.

고린도전서 11장을 제외하고는 네 복음서 모두가 마지막 만찬에 관한 기록 가운데 가룟 유다가 예수님을 배반하는 이야기를 소개하고 있다. 가룟 유다는 제자들 가운데에서 가장 계산이 빠른 사람이었다. 그래서 예수님은 그에게 회계 일을 맡기셨을 것이다. 가룟 유다의 계산에 따르면 예수님의 예루살렘 행은 애초부터 승산이 없었다. 그것은 달걀로 바위를 치는 것보다 더 무모한 일이었다. 그래서 그는 다른 제자들과 달리 이 행렬에서 벗어나는 것만이 자신이 살길이라고 일찍이 판단했다. 그는 자신이 살기 위해서는 스승을 배반하는 길 외에는 없다고 생각했다.

그러나 사실상 예수님을 배반했던 것은 가룟 유다뿐만이 아니었다. 예수님이 잡히시고 재판을 받고 십자가에 달리시던 날 밤에 베드로도 예수님을 세 번씩이나 부인했으며 제자들 모두(요한 한 사람만 빼고) 스승을 버리고 뿔뿔이 도망했다. 이러한 제자들의 실패는 이미 예견된 것이었다. 그들은 예루살렘에 올라가는 길에서, 예수님이 십자가의 길을 향해 무거운 발걸음을 옮기시던 그 상황에서도 누가 오른편에 누가 왼편에 앉을 것이냐를 놓고 다투지 않았던가? 그들은 최후의 만찬의 자리에서도 서로 다른 사람의 발을 씻겨주지 않으려고 신경전을 벌이지 않았던가? 그들은 겟세마네 동산에서 예수님이 피땀을 흘리며 기도하는 그 마지막 순간에도 깨어 있지 못하고 잠들어 있지 않았던가?

그러면 우리는 어떤 주님의 제자들인가? 우리는 과연 그때의 예수님의 제자들과 다른 제자들인가? 우리는 아직도 예수님을 따라 예루살렘으로 가는 길이 세상적인 영광과 권세를 쟁취하기 위한 길이라고 생각하고 있는 것은 아닌가? 우리는 늘 다른 사람 특히 내 옆의 동료보다 더 높아지고 더 앞서기 위해 경쟁하고 있지 않은가? 우리는 작은 일에

서조차 자신의 명예와 공적을 드러내기 위해 애쓰고 있지 않은가? 우리는 남을 섬기기보다는 섬김 받기를 좋아하고 있지 않은가? 우리고 정말 영적으로 깨어 있어야 할 중요한 순간에 종종 잠들어 있지 않은가? 우리는 가룟 유다와 다른 제자들처럼 현실적인 이해 관계를 계산하는 데는 민첩하고 고난의 잔은 외면하는 자들은 아닌가? 우리는 주님의 만찬에 참여하기 전에, 우리 자신의 모습을 깊이 돌아보고 진정으로 회개해야 한다.

## 감사와 기쁨의 축제

예수님은 식사 도중에 제자들에게 떡과 포도주를 나누어주시면서, 그것이 우리를 위한 대속적 죽음을 상징한다고 말씀하셨다. 떡을 주시면서 "받으라 이것은 내 몸이니라"(막 14:22)고 말씀하시고, 잔을 주시면서 "이것은 많은 사람을 위하여 흘리는 나의 피 곧 언약의 피니라"(막 14:24)고 말씀하셨다. 떡과 포도주는 우리를 위하여 찢기시는 주님의 살과 우리를 위해 흘리시는 주님의 피를 상징한다. 여기에 기독교 복음의 핵심이 있다. 기독교 복음의 핵심 메시지는 예수님이 바로 우리의 죄 용서와 구원을 위하여 십자가에서 우리 대신 죽음을 당하셨다는 것이다. 예수님의 십자가는 고통스럽고 처절한 죽음이었다. 그러나 이 죽음은 예수님의 실패를 의미하지 않는다. 왜냐하면 이 십자가를 통해서 하나님은 인류를 구원하시는 구속사역을 이루셨기 때문이다. 십자가에서 우리의 죄가 예수님께 전가되고 예수님의 의가 우리에게 주어졌다. 이런 의미에서 루터와 칼빈 같은 종교개혁가들은 십자가에서 '즐거운 교환'이 일어났다고 말했다.

그러므로 성만찬은 단지 예수 그리스도의 비극적 죽음을 기억하고 기념하는 슬픈 추모식과 같은 예식이 아니라 감사와 기쁨의 축제이다. 성만찬에 참여하는 자는 예수 그리스도 십자가 안에 나타난 하나님의 자기희생적인 사랑을 통한 구원의 은혜를 감사하고 찬송하지 않을 수 없는 것이다. 성만찬은 예수 그리스도의 대속적 희생을 통하여 모든 인간에게 새로운 생명과 구원을 주시는 하나님의 은혜에 감사하고 찬송하는 기쁨의 예식이다.

예수님이 제자들과 나눈 마지막 만찬은 세리, 죄인들과 나눈 식사와 친교의 연속선상에 있음을 기억해야 한다. 예수님은 공생애 동안 가난하고, 병들고, 소외된 사람들, 세리와 창기와 같은 죄인들과 즐겨 식사를 하셨다. 예수님이 세리와 죄인들과 함께 식사를 하고 친교를 나누신 것은, 세상에서 멸시당하고 죄인으로 취급받던 이들에게 하나님의 구원의 은총이 우선적으로 주어짐을 보여주시기 위해서였다. 바로 이들을 위해서 장차 하나님 나라의 종말론적인 구원의 잔치가 베풀어지게 될 것이라는 의미이다.

마지막 만찬에서 예수님은 제자들에게 종말론적인 하나님 나라의 구원과 축복을 약속하셨다. "내가 포도나무에서 난 것을 하나님 나라에서 새 것으로 마시는 날까지 다시 마시지 아니하리라"(막 14:25). 예수님과 제자들의 마지막 만찬은 종말론적인 하나님 나라에서의 영광스런 잔치에 대한 예표와 선취를 의미한다. 예수님은 두려움에 사로잡힌 제자들에게 하나님 나라의 구원을 약속하시면서 그들을 위로하시고 평안과 소망을 주셨다. "너희는 마음에 근심하지 말라 하나님을 믿으니 또 나를 믿으라 내 아버지 집에 거할 곳이 많도다…너희를 위하여 거처를 예비하러 가노니 가서 너희를 위하여 거처를 예비하면 내가 다시 와서 너희를 내게로 영접하여 나 있는 곳에 너희도 있게 하리라"(요 14:1-3). "이것을 너희에게 이르는 것은 너희로 내 안에서 평안을 누리게 하려 함이라 세상에서는 너희가 환난을 당하나 담대하라 내가 세상을 이기었노라"(요 16:33).

그러므로 성만찬은 주님이 약속하신 종말론적 하나님 나라에 대한 소망을 새롭게 하는 예식이며, 시험과 환란 가운데에서도 주님이 주시는 참된 평안을 경험하는 예식이다. 주님이 우리에게 주시는 종말론적인 구원과 승리의 약속은 우리가 현재 어떠한 역경과 고난 가운데 있든지 그것들을 넉넉히 이기고 승리할 수 있는 힘과 용기의 원천이 된다. 그러므로 우리는 성만찬에 참여할 때, 저 영원한 하나님 나라의 구원에 대한 소망을 새롭게 하고 주님이 주시는 참된 평안을 경험할 수 있다.


## 결단과 변화의 자리

예수님은 이 성만찬의 자리에서 우리에게 물으신다. "내가 마시는 잔을 너희가 마실 수 있으며 내가 받는 세례를 너희가 받을 수 있느냐?" 그리고 예수님은 우리에게 명령하신다. "누구든지 나를 따라오려거든 자기를 부인하고 자기 십자가를 지고 나를 따를 것이니라." 사도 바울은 성만찬을 받는 자들의 사명이 '주의 죽으심을 그가 오실 때까지 전하는 것'이라고 말씀하였다. 주님의 제자로서 우리가 받은 사명은 주님의 십자가를 증언하는 것이다. 성만찬에 참예함에 있어서, 우리도 주님의 뒤를 따라 십자가의 길을 가고자 결단해야 한다. 십자가의 증인이 되기 위해서는, 그리고 십자가의 길을 가기 위해서는, 먼저 십자가 앞에서 우리의 옛 자아가 부정되고 죽어져야 한다.

성만찬에서 우리가 나누는 떡과 잔은 바로 자기부정과 죽음을 상징한다. 우리는 이 떡과 잔을 먹고 마심으로써 우리의 옛 자아가 온전히 죽어지고 새로운 존재로 변화되는 경험을 해야 한다. 그렇게 할 때 비로소 주님의 제자가 될 수 있다. 그렇게 할 때 또한 우리는 주님이 주시는 고난의 잔과 세례를 받을 수 있으며, 십자가를 지고 주님을 따를 수 있으며, 주님이 오실 때까지 그리스도의 복음을 증거할 수 있다.

그러나 우리가 기억해야 할 사실은 이 모든 일은 우리 자신의 힘으로 하는 것이 아니라는 사실이다. 우리의 새로운 삶은 주님이 주시는 생명의 능력으로 사는 삶이다. "내가 그리스도와 함께 십자가에 못 박혔나니 그런즉 이제는 내가 사는 것이 아니요 오직 내 안에 그리스도께서 사시는 것이라"(갈 2:20). 요한복음은 우리가 예수의 살을 먹고 피를 마시면 우리 안에 생명, 즉 영생이 있으리라고 말씀한다. 우리가 예수님의 살과 피를 상징하는 떡과 잔을 먹고 마실 때, 성령의 임재를 통하여 우리는 부활하신 주님의 생명을 부여받는다. 그리하여 이제 우리는 주님의 새 생명으로 거듭나고 우리 안에는 부활하신 주님의 생명이 약동하게 된다. 주님의 피가 우리의 피가 되고 주님의 살이 우리의 살이 된다. 주님의 생명이 우리의 생명이 된다. 칼빈의 말을 따르면 우리는 성만찬에서 성령을 통해 주님과의 신비한 연합을 경험한다. 성만찬을 통하여 우리는 이제부터의 우리의 삶이 주님의 생명으로 사는 영생의 삶이라는 사실을 확증하게 된다. 주님의 생명이 내 안에 있음으로 말미암아, 우리는 주님의 제자로서의 모든 사역을 넉넉히 감당하고 마침내 승리하게 될 것이다.

성만찬은 우리를 위하여 찢기신 예수 그리스도의 살과 우리를 위하여 흘리신 그분의 피를 기억하고 기념하며, 대속을 통한 죄 사함과 구원의 은총에 감사하고 찬송하는 예식이다. 성만찬은 우리의 자아를 십자가에 못 박고 장사지내는 예식이다. 성만찬은 우리가 예수 그리스도와의 신비한 연합을 경험하는 예식이다. 성만찬은 우리의 옛 자아가 죽어지고 주님의 새 생명으로 거듭나고 새사람으로 변화되는 은혜를 새롭게 경험하는 예식이다. 주님이 주시는 새로운 생명의 능력을 힘입을 때, 우리는 예수 그리스도의 복음을 전파하고 이 땅에 하나님 나라를 구현하는 제자의 사명을 능히 감당할 수 있을 것이며, 그리할 때 마침내 저 영광스런 하나님 나라의 잔치에 참여하게 될 것이다. 이러한 축복을 다 받아 누리는 우리 모두가 되기를 기원한다.

# 23

## 공감적 믿음과
## 공감적 사랑

갈 2:16

사람들은 자기가 어떤 객관적 사실을 믿는다고 생각하지만 실제로는 믿고 싶은 것을 믿는 경향이 매우 강하다. 특히 한국 사람들은 어떤 객관적 사실에 근거해서 믿음을 갖는 것이 아니라 자기가 그럴 것임에 틀림없다고 확신하는 믿음에 근거해서 그 믿음을 사실로 받아들이는 경향이 매우 강하다. 예를 들면, 천안함 사건이라든가 세월호 사건 같은 것들이 발생했을 때, 그러한 사건들에 대한 입장이 양쪽으로 갈린다. 한편은 정부의 조사 결과를 받아들이는 입장이고 다른 한편은 그 결과를 믿지 않는 입장이다. 그런데 이 두 입장 가운데 어느 입장을 취하든지, 과연 얼마나 많은 사람들이 사건의 사실성을 객관적으로 판단할 수 있는 충분한 근거와 자료를 갖고 판단하는 건지 매우 의문스럽다. 어느 입장을 갖든지 객관적 사실에 근거한 믿음이 아니라 자신의 믿음에 근거한 사실에 확신을 갖는 경우가 많다.

우리 기독교 신앙도 이러한 오류에 빠질 위험성이 있다. 기독교인의 믿음이 구원론적 투사 또는 열광주의적 환상과 구별될 수 없는 경우가 많이 있다. 기독교인의 신앙과 신학이 때로는 세상의 정치적 당파들의 진영 논리와 크게 다르지 않게 느껴질 때가 있다. 자기가 속해 있는 교회 전통에 대한 강한 충성심이 다른 교회 전통에 대한 배타적 태도로 나타나는 경우가 많이 있다. 또 자기가 전공한 신학 전통이나 신학자에 대한 확신이 다른 신학 전통이나 신학자에 대한 배타적인 태도로 나타나는 경우도 적지 않다. 우리는 우리 자신의 신앙과 신학이 당파적 진영 논리와 같은 형태로 형성되어 있는 것은 아닌지 돌아볼 필요가 있다.

예수님 당시에도 사람들은 서로 다른 기대를 가지고 예수님께 나아왔다. 말하자면 그들은 예수님을 향해 서로 다른 구원론적 투사를 하였다. 어떤 사람들은 예수님을 정치적 해방자로, 어떤 사람들은 묵시적 환상가로, 어떤 사람들은 종말론적 예언자로, 어떤 사람들은 지혜의 교사로 이해했다. 오늘날도 사정은 크게 다르지 않다. 서로 다른 전통과 교단 안에 있는 기독교인들이 집단적으로 그리고 개인적으로 예수 그리스도를 향해 투사하는 구원론적 관심은 서로 다르다. 따라서 때로는 서로 다른 전통 안에 있는 기독교인들의 믿음 체계들 간에 그리고 각

개개인의 믿음들 간에 종종 갈등과 충돌이 일어난다.

예수 그리스도는 모든 기독교 신앙의 최종적 시금석이어야 한다. 그러나 그리스도인들이 예수 그리스도에 대하여 가지고 있는 믿음 자체가 각기 그분에게 투사된 구원론적 열망과 욕구라면, 우리는 어떻게 예수 그리스도가 우리가 가진 믿음의 시금석이라고 말할 수 있겠는가? 오늘날 젊은 세대들의 믿음의 특징 가운데 하나는, 예수 그리스도에게 감상주의적 감정을 투사한다는 데 있다. 오늘날 교회 안에서 대중화되고 있는 CCM의 상당수는 예수에 대한 믿음을 매우 감상주의적으로 표현하고 있다. 이른바 열린예배에서 많이 불려지는 CCM의 가사들을 살펴보면 마치 스타 연예인을 대하는 것 같은 감상적인 믿음과 낭만적인 사랑 고백이 적지 않다. "주님 사랑해요 주님 사랑해요 말하지 않아도 표현 다 못해도 주님 사랑해요." 물론 주님을 사랑한다는 고백이 잘못되었다는 것이 아니다. 그러나 이러한 종류의 가사들이 과연 갈릴리에서 예루살렘에 이르는 예수님의 역사적 현실, 예수님을 십자가 처형으로 몰고 간 그 거칠고 냉혹한 역사적 현실(reality)을 얼마나 제대로 담아내고 있는지 의심스러울 때가 많다.

## 그리스도의 믿음

나는 예수님이 선포하고 실천하셨던 하나님 나라의 관점에서 갈라디아서 2장 본문을 이해함으로써, 구원론적 열망과 욕구의 투사로 초래되는 믿음의 맹목성(盲目性, blindness)을 극복하는 길에 대하여 함께 생각해 보고자 한다. 본문 첫 부분에 "사람이 의롭게 되는 것은 율법의 행위로 말미암음이 아니요 오직 예수 그리스도를 믿음으로 말미암는 줄 알므로"라는 구절이 나온다. 이 구절에서 "예수 그리스도를 믿음"이라고 번역된 헬라어 원문을 어떻게 이해해야 하는가가 다루고 싶은 중심 주제이다. 이 부분의 헬라어 원문은 '피스티스 크리스토(pistis Christou)'이다. 이 헬라어 표현에서 그리스도(크리스토, Christou)는 믿음의 대상이 아니라 믿음의 주체로 해석되는 것이 문법상 자연스럽다. '크리스토'(Christou)를 목적격이 아니라 소유격으로, 다시 말하면 '그리스도에 대한 믿음'이 아니라 '그리스도의 믿음'으로 해석하는 것이 문법적으로 자연스럽다. 즉 우리는 그리스도의 믿음에 의해 의롭게 된다.

그리고 바로 이 구절 다음에 나오는 "우리도 그리스도 예수를 믿나니"에서 말하는 예수 그리스도를 믿는 우리의 믿음은 그분의 믿음에 참여하는 것을 의미한다. 이 본문에서 바울은 우리 그리스도인의 믿음은 예수가 가진 믿음에 참여하는 것이어야 한다고 말씀한다. 다시 말하면, 우리가 그리스도를 믿는다는 것은 우리가 그분이 가진 믿음에 참여한다는 것을 의미한다. 바울에 따르면, 우리가 그리스도의 믿음 안에 참여하는 것이 바로 우리가 '그리스도 안에'(en Christou) 있는 것이다. 그리스도의 믿음 안에 참여함으로써 그리스도 안에 있는 것, 그리고 그리스도의 믿음 안에 참여함으로써 그리스도와 함께 사는 것, 이것이 우리의 믿음의 본질이다. 우리는 그리스도 안에서 예수님 자신의 믿음을 선물로 받는다. 그리하여 이 그리스도의 믿음 안에서 그 믿음을 따라 살아갈 수 있게 된다.

본문에서 바울이 말씀하는 믿음의 본질은 공감(empathy)이라고 할 수 있다. 즉, 그리스도에 대한 우리의 믿음이란 그리스도의 믿음에 공감적으로 참여하는 것을 의미한다. 우리는 성령의 감동과 감화하심을 통해서 그리스도의 믿음 안에, 그리스도 안에 공감적으로 참여할 수 있다. 공감은 다른 사람의 믿음 안으로 그리고 그의 삶의 이야기 안으로 들어가고 그와 함께 느끼는 것이다. 공감은 진정으로 이해하는 것이다. 우리가 잘 아는 바와 같이, '이해'라는 말 자체가 'under-stand' 즉 '그 밑에 선다'는 의미이다. 그렇기 때문에 진정한 이해는 단지 개념적인 것이 아니라 상대방의 자리에 서서 인격적으로 그 안에 참여하는 것이다. 어떤 사람을 진정으로 안다는 것은 무엇보다 그 사람의 마음과 생각을 공감적으로 이해하는 것을 말한다.

우리가 어린아이였을 때에는 부모님에게 전적으로 의지하기만 하면 된다. 그러면 부모님이 다 알아서 해주신다. 우리의 신앙도 이와 같다고 할 수 있다. 하나님께 전적으로 의지하는 것이 신앙의 본질이다. 이런 의미에서 슐라이에르마허는 신앙을 절대의존의 감정이라고 말했다. 그러나 청소년기가 지나고 성인이 되면 단지 의지하는 것만으로는 안 된다. 부모를 진정으로 이해할 수 있어야 한다.

부모도 한 연약한 인간인 것을 공감적으로 이해할 수 있어야 한다. 머리가 다 컸는데도 부모가 어떤 형편에 있는지 무엇을 원하는지 알 생각도 않고 오직 요구하기만 하는 유아기 상태를 벗어나지 못하는 자식은 너무 난감하다.

## 공감적 이해와 참여

우리와 하나님의 관계도 마찬가지이다. 믿음이 단지 하나님을 향한 우리 자신의 욕망의 투사가 되어서는 안 된다. 성숙한 믿음이란 하나님을 온전히 의지할 뿐 아니라 하나님의 마음을 공감적으로 이해하는 믿음이다. 우리가 하나님의 마음을 헤아리고 공감적으로 이해하지 못한다면, 우리는 사실상 우리 자신이 투사하는 욕망의 신을 섬기고 있는 것일 수 있다. 신학적 용어로 '코르 쿠르붐 인 세'(*cor curvum in se*)라는 관용어가 있다. 어거스틴이 처음 만들었다고 알려져 있는 이 말은 문자적으로 'turned/curved inward on oneself'(자기 자신 안으로 굽어져 있음)를 의미한다. '코르 쿠르붐 인 세'란 그 자신의 굴레를 벗어나지 못하는 자기중심적인 마음을 의미한다. 하나님을 믿노라고 하지만 자기중심적인 마음의 굴레 안에서 하나님을 믿기 때문에, 사실은 하나님을 믿는 것이 아니라 자기가 하나님이라고 생각하는, 자기중심적인 마음의 투사를 믿는 것이다.

참된 믿음은 우리 자신의 내부로부터 하늘을 향해 자기중심적인 소원을 투사하는 것이 아니라, 믿음의 대상 즉 하나님으로부터 우리에게 비쳐오는 빛을 받아들이고 위로부터 우리에게 들려오는 소리를 듣는 것이다. 만일 우리의 믿음이 우리 안으로부터 밖으로 투사된 대상을 믿는 것이라면, 포이에르바하가 주장한 것처럼 종교는 단지 인간이 경험하는 곤경과 절망에 대한 증거에 불과할 뿐이고, 신학은 인간학에 불과할 것이다. 하나님을 믿는다는 것은 자기중심적인 자아의 굴레를 벗어나 하나님의 마음을 공감적으로 이해하는 것을 의미한다. 이 공감적 이해로서의 믿음은 성령의 감동 감화를 통해서 우리 안에 생겨난다. 그러므로 우리는 늘 성령의 도우심을 간구해야 한다.

칼빈은 그리스도인의 목표가 성령 안에서 예수 그리스도와 신비한 연합을 경험하는 것이라고 말했다. 그러나 예수 그리스도와의 연합은 단지 신비주의적인 순간적 연합의 체험을 의미하는 것이 아니다. 그것은 예수님이 가졌던 믿음을 공감적으로 이해하고 갈릴리에서 예루살렘에 이르는 그분의 삶의 이야기에 공감적으로 참여하는 것을 의미한다. 우리 그리스도인의 궁극적인 목표는 예수님이 가졌던 믿음을 함께 가지고, 예수님처럼 살고 죽음으로써, 저 영원한 하나님 나라에서 예수 그리스도와 더불어 부활과 영생의 축복을 누리는 것이다.

그렇다면 예수 그리스도에 대한 믿음의 내용은 무엇인가? 다시 말해서, 우리 그리스도인들이 공감적으로 참여해야 할 예수 그리스도의 믿음의 핵심은 무엇인가? 그것은 하나님이 통치하시는 하나님 나라에 대한 비전이다. 예수님은, 이 땅에 하나님의 뜻이 이루어지는 하나님 나라 구현을 위해 자신이 보내심을 받았다는 확고한 믿음을 가지시고 이 믿음을 위해 자신을 헌신하셨으며, 이 믿음 때문에 고난을 당하고 십자가에 죽음을 당하셨다.

우리가 예수님을 주님으로 믿는다는 것은 예수님을 그 자신의 인격과 사역 안에서 이 땅에 도래한 하나님 나라의 왕이요 통치자로 고백하는 것을 의미한다. 이 믿음의 고백은 우리가 그분의 통치권에 순종하고 이 세상에서 하나님 나라의 질서를 구현하며 살겠다는 약속을 포함한다. 즉, 예수님을 주님으로 믿는다는 것은 그분이 가졌던 하나님 나라의 비전에 공감하고 하나님 나라의 주님이신 그분의 통치를 따르는 삶을 살겠다는 약속을 동반한다.

그러므로 믿음이란 단순히 입으로만 하는 것이 아니라 우리의 구체적인 삶의 모습으로 나타나야 한다. 그래서 예수님은 "나더러 주여 주여 하는 자마다 다 천국에 들어갈 것이 아니요 다만 하늘에 계신 내 아버지의 뜻대로 행하는 자라야 들어가리라"(마 7:21)고 말씀하셨다. 예수님이 가지셨던 하나님 나라의 비전에 공감하고 그 비전에 참여하는 것, 그리고 우리의 세상적인 가치관과 삶의 방식이 하나님 나라의 가치관과 삶의 방식으로 전환되는 것이 기독교 신앙의 본질이다.

전통적으로 교회는 예수 그리스도를 주님과 하나님의 아들로 고백하는 믿음, 그리고 이 믿음만이 인간을 구원한다는 진리를 교회가 선포해야 할 복음이라고 이해해왔다. 그런데 예수를 주님과 하나님의 아들로 고백하는 믿음의 핵심은 무엇인가? 이 믿음의 핵심은 우리가 어떤 천상의 존재가 아니라 바로 땅 위의 한 인간 예수를 주님과 하나님의 아들로 고백한다는 사실에 있다. 어떻게 우리는 한 인간인 나사렛 예수를 주님과 하나님의 아들로 고백할 수 있는가? 그리고 어떻게 초기 교회의 그리스도인들은 한 인간 나사렛 예수를 주님과 하나님의 아들로 고백할 수 있었을까? 이 기독론적 고백에 있어서 근본적으로 중요한 것은 우리가 부활하신 영광중의 주님을 만나기 전에, 갈릴리를 배회하면서 가난한 자들에게 하나님 나라의 복음을 전파하고, 타락한 유대 종교 지도자들을 통렬하게 비판하며, 하나님의 통치가 임박했다고 선포했던 한 청년 예수를 먼저 만나야 한다는 사실이다.

어떻게 이 인간, 이 갈릴리 청년 예수가 하나님의 아들이요 우리의 주님이 될 수 있단 말인가? 우리의 믿음은 이 물음에 대하여 주체적으로 대답할 수 있어야 한다. 우리가 이 물음에 주체적으로 대답하기 위해서는 하나님 나라를 이 땅에 구현하기 위해서 온전히 자신을 바쳤던 그분의 삶의 과정, 즉 갈릴리에서 예루살렘으로 이르는 그분의 역사적 과정에 대한 공감적 이해가 선행되어야 한다. 만일 우리가 인간 예수가 품었던 하나님 나라의 비전, 즉 이 땅에 하나님의 사랑과 정의의 통치를 실현하고자 했던 그 비전과 그 비전을 위한 희생적 헌신을 공감적으로 이해하지 못한다면, 그분이 주님이요 하나님의 아들이라는 사실을 교리적으로 받아들이고 그러한 교리적 신앙 고백을 아무리 반복해도 우리의 믿음은 공허한 울림이 될 것이다.

예수 그리스도 안에 나타난 하나님은 공감적 사랑의 하나님이다. 삼위일체 하나님은 아버지, 아들, 성령 세 위격의 페리코레시스(perichoresis)적 관계성 안에 계신 하나님이다. 이 페리코레시스적 관계성이란 바로 공감적 사랑을 의미한다. 예수 그리스도의 성육신은 하나님의 공감적 사랑의 역사적 현현이다. 다시 말하면, 성육신 사건은 하나님이 인간을 불쌍히 여기셔서 인간을 구원하기 위해서 친히 인간으로 오신 사건이다. 성육신하신 예수 그리스도는 위로는 삼위일체 하나님의 공감적 사랑에 참여하셨을 뿐만 아니라, 아래로는 다른 인간을 공감적으로 사랑하셨다. 히브리서 저자는 예수 그리스도가 우리의 연약함을 공감하셨다고 말씀한다. "우리에게 있는 대제사장은 우리의 연약함을 동정하지 못하실 이가 아니요"(히 4:15). 대제사장으로서의 예수 그리스도의 중

보자적 대속 사역의 본질은, 바로 우리의 연약함에 공감하시고 우리의 연약함을 대신 담당하신 십자가의 자기희생적 사랑에 있다.

예수 그리스도의 십자가 안에 나타난 이 공감적 사랑이 바로 인간을 구원하시는 하나님의 능력이다. 오직 예수 그리스도 안에 나타난 하나님의 공감적이고 자기희생적인 사랑만이 이 세상을 변화시키고 구원할 수 있다.

우리 그리스도인들은 예수 그리스도 안에 나타난 하나님의 자기희생적인 사랑에 공감적 믿음으로 응답함으로써 하나님이 베푸시는 구원에 참여하는 사람들이다. 그리고 나아가서 우리는 이와 같은 예수 그리스도 안에 나타난 하나님의 공감적이고 자기희생적인 사랑을 이 세상 속에서 실천하도록 부름을 받은 사람들이다. 예수 그리스도의 하나님 나라 비전에 참여하는 공감적 믿음을 가지고 이 세상에서 공감적 사랑을 실천하는 그리스도인들만이 이 세상의 희망이다. 많은 사람들이 한국 교회가 위기에 처해 있다고 말하고 있는 이때에, 오늘의 한국 교회를 갱신하고 이끌고 가야 할 우리 한 사람 한 사람이 세상에서 희망의 빛이 되기를 기원한다.

# 24/

# 정의와
# 평화

●
렘 8:11

우리는 깨어지고 분열된 세상에 살고 있다. 깨어짐과 분열은 가정, 사회, 국가, 세계의 모든 영역에서 일반적인 현상이다. 우리나라는 가족 갈등, 지역 갈등, 빈부 갈등, 노사 갈등, 세대 갈등이 매우 심각하다. 한반도는 세계에서 유일하게 남은 분단국가로서 남북 갈등이 가장 첨예하게 일어나고 있고, 북한의 계속되는 핵 실험과 미사일 발사로 긴장과 갈등이 더욱 고조되고 있다. 남남 갈등도 남북 갈등 못지않게 심각하다. 세상의 사회 정치뿐만 아니라 종교도 보수 진영과 진보 진영으로 나뉘어 날카롭게 대립하고 있으며, 온 나라가 말할 수 없는 갈등과 혼란의 소용돌이에 빠져 있다.

## 그리스도인의 공적 책임

기독교 신앙은 단지 개인의 내적 차원에서의 심리 치료나 영적 구원에만 국한될 수 없다. 기독교 신앙은 구체적인 사회 정치적 현실에서 깨어짐과 분열을 극복하고 정의와 평화를 구현해야 하는 공적 과제를 갖는다. 정의와 평화는 단지 개인적 영역의 사적인 주제가 아니라 사회 정치적 영역에서의 공적인 주제이기 때문이다. 예수님이 선포하고 실천하신 하나님 나라는, 사회 정치적 영역을 포함한 모든 인간의 현실 속에서 하나님의 정의와 평화가 실현되는 나라이다. 그러므로 그리스도인은 사회 정치적 차원의 공적 영역에서 하나님의 정의와 평화를 실현함으로써 이 땅에 하나님 나라를 구현하도록 부름을 받는다. 이것이 그리스도인의 공적 책임이다.

교회의 성장과 부흥을 가져다주신 하나님의 은혜에 대해서는 매 주일 설교하면서도 사회에서 일어나는 계층 갈등, 인종차별, 테러, 학살 등에 대해서는 한 마디도 언급하지 않는 목회자들이 적지 않다. 마찬가지로 자신의 영혼을 구원하신 하나님의 은혜에 대해서는 날마다 간증하면서도 사회에서 일어나는 갖가지 갈등과 차별과 폭력에 대해서는 별 관심을 갖지 않는 기독교인들도 많다. 르완다에서 인종 학살이 일어났던 시기에 르완다는 아프리카에서 교회가 가장 폭발적으로 성장하는 나라였으며, 이 나라의 기독교인들은 자신의 구원에 대해 강한 확신을 지닌 매우 복음적인 신앙을 가진 기독교인들이었다. 그러나 교회는 이 대량 학살의 비극을 막기 위해 별다른 역할을 하지 못했을 뿐만 아니라, 심지어 일부 성직자들과 많은 기독교인들이 이 학살에 참여했다. 우리나라에서 군사독재 정권이 지배하던 70-80년대는 한국 교회가 폭발적으로 성장하고 부흥하던 시기였다. 이 시기에 교회는 폭발적으로 성장했지만, 대부분의 대형 교회들은 개인 영혼의 구원과 죽음 이후의 영생만을 선포했을 뿐 불의한 권력을 비판하거나 사회의 구조적인 악을 변혁시키고자 투쟁하지 않았다.

불의한 사회 현실의 변혁은 외면하고, 내적 위안과 개인의 번영과 내세의 구원만을 약속하는 현실 도피적 복음은 값싼 복음 또는 거짓된 복음이다. 하나님의 선교는 이 세상을 떠나서가 아니라 상처로 얼룩지고 혼란하고 부패한 이 세상의 한복판에서 모든 파괴적 힘들에 맞서 투쟁함으로써, 그리고 치유하고 용서하고 화해함으로써 이루어져야 한다. 이웃과 사회의 상처와 아픔을 무시하고, 평화가 없는 곳에 선포되는 평화는 거짓된 평화이다. 본문에서 예레미야 선지자는 거짓된 평화를 고발하고 있다. "그들이 딸 내 백성의 상처를 가볍게 여기면서 말하기를 평강하다, 평강하다 하나 평강이 없도다"(렘 8:11).

### 진실과 회개와 용서

평화로 가는 출발점은 어디인가? 그것은 과거에 대한 진실한 기억이다. 평화는 과거에 대한 진실한 기억으로부터 출발해야 한다. 평화의 출발점은 과거를 잊거나 억누르는 것이 아니라 과거와 대면하고 과거의 진실을 규명하는 데 있다. 진실이란 일어난 일과 그 일에 관해 말해진 것 사이의 일치를 의미한다. 사회의 도덕적 질서의 재건을 위해서는 일어난 사건에 대한 진실이 수립되어야 한다. 이전 또는 현 체제 하에서 자행된 불의나 인권유린이나 폭력의 진상을 밝혀냄으로써 과거에 대해 공유된 진실을 수립하는 것이 평화를 이루기 위한 선결 조건이다. 진실이 없이는 치유와 용서와 화해도 불가능하다.

평화는 억압자와 피억압자, 가해자와 피해자 사이의 화해, 즉 상호적인 관계의 회복이 이루어질 때만 구현될 수 있다. 한 개인 또는 집단에 의해서 다른 개인 또는 집단이 고통을 당했을 때, 가해자의 회개와 사죄가 없이는 진정한 관계의 회복 즉 화해가 어렵다. 화해는 가해자의 회개와 피해자의 용서를 통한 상호적 관계의 회복을 통해 구현된다. 다시 말하면, 화해는 가해자의 회개를 피해자가 받아들이고 용서하고 포용함으로써 이루어진다. 가해자가 자신의 책임을 인정하고 자신의 행동을 사과하고 용서를 구하는 것은, 피해자가 가해자를 용서하기 위한 매우 중요한 요건이다.

회개가 당연히 용서를 가져오는 것은 아니다. 그러나 회개가 없으면 용서가 어렵다. 용서란 과거에 의해 지배받기를 거절하는 것이다. 용서는 과거와는 다른 미래를 위해 결단하는 것이다. 그러나 용서는 과거를 무시하거나 잊는 것을 의미하지 않는다. 행악자의 악행에 의해서 많은 사람들이 고통당한 과거를 무시하거나 잊는 것은, 그 악행으로 인해 고통을 당한 희생자를 비하하고 희생자가 당한 고통을 하찮게 여기는 것이다. 용서는 과거를 잊는 것이 아니라 다만 다른 방식으로 기억하는 것이다.

그렇다면 회개가 용서의 필수 전제조건인가? 회개가 용서에 매우 중요한 요건이지만 용서의 필수 전제조건은 아니다. 회개가 없어도 용서가 가능하다는 것이, 예수 그리스도 안에서 값없이 주어지는 하나님의 용서에 근거한 기독교 화해신학의 본유적 특징이다. 하나님은 "우리가 아직 죄인 되었을 때"(롬 5:8), 즉 우리가 아직 회개하기 이전에 그리스도 안에서 우리의 죄를 용서하셨다. 이 용서는 하나님의 무한하신 사랑의 표현이다. 하나님의 용서는 인간의 회개를 전제하는 것이 아니라 인간의 회개를 불러일으킨다. 우리가 예수 그리스도 안에 나타난 하나님의 무한한 사랑과 용서를 진정으로 경험한다면, 우리는 회개하고 하나님과의(그리고 이웃과의) 화해의 길로 나아가지 않을 수 없다.

그러나 과연 우리는 우리에게 악을 행하고 크나큰 고통을 안겨주고도 회개하지 않는 악인을 용서할 수 있는가? 회개하는 자를 용서하는 것도 어려운데 하물며 회개하지 않는 가해자를 용서한다는 것은 얼마나 더 어려운 일인가? 또한 우리가 우리에게 악행을 행한 자를 용서해도 그가 끝까지 회개하지 않으면 그 용서는 실제적으로 효력을 발휘하지 못하며, 따라서 진정한 관계의 회복 즉 화해는 불가능하다. 그럼에도 불구하고 예수님은 회개하지 않는 원수라도 용서하라고 가르치셨다. 그리고 예수님은 십자가에서 바로 자신을 십자가에 못 박는 자들을 용서하는 기도를 하셨다. "아버지 저들을 사하여주옵소서 자기들이 하는 것을 알지 못함이니이다"(눅 23:34). 예수님의 이 용서의 기도와 함께 죄인 된 모든 인간을 구원하는 하나님의 구속 사역이 실현되었다. 우리도 이 예수님의 용서의 기도를 배워야 한다. 사실상 우리는 용서할 수 없다. 우리는 용서할 수 없을지라도 하나님은 용서하실 수 있다. 그러므로 우리는 하나님이 저들을 용서해달라고 기도해야 한다.

## 정의와 평화의 관계

정의와 평화는 어떤 관계에 있는가? 정의는 평화의 필수적인 구성 요소이다. 정의가 무시되는 평화는 거짓된 평화이다. 예레미야 시대에 유다의 상황에서 하나님은 "정의를 행하며 진리를 구하는 자를 한 사람이라도 찾으면 내가 이 성읍을 용서하리라"고 말씀하셨다. 이 말씀은 역설적으로 정의를 행하고 진리를 구하는 자가 한 사람도 없다는 의미를 함축하고 있다. 오늘 우리의 현실은 어떠한가? 오늘 우리의 현실 속에서 진정한 정의가 있는가? 참으로 '정의를 행하며 진리를 구하는' 자들이 있는가? 거리에서 정의를 외치는 사람들은 많지만, 참으로 자신이 정의로운 삶을 살아가는 의인은 찾아보기 힘들다.

개인적 차원에서보다 특히 사회 정치적 차원에서 정의의 실현이 더욱 중요하다. 행악자들의 악으로 인해 희생자들이 겪은 심각한 폭력의 고통은 단순히 무시될 수 없다. 억압의 상태로부터, 아무 일도 일어나지 않았던 것처럼 단순히 해방의 상태로 옮겨갈 수 없다. 불의로 얼룩진 과거는 똑바로 대면되어야 한다. 정의란 과거의 악행(또는 선행)이 있는 그대로 밝혀지고 그에 상응하는 보응이 이루어지는 것을 말한다. 정의를 추구하지 않는 평화는 거짓된 평화이다. 억압에 대한 저항, 불의에 대한 비판, 자유를 위한 투쟁은 평화의 전제조건이다. 우리는 살인자의 범죄를 단순히 '없었던 것으로' 간주함으로써 살인자를 용서할 수 없다.

그렇다면 언제나 정의가 선행되어야 화해가 가능한가? 정의가 없이는 결코 평화도 없다는 입장을 고수하는 사람들이 있다. "과거의 잘못에 대한 고발과 책임 추궁 없이, 과거 상처의 치유 없이, 그냥 과거를 묻어버리고 잊고 용서하려는 태도는 결코 진정한 관계의 회복 즉 화해와 평화를 가져올 수 없다. 그렇기 때문에 화해와 평화가 실현되려면 정의가 반드시 먼저 실현되어야 한다"는 것이다. 그러나 정의가 엄격하게 실현되어야 화해가 가능하다면 평화는 영원히 불가능할 것이다. 왜냐하면 이 세상에서 정의가 엄격하게 실현되는 것은 거의 불가능하며, 불의를 행한 자가 온전히 회개하고 진심으로 용서를 구하는 일도 매우 드물기 때문이다. 따라서 정의가 없이는 평화도 없다는 입장은 불의가 여전히 만연한 현실 속에서 새로운 미래를 창조하기 위한 화해와 평화의 비전을 제공하지 못한다.

과거의 진실 규명은 보복을 위한 것이 아니라 회복을 위한 것이어야 한다. 뮐러 파렌홀츠(Geiko Muller-Fahrenholz, 1940-현재)는 이렇게 말했다. "기억의 기술은 뒤를 돌아보는 행위에 있지 않고 생동적이고 미래 지향적인 사회를 건설하기 위해 과거의 고통을 변형시키는 노력에 있다." 정의에는 처벌적(punitive, retributive) 정의와 회복적(restorative) 정의가 있다. 처벌적 정의는 범죄자를 체포, 재판, 판결, 처벌하는 것이다. 처벌적 정의는 가해자에 대한 처벌에 초점을 맞춘다. 그러나 처벌적 정의는 종종 보복적 정의로 변모한다. 다음과 같은 미로슬라브 볼프(Mirslav Volf, 1956-현재)의 말은 되새겨 볼 필요가 있다. "일편단심의 진실 추구에 부정직함이 너무 많으며, 정의를 위한 비타협적인 투쟁에 불의가 너무 많다."

처벌적 정의와 달리 회복적 정의는 가해자, 피해자, 공동체에 함께 초점을 맞춘다. 처벌적 정의에서 보상은 가해자에 대한 처벌을 의미한다면, 회복적 정의에서 보상은 피해자들의 유익을 위해 행동하는 것을 의미한다. 회복적 정의는 가해자의 행동에 대한 책임적 보상을 피해자에게 제공하고, 갈등을 해결하고, 공동체를 회복하고자 한다. 여기서는 피해자를 위한 정의를 추구하면서 동시에 가해자, 피해자, 공동체 사이의 조화를 회복하는 길을 찾고자 한다. 회복적 정의는 가해자와 피해자 사이의 대화를 통해 가해자의 불의한 행동에 대한 책임을 물을 뿐만 아니라, 사회 또는 국가 공동체 안에 용서와 화해의 분위기를 만들고자 한다.

기독교 신앙에서 '정의 이후에 평화'라는 명제에 대한 대안은 그리스도의 십자가 이야기에서 발견된다. 예수 그리스도의 십자가 안에 나타난 하나님의 정의는 죄인을 처벌하는 정의가 아니라 죄인을 대신하여 자신의 아들을 희생시킴으로써 죄인을 '의롭게 만드는 사랑의 정의'(justifying justice of love)이다. 바르트의 표현에 의하면, 심판자(the Judge)가 피심판자(the Judged)가 되었다. 그리고 십자가에서 우리의 죄가 그리스도에게 전가되고(피심판자), 그리스도(심판자)의 의가 우리에게 전가되는 '즐거운 교환'이 일어났다. 이것이 죄인을 '의롭게 만드는 하나님의 사랑의 정의'이다.

하나님의 이 사랑의 정의는 새로운 관계의 회복 즉 화해와 평화를 가져온다. 그러므로 예수 그리스도의 십자가에 근거한 기독교 평화신학은 처벌적인 율법적 정의가 아니라 회복적 사랑의 정의를 추구한다. 사랑의 정의는 '포용하는 정의'(embracing justice)이다. 그것은 단지 고발하고 처벌을 요구하는 정의가 아니라 사랑으로 감싸안는 정의이다. 만일 우리에게 과거에 나와 원수 되었던 자를 감싸안을 수 있는 포용적 사랑이 없다면 우리의 정의는 결코 화해와 평화를 만들어내지 못할 것이다.

정의를 추구함에 있어서 또한 우리가 인식해야 할 사실이 있다. 그것은 나 자신과 상대방 모두 안에 정의와 불의가 혼재하고 있다는 사실이다. 나 자신은 정의를 대표하고 상대방은 불의를 대표한다는 이분법적 사고는 매우 위험하다. 나와 너, 우리 모두 안에 불의가 있다는 사실에 대한 인식을 가질 때, 우리는 왜 하나님의 무조건적인 은혜가 도덕적 판단보다 우선성을 가져야 하는지 이해할 수 있게 된다. 바울은 하나님 앞에서 의인은 하나도 없으며, 모두 죄인이라고 선언한다(롬 3:10-12). 따라서 그 누구도 하나님의 무조건적인 은혜가 아니면 의롭다 함을 얻을 수 없다. 이것이 왜 화해와 평화에 있어서 은혜가 정의보다 우선으로 요구되어야 하는지를 보여준다.

물론 참된 평화를 위해서 올바른 것과 잘못된 것을 구별하고 잘못된 것을 바로잡으려는 노력은 매우 중요하다. 나 자신과 상대방 모두 안에 정의와 불의가 혼재하고 있다는 사실은 결코 "그러니까 피차 서로의 불의를 눈감아주어야 한다"는 것을 의미하지 않는다. 정의의 실현은 올바른 관계 형성의 기초이다. 그러므로 정의에 대한 관심은 결코 약화될 수 없다. 그러나 정의는 은혜라는 보다 큰 틀 안에서 추구되어야 한다. 은혜로부터 분리된 정의의 추구는 율법주의에 빠질 수 있으며, 폭력을 정당화할 수 있다. 화해와 평화는 엄격한 정의의 토대 위에 수립되는 것은 아니다. 다시금 강조하거니와, 그리스도가 우리를 위해 죽으심으로써 하나님이 우리에 대한 자기의 사랑을 확증하신 것은 '우리가 아직 죄인 되었을 때'임을 기억해야 한다. 악과 불의는 거부하되, 행악자가 아직 회개에 이르지 못하고 따라서 아직도 정의가 온전히 구현되지 못한 상태에서 지속적으로 정의를 추구해야 한다. 이와 동시에 그 행악자를 사랑으로 용서하고 품는 은혜의 화해가 있어야 한다. 이것이, 불가피하게 악과 불의가 존재하는 이 세상에서 평화의 미래를 창조하기 위한 유일한 길이다.

### 화해와 평화의 일꾼

우리 그리스도인들은 깨어지고 서로 대립하는 이 세상에서 평화의 일꾼으로 부름을 받는다. 이 세상에 평화를 가져오기 위한 우리의 여정은 예수 그리스도 안에 나타난 하나님의 화해 이야기와 함께 시작해서 성령의 인도하심을 따라가는 여정이다. 깨어진 이 세상에서 평화의 여정을 시작하는 그리스도인의 첫 번째 할 일은 탄식과 회개이다. 탄식은 깨어짐의 상처와 고통으로 인한 신음이며 절규이다. 무엇보다 오늘날 한반도의 상황에서 우리는 남북분단과 남남 갈등으로 갈가리 찢어지고 분열된 민족과 사회와 교회의 현실을 탄식하며 아파하지 않을 수 없다. 탄식은 값싼 위로(렘 31:15)나 거짓된 평강의 약속(렘 6:14)을 거절한다. 그러나 탄식은 단지 비관적인 절망의 부르짖음이 아니다. 탄식은 하나님을 향한 부르짖음의 기도이다(시 22:1-2).

그러나 또한 우리는 단지 깨어진 세상을 위해서만 탄식할 수는 없다. 우리는 우리 자신을 이 깨어지고 분열된 세상 속에서 평화를 구현해야 하는 해결사로만 생각할 수는 없다. 우리는 바로 우리 자신이 깨어짐과 분열의 한 원인임을 깨달아야 한다. 전쟁은 항상 평화의 이름으로 시작된다. 기독교는 하나님의 평화를 수호한다는 명목으로 십자군 전쟁을 자행하였다. 1930년대에 고백교회를 제외한 독일 교회와 교회 지도자들은 나치 당국에 동조했다. 1994년의 르완다 인종 학살의 현장에는 교회도 있었으며, 기독교인, 심지어는 목회자도 학살에 가담했다. 남아프리카공화국의 아파르트헤이트(인종차별) 정책은 교회(개혁 교회)의 지지 속에 유지되었다.

참으로 우리 자신이 문제의 일부임을 깨달을 때, 우리는 먼저 우리 자신을 위해 탄식하지 않을 수 없다. 자신을 위한 탄식은 회개를 의미한다. 다른 사람을 변화시키기 전에 우리 자신이 먼저 변화되어야 한다. 우리 자신이 먼저 변화됨으로써만 다른 사람을 변화시킬 수 있다. 변화는 인간의 의지와 힘으로 되는 것이 아니라, 우리 자신의 회개를 통해 하나님의 은혜로 주어지는 선물이다. 회개와 변화는 한순간의 사건이 아니라 하나님과 동행하는 여정 속에서 끊임없이 일어나야 하는 사건이다. 회개와 변화는 우리를 하나님 나라의 평화의 일꾼으로 쓰시려는 하나님과 지속적으로 동행하는 여정이다. 이 여정 속에서 우리가 우리에게 상처를 준 자를 진정으로 용서하고 더불어 사랑의 친교를 나눌 수 있는 사람으로 변화될 때 우리는 진정한 평화의 일꾼이 될 수 있다.

기독교가 종종 갈등과 분쟁의 원인이 되고, 또한 역사상 가장 추악한 전쟁들이 기독교 신앙의 이름으로 저질러졌음에도 불구하고, 예수 그리스도의 십자가 안에 나타난 하나님의 자기희생적 사랑의 능력을 믿는 그리스도인은 여전히 이 세상의 평화를 위한 유일한 희망이다. 이 세상의 갈등과 분쟁을 종식시키고 화해와 평화를 구현하기 위해 헌신하는 것은, 하나님 나라의 일꾼으로 부름을 받은 모든 그리스도인의 공적 사명이다. 평화를 위한 우리의 공적 사명은 단지 갈등을 중재하는 구체적인 방법과 전략을 제시하는 것이 아니라, 깨어진 현실 너머의 새로운 화해와 평화의 비전, 즉 예수 그리스도가 보여주신 하나님 나라의 비전을 보여주고 대안적인 삶의 패러다임을 제시하는 것이다.

기독교 평화신학의 핵심은 예수 그리스도의 삶과 죽음과 부활 안에 나타난 화해와 평화의 영성에 있다. 예수 그리스도는 악한 인간들의 폭력에 의해 가장 극심한 고통을 당한 희생자로서, 자신을 십자가에 못 박는 자들을 하나님의 사랑으로 용서하셨다. 뿐만 아니라 그들의 죄를 걸머지고 죽음으로써 모든 인간과 하나님, 그리고 모든 적대적인 인간들 사이에 화해와 평화를 가져오셨다. 이 화해와 평화의 영성은 우리로 하여금 희생자들의 고통에 동참하고 그들의(그리고 또한 가해자의) 인간성 회복을 위해 노력함으로써 개인적, 사회적 차원에서의 용서와 화해와 평화의 사역에 헌신하도록 만든다.

평화의 여정은 거대한 전 지구적 비전보다 구체적인 일상생활로부터 출발해야 한다. 나를 배신하고 깊은 상처를 준 사람에 대한 분노에 사로잡혀 있는 나의 삶, 내가 몸담고 있는 지역 사회의 깨어진 현실, 평화의 여정은 이러한 일상적인 삶의 자리로부터 출발해야 한다. 우리는 매일의 일상적인 현실에 깊이 참여함으로써 하나님이 창조하시는 구체적인 평화의 비전을 제시하여야 한다. 에마누엘 카통골레와 크리스 라이스는 《화해의 제자도》(Reconciling All Things, IVP)란 책에서 이렇게 말한다. "화해는 교회가 가장 평범하고 단순하고 일상적인 현실 속에서 초월의 비전을 충실하고 끈기 있게 살아낼 때 이루어진다…화해는 살인자와 피해자의 가족들이 공동 작업을 하다가 잠시 쉬는 동안 같은 컵으로 바나나 술을 마시는 것이다."

평화의 여정은 하나님의 은혜의 선물과 함께 출발하지만 이 여정 중에 우리는 때로 매우 힘든 어려움과 고난을 당할 수도 있다. 그러나 우리는 낙심하지 않는다. 왜냐하면 바로 그러한 어려움과 고난을 통하여 하나님의 평화가 이 세상에 조금씩 구현되어나가기 때문이다. 예수님은 "화평하게 하는 자는 복이 있나니 그들이 하나님의 아들이라 일컬음을 받을 것"(마 5:9)이라고 말씀하셨다. 깨어지고 분열되는 세상 속에서, 그리고 거짓 선지자들의 거짓된 평화의 약속이 넘쳐나는 현실 속에서, 참된 평화가 이 땅에 임하도록 헌신함으로써 하나님의 아들이라 일컬음을 받는 우리 모두가 되기를 기원한다.

# 25/

## 광야의 여정,
## 광야의 영광

신 8:1-3; 사 40:3-5

이스라엘 민족에 있어서 '광야'라는 개념은 매우 중요한 신학적 의미를 지닌 삶의 자리를 가리킨다. 모세는 호렙산에서 하나님의 부르심을 받을 때까지 미디안 광야에서 40년간 목자 생활을 했다. 이스라엘 백성은 출애굽한 이후에 수르 광야, 신 광야, 시내 광야, 바란 광야 등 여러 광야들을 거치면서 40년 동안 유랑생활을 했다. 세례 요한은 유대 광야에서 하나님 나라의 임박한 도래를 선포하였다. 예수님도 공생애를 시작하기 전에 광야에서 금식하고 마귀로부터 시험을 받으셨다.

본문은 출애굽한 이스라엘 민족의 광야 생활 마지막 시기에 모세가 남긴 유언 설교의 일부이다. 본문에서 모세는 이스라엘 백성에게 이렇게 당부하고 있다. "너희는 이제 가나안 땅에 들어가서 살게 될 것인데, 그곳에서 풍족하고 편안하게 살게 될 때에 하나님께서 너희를 종 되었던 애굽에서 어떻게 구원하셨으며, 지난 40년의 광야 생활 동안 너희를 어떻게 보호해주시고 인도해주셨는지 잊어서는 안 된다." 이 모세의 설교는 바로 출애굽과 광야 전승의 주제이기도 하다.

## 연단의 과정, 광야

지리적으로 홍해에서 가나안까지는 그리 먼 거리가 아니다. 애굽의 라암셋에서 모압 평지까지는 도보로 일주일이면 갈 수 있는 거리이다. 그런데 왜 하나님은 이스라엘 민족으로 하여금 불과 며칠이면 갈 수 있는 가나안 땅을 지척에 두고 40년 동안이나 광야에서 방황하도록 하셨는가? 본문은 하나님이 이스라엘 민족에게 광야 40년의 유랑 세월을 요구했던 까닭이, 그들이 가나안 땅에 들어가 살 때 하나님의 말씀에 순종하고 율법을 잘 준수하도록 훈련시키기 위해서라고 말씀한다. 신명기 8장 2절은 이렇게 말씀한다. "네 하나님 여호와께서 이 사십년 동안에 네게 광야 길을 걷게 하신 것을 기억하라 이는 너를 낮추시며 너를 시험하사 네 마음이 어떠한지 그 명령을 지키는지 지키지 않는지 알려 하심이라."

가나안 땅은 젖과 꿀이 흐르는 풍요의 땅이지만 동시에 우상숭배와 죄의 유혹이 가득한 땅이다. 가나안 땅의 풍요는 인간으로 하여금 하나님을 쉽게 잊어버리게 만들고, 가나안 땅의 우상숭배와 죄의 유혹은 여호와 하나님에 대한 이스라엘 민족의 신앙을 위협한다. 하나님이 이스라엘 민족으로 하여금 광야에서 오랜 유랑 생활을 하게 하신 까닭은, 그들이 우상숭배와 죄의 유혹이 많은 풍요의 땅 가나안 땅에 들어가서도 하나님을 잊지 않고 잘 경외하고 하나님의 명령과 법도를 지킬 수 있도록 그들을 낮추고 시험하시기 위해서라는 것이다.

또 신명기 8장 3절은 하나님이 이스라엘 민족에게 만나를 먹이신 것은 "사람이 떡으로만 사는 것이 아니요 여호와의 입에서 나오는 모든 말씀으로 사는 줄을 네가 알게 하려 하심"이라고 말씀한다. 다시 말하면, 광야는 이스라엘 민족이 오직 하나님의 말씀으로 사는 법을 배우고 훈련받는 훈련장이었다. 본문에는 '낮추신다'는 표현이 여러 번 나타난다. "이는 너를 낮추시며 너를 시험하사"(2절), "너를 낮추시며 너를 주리게 하시며"(3절), "이는 다 너를 낮추시며 너를 시험하사 마침내 네게 복을 주려 하심이었느니라"(16절). 이 말씀들은 이스라엘 민족이 오랜 광야 생활을 했던 이유가 하나님이 그들을 낮추어 겸손하게 만들기 위해서였다고 한다.

인간이 높아지면 교만하게 되고 하나님을 잊어버리게 된다. 언제 인간의 마음이 높아지고 교만해지는가? 그것은 배가 부르고 편안하고 풍요할 때이다. 신명기 8장은 이렇게 말씀한다. "네가 먹어서 배부르고 아름다운 집을 짓고 거주하게 되며 또 네 소와 양이 번성하며 네 은금이 증식되며 네 소유가 다 풍부하게 될 때에 네 마음이 교만하여 네 하나님 여호와를 잊어버릴까 염려하노라"(12-14절).

광야는 그 자체가 인생의 최종적 목표나 목적지가 아니다. 이스라엘 민족이 출애굽을 하여 홍해를 건넌 것은 광야에서 살기 위한 것이 아니라 하나님이 약속하신 가나안에 들어가기 위한 것이었다. 광야의 여정은 가나안 땅에 들어가기 위해 거쳐야 하는 잠정적이고 과도기적인 삶의 과정이다. 광야의 삶의 의미와 기쁨은 궁극적으로 만나와 같은 기적에 있는 것이 아니라, 그 목적지가 젖과 꿀이 흐르는 가나안 땅이라는 사실에 있다.

고대 교회 이래 기독교에서는 이스라엘의 출애굽 사건을 예수 그리스도의 십자가 구속을 통한 인류 구원 사건에 대한 예표로 해석해왔다. 그리고 이스라엘 민족의 40년 광야 여정은 그리스도인의 성화 과정에 대한 예표로, 이스라엘 민족의 가나안 땅으로의 진입은 종말론적 하나님 나라에서의 구원의 완성에 대한 예표로, 유형론적으로 해석해왔다.

출애굽한 이스라엘 민족이 홍해와 가나안 사이에서 광야의 여정에 있었다면, 우리 그리스도인은 예수 그리스도의 십자가를 통한 구속과 저 영원한 하나님 나라의 영생 사이에서 광야의 여정에 있다. 우리는 인생의 광야에서 거룩한 하나님의 백성으로 성화되어가도록 부름을 받는다. 이 인생의 광야는 우리가 성숙한 하나님 나라의 백성으로 성장하도록 연단 받는 훈련장이다. 이 인생의 광야에서 우리는 자신을 낮추고 겸손히 하나님만을 경외하는 법을 배워야 하고, 오직 하나님의 말씀으로만 사는 법을 배워야 한다. 이 인생의 광야에서 우리는 하나님의 백성답게 변화되어가야 한다.

광야에는 시험과 고난의 바람이 끊임없이 불어온다. 우리는 이 험하고 거친 광야의 여정 속에서 원망하거나 불평하기 쉽다. 그러나 원망과 불평은 하나님이 약속하시는 미래를 우리로부터 박탈해가며, 결국 하나님의 심판을 초래할 뿐이다.

오늘 우리의 광야에는 경제 불황이라는 모진 바람이 불고 있다. 서민들의 살림살이는 더욱 어려워지고 있고, 일자리 부족으로 인한 실업자 문제가 심각하다. 일용직 근로자들이 일할 곳을 찾기가 매우 어렵다고 한다. 하루하루 끼니를 걱정해야 하는 절대 빈곤층이 급증하고 있다. 우리 성도들 가운데에도 경제적으로, 또 그 외의 여러 가지 어려운 문제들로 인하여 갖가지 형태의 불황의 광야에 처해 있는 분들이 적지 않을 것이다. 그러나 우리가 기억해야 할 것이 있다. 이 불황의 광야에서 겸손히 자신을 낮추고 하나님의 말씀만으로 사는 법을 배우며 진정한 하나님의 백성으로 변화될 수만 있다면, 우리의 광야는 오히려 은혜와 축복의 자리가 된다는 것이다.

이런 의미에서 예레미야는 역설적으로 광야를, 이스라엘 백성이 남편인 하나님을 만나 밀월을 나누고 사랑을 속삭였던 곳으로 묘사하였다. 광야야말로 이스라엘 백성이 하나님을 만났던 장소로서 이스라엘 신앙이 형성된 근원지라는 것이다. 또한 호세아도 광야 시대가 위기의 시기였지만 그럼에도 불구하고 그 시기가 이스라엘 민족과 하나님의 약혼기 또는 이스라엘의 신앙과 삶의 황금시대였다고 회상했다 (호 2:16-17, 12:10).

광야의 위기는 단지 물질적 궁핍과 육신적 굶주림에만 있는 것이 아니다. 오늘날 많은 사람들이 세상적 성공과 물질적 풍요의 광야에서 방황하고 있다. 사람들 중에는 자신이 쟁취한 세상에서의 성공과 물질적 풍요로 인하여 이미 광야를 벗어나 젖과 꿀이 흐르는 약속의 땅에 들어와 있다고 착각하는 사람들이 있다. 그러나 하나님이 약속하신 미래는 세상적인 성공이나 물질적 풍요와 동일시될 수 없다. 오히려 세상에서의 성공과 물질적 풍요는 보다 더욱 심각한 영혼의 굶주림을 초래하는 경우가 많다. 우리가 가나안 땅이라고 생각하고 안주하고자 하는 그곳, 젖과 꿀이 흐르고 물질적 풍요와 육체적 만족이 있는 그곳은 종종 물신주의의 우상과 허무주의의 악령이 가득한, 더욱 황폐한 영혼의 광야가 되곤 한다. 그렇기 때문에 사람들은 풍요의 땅에 살면서도 영적인 갈증과 굶주림으로 인해 오히려 과거의 광야 시절을 그리워하기도 한다. 육신적으로 가난하고 궁핍했지만 순수한 마음으로 하나님만을 바라보고 영적인 풍요를 누리던 광야 시절을 그리워하는 것이다.

오늘 우리가 사는 이 시대의 광야에서는 많은 사람들이 영적 갈증과 굶주림으로 신음하고 있다. 우울증과 같은 정신질환자의 수는 국민소득에 비례하여 증가한다. 오늘날 많은 사람들이 우울증에 사로잡혀 고통당하고 있다. 우리나라의 자살률도 해마다 증가하고 있다. 우리 사회의 정신적 위기를 단적으로 보여주는 현상들이다.

이스라엘 민족이 꿈에 그리던 가나안에 들어간 후에 어떻게 되었는가? 그들은 모세의 유언대로 살지 못했다. 그들은 얼마 못 가서 광야에서의 하나님의 도우심과 인도하심을 잊어버렸다. 그들은 하나님에 대한 믿음을 저버리고 우상숭배에 빠졌다. 그들은 하나님의 율례와 법도를 따라 살지 못하고 불의와 죄악을 행했다. 왕정국가가 수립된 이후에 그들의 불의와 죄악은 더욱 심해졌다. 나라가 남북으로 분열된 후에도, 예언자들의 경고에도 불구하고 그들은 회개하고 돌이키지 않았다. 이와 같은 절망적인 상황에서 예레미야나 호세아가 오히려 그 옛날의 광야 시대를 그리워하며 이스라엘의 신앙이 형성된 황금시대로 회상했던 것은 이상한 일이 아니다. 결국 이스라엘 민족은 약속의 땅 가나안에서 평화와 번영을 누리지 못하고, 북이스라엘은 BC 721년에, 남유다는 BC 586년에 각각 앗수르와 바벨론에 의해 멸망당했다. 신명기 역사관에 따르면 이것은 이스라엘 민족의 우상숭배와 죄악에 대한 하나님의 심판이었다.

## 새 영광의 자리, 광야

예루살렘이 함락되고 나라가 멸망당한 이후에 이스라엘 민족은 바벨론 포로기라는 또 다른 절망스러운 광야로 내몰렸다. 이 포로기 광야 생활은 그 후 수백 년 동안 계속되었다. 그러나 이 절망스런 시기에 예언자들, 특히 이사야(제2이사야)는 이스라엘 백성에게 새로운 위로와 소망의 말씀을 전하였다. 이사야는 훗날 이스라엘의 죄악에 대한 하나님의 징계가 끝나고 하나님이 그들을 구원하실 것을 예언하면서 다음과 같이 선포했다.

"보라 내가 새 일을 행하리니 이제 나타낼 것이라…반드시 내가 광야에 길을 사막에 강을 내리니 장차 들짐승 곧 승냥이와 타조도 나를 존경할 것은 내가 광야에 물을, 사막에 강들을 내어 내 백성, 내가 택한 자에게 마시게 할 것임이라"(사 43:19-20).

이 이사야의 예언에서 새롭게 나타나는 광야의 표상에 주목할 필요가 있다. 여기서 광야는 단지 그곳을 지나서 약속의 땅으로 가는 경유지가 아니라, 하나님이 바로 거기서 새 일을 행하시는 곳으로 나타난다. 하나님이 행하시는 새 일은 무엇인가? 그것은 곧 광야에 길과 물을 내고 사막에 강을 내시겠다는 것이다. 이사야는 또 다른 본문에서 여호와가 새 일을 행하심으로써 변화되는 광야의 모습을 다음과 같이 묘사하였다.

"광야와 메마른 땅이 기뻐하며 사막이 백합화같이 피어 즐거워하며…그것들이 여호와의 영광 곧 우리 하나님의 아름다움을 보리로다…그때에 맹인의 눈이 밝을 것이며 못 듣는 사람의 귀가 열릴 것이며 그때에 저는 자는 사슴같이 뛸 것이며 말 못하는 자의 혀는 노래하리니 이는 광야에서 물이 솟겠고 사막에서 시내가 흐를 것임이라 뜨거운 사막이 변하여 못이 될 것이며 메마른 땅이 변하여 원천이 될 것이며 승냥이의 눕던 곳에 풀과 갈대와 부들이 날 것이며 거기에 대로가 있어 그 길을 거룩한 길이라 일컫는 바 되리니 깨끗하지 못한 자는 지나가지 못하겠고 오직 구속함을 입은 자들을 위하여 있게 될 것이라…"(사 35:1-8).

이 본문은 광야에 하나님의 영광이 임할 것이라고 선포한다. 그리하여 광야는 이제 하나님의 영광으로 가득 차게 될 것이라고 말씀한다. 그러므로 이사야는 본문을 통해서 우리가 바로 이 광야에서 이곳에 임하는 하나님의 영광을 준비해야 한다고 말씀한다.

"외치는 자의 소리여 이르되 너희는 광야에서 여호와의 길을 예비하라 사막에서 우리 하나님의 대로를 평탄케 하라 골짜기마다 돋우어지며 산마다, 언덕마다 낮아지며 고르지 아니한 곳이 평탄하게 되며 험한 곳이 평지가 될 것이요 여호와의 영광이 나타나고 모든 육체가 그것을 함께 보리라 이는 여호와의 입이 말씀하셨느니라"(사 40:3-5).

이제 광야는 단지 거쳐가야 하는 경유지가 아니라 바로 그곳에 오시는 여호와의 길을 예비하는 삶의 자리가 되어야 한다는 것이다. 이사야가 이 예언의 말씀을 전한 지 약 600년 후에 유대 광야에 세례 요한이 나타났다. 그는 방금 읽었던 이사야서 40장 4절의 말씀을 인용하여 이렇게 선포했다. "광야에 외치는 자의 소리가 있어 이르되 너희는 주의 길을 준비하라 그가 오실 길을 곧게 하라 하였느니라"(마 3:3).

이 세례 요한의 선포에서는 이사야서의 "여호와의 길을 예비하라"가 "주의 길을 준비하라"로 바뀌었다. 그리고 다시 이로부터 50년 후에 마태복음 저자는 세례 요한을 광야에서 외치는 자로 묘사하면서, 그가 바로 '주의 길'을 예비한 자이며, 그가 예비한 뒤에 오시는 '주'가 바로 예수 그리스도라고 해석하였다. 따라서 이사야서의 "여호와의 길"이 마태복음에서는 "주 예수 그리스도의 길"이 되었다. 이 새로운 해석을 통해서 마태복음이 증언하고자 하는 바는, 우리 주 예수 그리스도 안에서 하나님 나라가 바로 우리의 광야 한가운데에 도래한다는 사실이다. 이사야가 예언한 하나님 나라의 현실이 예수 그리스도의 오심에 의해 바로 우리의 광야 한가운데에서 실현되었다는 것이다. 예수 그리스도는 바로 이 세상의 광야를 하나님 나라로 변화시키기 위하여 우리의 광야 한가운데로 오신 주님이시다. 이것이 마태복음의 증언이다.

이 인생의 광야에 사는 동안, 우리는 과거에 하나님이 베풀어주신 구원의 은총을 기억하고 감사해야 한다. 그리고 오직 하나님만을 의지하고 하나님이 약속하신 미래를 향한 광야의 여정을 소망 중에 계속해 나아가야 한다. 그러나 이 지상에는 우리가 이주해가야 할 어떤 특정한 장소나 미래의 어떤 시점에 도달해야 할 약속의 땅이 존재하지 않는다. 우리 그리스도인에게 있어서 현재란, 결코 단지 미래를 준비하는 과정으로서만 의미가 있지는 않다. 어거스틴에 따르면 과거란 지나간 것이며 미래란 아직 오지 않은 것이다. 우리에게 실재하는 유일한 시간은 현재이다. 현재만이 참된 우리의 시간이다. 현재는 과거가 기억 안에서 그리고 미래가 희망 안에서 만나고 하나로 통합되는 시간이다. 우리의 현재는 우리의 시간 속으로 들어오시는 하나님의 영원을 경험하는 카이로스가 될 수 있다.

이런 의미에서 틸리히는 현재의 시간 속에서 경험되는 영원을 '영원한 현재'(eternal now)라는 용어로 표현하였다. 과거 하나님의 구원의 은총에 대한 기억과 약속된 미래에 대한 소망이 만나는 현재, 이 광야의 한복판에서 우리는 살아계신 하나님의 영광스런 임재와 현존을 경험할 수 있어야 한다. 우리는 '지금 여기서', 오시는 주님을 맞이하여야 한다. '지금 여기서' 우리는 하나님의 백성으로 거룩하게 변화되어야 한다. 그럴 때 우리의 현재의 시간은 영원의 현존을 경험하는 영원한 현재가 될 수 있다. 그럴 때 우리 인생의 광야에는 하나님 나라가 임하게 된다.

예수님이 선포하신 복음은 바로 하나님 나라가 가까이 왔다는 것이다. 예수님이 선포하신 하나님 나라는 하늘로부터 이 세상의 광야 한가운데에 임하는 나라이다. 이 하나님 나라가 우리의 광야에 임할 때, 우리가 걷는 길은 낮과 같이 맑고 밝은 거룩한 길로 변화하게 된다. 그때 이 광야는 하나님 나라로 변한다.

## 광야에 임한 하나님 나라

성서가 증언하는 기독교의 복음은 이 하나님 나라가 이미 예수 그리스도 안에서 우리 가운데 현존한다는 것이다. 그리스도인은 예수 그리스도를 믿는 믿음 안에서 이 하나님 나라를 지금 여기에서 경험하며 사는 사람들이다. 우리는 이미 하나님 나라의 선취적인 질서 안에 들어와 있다. 우리는 여전히 험하고 거친 광야의 여정 속에 있지만 그럼에도 불구하고 바로 지금 여기에서 영원한 하나님 나라의 영생을 누리며 사는 사람들이다.

우리는 예수 그리스도 안에서 우리 가운데 임하는 하나님 나라를 이미 경험하면서, 이 세상의 광야에 오시는 주님의 길을 예비하고 하나님의 영광을 준비하도록 부름 받은 사람들이다. 우리가 이 하나님의 부르심에 믿음으로 신실하게 응답할 때에, 이 세상의 광야에서 하나님의 영광과 하나님 나라의 임재를 경험하며 살 수 있다. 이 광야의 여정이 다 끝난 후에 저 영원한 영광의 하나님 나라에 들어갈 수 있을 것이다. 이 축복이 우리 모두에게 있기를 축원한다.